Hagen Vockerodt

1638 Tage im Krieg – Die Kehrseite der Einsatzmedaille

1638 Tage im Krieg

–

Die Kehrseite der Einsatzmedaille

Hagen Vockerodt

2024

Carola Hartmann Miles-Verlag

Bibliografische Information der Deutschen Nationalbibliothek
Die Deutsche Nationalbibliothek verzeichnet diese Publikation in der Deutschen Nationalbibliografie; detaillierte bibliografische Daten sind im Internet über www.dnb.de abrufbar.

www.miles-verlag.jimdo.com
email: miles-verlag@t-online.de

Titelbild: Hagen Vockerodt
Cover: 21 Social Media GmbH

Druck: BOD – Books on Demand, Norderstedt
Printed in Germany

ISBN: 978-3-96776-077-4
eBook: 978-3-96776-079-8

Inhalt

Hagen Vockerodt

Vorwort von General a.D. Wolfgang Schneiderhan

Herrn Hauptmann a.D. Hagen Vockerodt ist ein bemerkenswertes Buch gelungen. „Die Kehrseite der Einsatzmedaille" – schon der Titel fordert zum Nachlesen und vor allem zum Nachdenken heraus. Allein die zeitliche Bilanz von 1638 Tagen im Auslandseinsatz löst respektvolle Anerkennung und auch Neugierde aus und deutet an, was in so vielen Tagen für unser Land zu leisten war, fernab von Familie, Freunden, ja unserer ganzen Gesellschaft. Unter schwierigsten Bedingungen immer wieder zu dienen und für unsere Prinzipien und Ideale konsequent einzutreten, das verdient Respekt und Achtung von uns allen. Der Autor beschreibt beispielhaft, was loyale, mutige und entschlossene Pflichterfüllung heißt. Ohne zu belehren schildert er Einsatzrealität und deren Herausforderungen an Geist, Körper und Seele des Soldaten im Einsatz für uns alle. Tapfer und standhaft gibt er stets ein Beispiel für soldatisches Dienen. Besondere Beachtung und Anerkennung verdienen seine Schilderungen der seelischen Verwundungen, die es zu ertragen galt und die bis heute nicht geheilt sind. Trotz aller Begegnungen mit der oft brutalen Wirklichkeit der militärischen Auftragserfüllung dominiert in seinem Buch eine Botschaft der Hoffnung, abgeleitet aus seinem soldatischen Selbstbewusstsein.

Kosovo, Bosnien und Afghanistan, das sind die uns allen vertrauten Namen der Einsatzgebiete, in denen er mit vielen tausend anderen Soldatinnen und Soldaten treu den Auftrag erfüllt hat. Er lässt uns alle ohne klagenden Unterton an all dem teilhaben, was sein Leben als Soldat prägte und noch heute außer Dienst prägt und bestimmt. Besonders sein Bericht als deutscher Teamleiter der Invictus Games in Den Haag geht unter die Haut. Seine

Geschichte und seine Geschichten rütteln auf, mahnen, motivieren und geben Mut.
Als ehemaliger Generalinspekteur der Bundeswehr bin ich Herrn Hauptmann a.D. Hagen Vockerodt dankbar für seine tapfere Pflichterfüllung, seinen Mut und vor allem seine konsequente Entschlossenheit, unserem Land zu dienen. Dabei strahlen alle seine einzelnen Erfahrungen immer wieder seine bemerkenswerte Einstellung aus, dass er sich bewusst ist, einem Land zu dienen, dem zu dienen es sich lohnt. Das ist seine Botschaft und für die danke ich ihm ganz besonders.
Ich wünsche seinem eindrucksvollen Buch viele Leser. Vor allem wünsche ich ihm weiterhin die Kraft, die er braucht, um mit dem Erlebten fertig zu werden. Mit Stolz blicke ich dabei auch auf unsere Bundeswehr, die Frauen und Männer seiner Qualität in ihren Reihen hatte und immer noch hat.
Ich danke Herrn Hauptmann a.D. Hagen Vockerodt auch dafür, dass ich in die Lektüre seines Buches mit einigen ganz persönlichen Gedanken einführen darf.

Wolfgang Schneiderhan, März 2024

Geleitwort von Brigadegeneral a.D. Michael Bartscher

„Wir Soldaten sind nicht unsterblich, wir sind auch nur Menschen“ sagt Hauptmann a.D. Hagen Vockerodt, genannt Vocko, ein Spitzname, den er, wie er schreibt, sich in seiner Zeit als Soldat verdient habe. Sein Buch spannt einen facettenreichen Bogen, beginnend mit seinen Motiven, Soldat in der Bundeswehr zu werden und endend mit der Beschreibung der Umstände, die zu seiner Entlassung aufgrund seiner einsatzbedingten Schädigungen geführt haben. In den abschließenden Kapiteln zeigt der Autor auf, wie ihm der Sport geholfen hat, zurück in das Leben und zu neuer Stärke zu finden.

Als Soldat mit erweiterter Sanitäterausbildung, ein sogenannter Medic, erlebt er in seinem Berufsleben den Umgang mit Tod und Verwundung, wie es nur wenige in den Streitkräften erfahren müssen. Professionalität und Verantwortungsbewusstsein zeichnen einen Offizier aus, der sich unter Zurückstellung seiner eigenen Interessen für seine Aufgabe und die Menschen einsetzt. Die Vielzahl an Beschreibungen von kriegsähnlichen Erlebnissen belegen keine Heroisierung des Krieges, sondern zeichnen auch das Bild von Trauer und Verlust. Gewalterfahrungen in allen Formen, Suizide und Unfälle dokumentiert der Autor bildhaft, verbunden mit einem tiefen Blick in die Seele des Hagen Vockerodt. Diese schicksalhafte Konfrontation mit dem Tod haben einen Soldaten geprägt, der nie den Mut und die Entschlossenheit verloren hat, jede Herausforderung anzunehmen. Stolz auf die eigene Leistung und Zuversicht charakterisieren einen beispielgebenden Soldaten.

Pflichtbewusstsein, Fürsorge und ein vertrauensvoller Umgang mit seinen Mitarbeitern zeichnen einen Teamplayer aus, der mit Freude und ausgeprägter

Motivation neue Aufgaben annimmt. Sein berufliches Selbstverständnis dokumentiert sich in seiner fachlichen Kompetenz sowie seinen bemerkenswerten militärischen Grundfertigkeiten, die neben seiner sportlichen Leistungsfähigkeit Garant für herausragende Leistungen sind. Alles Voraussetzungen, um die in diesem Buch beschriebenen Herausforderungen zu bewältigen.
Der Autor versteht es, Situationen bildhaft zu beschreiben, sodass der Leser sich in die jeweilige Rolle und die Umstände hineinversetzen kann. Detailreich werden die Charaktere seiner Vorgesetzten und Untergebenen beschrieben, aber auch eigene Schwächen werden schonungslos thematisiert. Die Realisierung der Veränderung der eigenen Psyche und der Weg in die Sporttherapie der Bundeswehr, um über den Sport zu Stabilität und Lebensfreude zu finden, runden dieses gelungene Porträt ab. Neben diesem Prozess, betont „Vocko" die Bedeutung der Familie. Seine Frau und seine Kinder haben ihm die notwendige Stabilität ermöglicht, den erfolgreichen Weg zu gehen, der mit der Teilnahme als Team Captain an den Invictus Games in Den Haag vorerst seinen Abschluss fand.
Die militärische Lebensgeschichte von Hagen Vockerodt ist ein Beleg dafür, dass der Soldatenberuf ein Beruf „sui generis" ist. Das Prinzip von Befehl und Gehorsam und die Pflicht der Bundesrepublik Deutschland treu zu dienen und das Recht und die Freiheit des deutschen Volkes tapfer zu verteidigen, welches das Töten und getötet werden umfasst, sind prägend für den Soldatenberuf.
Ich bin dankbar, dass ich Vocko und zu meinen Freunden zählen darf.

Brigadegeneral a.D.
Dr. (phil.) Michael Bartscher, März 2024

Prolog: Soldatsein als Passion von Marcel Bohnert

Man sieht ihm seine Erfahrungen nicht an. Als ich Hauptmann a.D. Hagen Vockerodt das erste Mal traf, fiel er inmitten des bunten Treibens der Invictus Games nicht sonderlich auf. Es waren die ersten sonnigen Tage im Frühjahr 2022 und die internationalen Sportwettkämpfe für verwundete und traumatisierte Einsatzkräfte in Den Haag hatten gerade begonnen.
Hagen Vockerodt war Captain des deutschen Teams und schien zu denjenigen zu gehören, die alles mit ein wenig Abstand und innerer Ruhe betrachteten. Das soll nicht darüber hinwegtäuschen, dass er eine stattliche Erscheinung war: Vor mir stand ein gut trainierter Mann mit durchdringendem Blick, gerader Haltung und akkurat geschnittenen Haaren. Im Umgang wirkte er immer freundlich, überlegt und reflektiert. Niemand, der einem seine Erfahrungen ungefragt aufdrängen würde. Hagen Vockerodt hätte jedoch allen Grund dazu gehabt, denn er hat einiges zu berichten. Wie bei allen anderen Athletinnen und Athleten war mir klar, dass sich hinter der strahlenden Fassade auch bei ihm einige tiefe Risse verbergen mussten.
Wenn er seinen Dienstanzug trägt und man die reihenweise an seine Brust gehefteten Ordenspangen betrachtet, erhält man eine erste Ahnung davon, welchen intensiven Erfahrungen er ausgesetzt war. Liest man sein Buch, kann man sich kaum vorstellen, dass er überhaupt noch stolz und aufrecht vor einem steht. Wer den platzenden Kopf eines jungen Mädchens bei einer Steinigung sieht, zerfetzte Soldaten unter Feuer zusammenflickt, einen Hubschrauberabsturz überlebt und im Kampf auf Nahdistanz darüber nachdenken muss, ob er die letzte Patrone für sich selbst aufhebt, kann daran schnell

zerbrechen. Man fragt sich unweigerlich, wie ein einzelner Mensch all diese Dinge aushalten kann.

Hauptmann a.D. Hagen Vockerodt gehört zu den Menschen, die von Visionen angetrieben werden und für die das Soldatsein eine Berufung ist. Die bestmögliche Erfüllung seines Auftrages ist für ihn immer handlungsleitend und sinnstiftend. Er dient der Bundeswehr mit Leib und Seele, und seine Aufträge verpassen ihm regelmäßig Adrenalinschübe. In jedem seiner Worte wird spürbar, dass ihn das Gemeinschaftsgefühl und das Durchstehen von Strapazen mit Kameradinnen und Kameraden begeistert und beflügelt. Als Vorgesetzter will er um jeden Preis Vorbild sein und er führt fair, aber mit der notwendigen Härte und Disziplin. Dabei verlangt er nichts von seinen Soldatinnen und Soldaten, was er persönlich nicht erfüllen könnte – im Gegenteil: An sich selbst setzt er die höchsten Ansprüche für Professionalität und Leistungsfähigkeit. Er verkörpert damit das Ideal einer pflichtbewussten Wächterkaste, die sich dem konkreten Schutz von Demokratie und Freiheit verschrieben hat und bereit ist, dafür im äußersten Falle ihr Leben zu geben. Hagen Vockerodt ist zweifelsfrei ein Vollblutsoldat und ein „Kampfsani" im besten Sinne. Einer derjenigen, die man sich für gefährliche Patrouillen und Missionen an seiner Seite wünscht. Einer, der sich Richtung Feuer bewegt, wenn sich andere schon wegducken oder ausweichen. Das Schicksal forderte ihn auf seinem Weg immer wieder in besonderer Weise heraus, wobei er stets von einer schon surreal wirkenden Portion Soldatenglück begleitet wurde. Er gerät auch in die eine oder andere skurrile Situation, die Leserinnen und Leser unweigerlich schmunzeln lassen. Jedoch kriechen seine extremen Erfahrungen nach und nach in jede Windung seiner Seele und trüben sie zusehends ein.

Am Ende kann er seine innerliche Abstumpfung nicht mehr verdrängen: Das Gewicht seiner Erinnerungen

wurde zu stark; Hagen Vockerodt zahlt den Preis für seine Einsätze. Jede Einsatzmedaille hat zwei Seiten. Hinter jeder an die Uniform gehefteten Bandschnalle, hinter jedem verliehenen Coin, hinter jedem aufgehängten Wappen und hinter jeder eingerahmten Urkunde verbirgt sich eine persönliche Geschichte. Wie Hagen Vockerodt geht es vielen Einsatzveteraninnen und -veteranen: Sie haben Monate ihres Lebens in den Krisen- und Konfliktgebieten dieser Welt verbracht und dabei Eindrücke und Erfahrungen gesammelt, die nicht kompatibel mit dem friedlichen Alltag im Herzen des geeinten Europas sind. Seit Beginn der 1990er Jahre hat die Bundeswehr Soldatinnen und Soldaten schon weit mehr als 400.000 Mal in Auslandseinsätze entsandt. Fast alle kehrten verändert zurück. Viele von ihnen stolz, andere aber auch seelisch oder körperlich geschunden. Wenn sich schwer traumatisierte Veteranen aus den düsteren Winkeln ihrer Gedanken herauskämpfen wollen, dann können sie das nicht allein. Es bedarf der Hilfe ihres sozialen Umfeldes, ihrer Familien und Freunde. Aber auch der Unterstützung von Bundeswehr, Politik und Gesellschaft.
Es ist ein Glücksfall, dass Hagen Vockerodt sich entschieden hat, eine breitere Öffentlichkeit an seinen Erfahrungen teilhaben zu lassen. Sein Buch reiht sich in eine zunehmende Zahl von Publikationen ein, die wichtige Puzzleteile der Einsatzhistorie unserer Streitkräfte sind. An seinem persönlichen Weg lassen sich verschiedene Stadien der bundeswehreigenen Geschichte nachvollziehen – den drastischen Wandel der Friedensarmee im Kalten Krieg zu Stabilisierungsoperationen und Kampfeinsätzen hat er hautnah miterlebt. Politik und Gesellschaft haben mit diesen Entwicklungen kaum Schritt halten können. Nach wie vor ist jegliche Glorifizierung des Militärs aus unserem Umfeld verbannt. Wenn Sie mich fragen, ist Hagen Vockerodt aber zweifellos ein Held. Und so sollten wir ihn nennen dürfen. Ein Krieger mit

Narben. Seinem früh erwachsenen Anspruch, etwas Bedeutungsvolles in seinem Leben zu tun, ist er ganz sicher gerecht geworden. Und in vielerlei Hinsicht ist er deshalb unbesiegt!

Ihnen, liebe Leserinnen und Leser, wünsche ich eine spannende Entdeckungsreise in die Gedanken- und Erlebniswelt eines besonderen Mannes – in der Hoffnung, dass Sie in Ihrem Freundes- und Familienkreis davon berichten und damit einen Teil dazu beitragen, dass die bemerkenswerten Leistungen unserer Veteraninnen und Veteranen zukünftig eine angemessene Würdigung erfahren. Das Mindeste, was wir tun können, ist ihnen nach ihrer Rückkehr einen Platz in unserer Mitte zu gewähren und ihnen eine echte Heimat zu geben. Die Männer und Frauen haben es zweifellos verdient!

Marcel Bohnert
Oberstleutnant i.G., stellvertretender Vorsitzender des Deutschen BundeswehrVerbandes, März 2024

Unbesiegbar

Mein Name ist Hagen Vockerodt. Ich bin im August 1978 in Landau in Rheinland-Pfalz geboren. „Vocko“ ist mein Spitzname, den ich mir in meiner aktiven Armeezeit verdient habe.

Ich wuchs in der Stadt Ludwigshafen am Rhein auf, die von der BASF, einem der größten Chemieunternehmen der Welt, geprägt wurde. Während meiner Schulzeit war ich ein ehrgeiziger Schüler und ambitionierter Sportler. Ich spielte in der höchsten Jugendliga Fußball gegen Mannschaften wie Kaiserslautern, Mainz und Saarbrücken. Es war eine Herausforderung, denn als kleiner Sportverein aus Ludwigshafen mussten wir uns gegen etablierte Gegner behaupten. Unsere Fußballkarriere war geprägt von ständigem Abstiegskampf, aber wir haben uns immer wieder zusammengerissen und es geschafft, die Klasse zu halten. Als das Halbjahreszeugnis der 10. Klasse ausgeteilt wurde, stand ich vor einer wichtigen Entscheidung: Welchen Beruf wollte ich nach der Schule ergreifen? Die meisten meiner Mitschülerinnen und Mitschüler bewarben sich bei der BASF für eine Lehre zum Chemikanten oder Chemielaboranten oder auf einen Bürojob. Daran hatte ich jedoch nie einen Gedanken verschwendet. Eines Tages sprach mich mein Sozialkundelehrer Herr M. während seiner Pausenhofaufsicht an. Er erzählte mir von seiner Zeit bei der Bundeswehr und wie ihm diese Erfahrung in seinem Lehramtstudium und später im Umgang mit seinen Schülern geholfen habe. Seine Worte ließen mich nicht mehr los. Auch mein Vater hatte vor meiner Geburt für vier Jahre als Fallschirmjäger bei der Bundeswehr gedient. Obwohl ich nie Kontakt zu ihm hatte, spürte ich plötzlich eine tiefe Neugier, mehr über seine Armeezeit zu erfahren. Ich wandte mich telefonisch an meine Oma, die in Landau in der Pfalz lebte. Sie war eine liebevolle ältere Dame mit einem englischen Akzent, den sie charmant mit ihrem pfälzischen Dialekt vereinte.

Meine Oma hatte meinen Opa Kurt L. kennengelernt, als er als Kriegsgefangener in England inhaftiert war. Leider starb mein Opa, als ich sechs Monate alt war. Ich hatte ihn nie kennengelernt. Doch meine Oma erzählte mir voller Stolz und Begeisterung von seiner Armeezeit und ich spürte, wie sich in mir eine Leidenschaft für das Militär entfachte.
Ich begann, mich intensiver mit den Karrieremöglichkeiten bei der Bundeswehr zu beschäftigen. Obwohl ich wusste, dass es ein harter Weg werden würde, war ich fest entschlossen, in die Fußstapfen meines Vaters und Opas zu treten. Ich machte mich also auf den Weg nach Landau, um meine Oma zu besuchen und endlich mehr über meine Familie zu erfahren. Meine Nervosität war kaum zu übersehen, als wir uns gegenüberstanden. Das Thema des Zweiten Weltkrieges war in unserer Familie immer ein Tabu gewesen. Weder meine Großeltern noch andere Familienmitglieder hatten jemals von dieser Zeit berichtet. Ich fragte meine Oma direkt, was mein Opa Kurt eigentlich im Krieg getan hatte und wie sie sich kennengelernt hatten. Anfangs schien es ihr schwerzufallen, über diese Zeit zu sprechen. Doch dann erzählte sie mir voller Freude die Geschichte meines Großvaters:
Kurt war zuletzt Oberstleutnant und Pilot eines zweimotorigen Bombers, der während der Schlacht um England im Frühjahr 1941 abgeschossen wurde. Er hatte Glück und konnte mit dem Fallschirm abspringen. Leicht verletzt wurde er als Kriegsgefangener nach Fort Knox in Kentucky, USA, gebracht. Obwohl nach Kriegsvölkerrecht Offiziere nicht arbeiten mussten, entschied sich mein Großvater, als Koch seine Kameraden zu versorgen. Während seiner Kriegsgefangenschaft in Fort Knox wurde er gut behandelt. Im Februar 1943 erfolgte seine Verlegung nach England, wo er im Gefangenenlager Trent Park in der Nähe von London untergebracht war. Hier übernahm er erneut die Aufgaben eines

Kantinenkochs für die deutschen Kriegsgefangenen. Als immer mehr Gefangene ins Lager kamen, bat er um Hilfe. Ein junges englisches Mädchen, gerade einmal 17 Jahre alt, wurde ihm als Küchenhilfe zugeteilt. Nach und nach entwickelten sich Gefühle zwischen den beiden. Sie verbrachten ihre Freizeit miteinander, in der mein Großvater den Stern mit den Initialen PW auf dem rechten Ärmel trug, der ihn als Kriegsgefangenen auswies. Trotzdem ging meine Oma erhobenen Hauptes mit ihm durch die Straßen Londons. Nach seiner Freilassung bekamen sie drei Kinder in England, bevor sie sich schließlich dazu entschlossen, nach Deutschland zurückzukehren. Hier wurden weitere drei Kinder geboren, und mein Großvater arbeitete für mehrere Jahre als Verbindungsmann für die amerikanische Armee.

Als meine Oma mir diese Geschichte erzählte, bemerkte ich, wie stolz sie auf meinen Großvater war und wie sehr sie ihn geliebt hatte. Es war eine bewegende Geschichte, und ich war dankbar, dass meine Oma sie mit mir teilte. Danach wusste ich, dass ich selbst beruflich etwas Bedeutungsvolles tun musste.

Ein Klassenausflug ins Berufsinformationszentrum schien die perfekte Gelegenheit zu sein, um mehr über die Bundeswehr zu erfahren. Dort gab es jedoch kein Internet und nur eine Loseblattsammlung mit Informationen. Ich schnappte mir ein paar Blätter und sprach meinen Lehrer Herr M. an, um meine offenen Fragen zu klären. Ich wusste nun, dass ich Soldat werden wollte. Aber mit 17 Jahren war ich noch nicht berechtigt, ohne die Zustimmung meiner Mutter in die Bundeswehr einzutreten. Ich erzählte meiner Mutter also von meinen Plänen und hoffte, dass sie mich unterstützen würde. Zum Glück war sie nicht dagegen. Zusammen schrieben wir meine Bewerbung für die Freiwilligenannahmestelle.

Ein paar Tage später fuhren wir zum Kreiswehrersatzamt nach Neustadt an der Weinstraße. Dort informierte mich

ein Wehrdienstberater über alles, was ich wissen musste. Die Aussicht darauf, als Beamter mit 55 Jahren in Rente zu gehen, erschien mir als ein erfreulicher Nebenaspekt. Ich hatte damals aber keine Ahnung, dass es ein sehr steiniger und langjähriger Prozess war, Berufssoldat zu werden. Bevor ich mich verpflichten konnte, musste ich einen Eignungstest in Düsseldorf absolvieren. Der dreitägige Test machte mir viel Spaß, besonders die Gruppengespräche und der Sport. Mit meiner sportlichen Figur schaffte ich alle körperlichen Anforderungen mit Bravour. Ich spielte schon seit meinem achten Lebensjahr Fußball und wechselte gerade in die B-Jugend der höchsten Jugendliga von Rheinland-Pfalz. Die vier Trainingseinheiten pro Woche halfen mir dabei, die sportlichen Prüfungen mit der maximal möglichen Punktzahl abzulegen. Nachdem auch die Musterung durch den Arzt abgeschlossen war, erhielt ich den Tauglichkeitsgrad T1. Ich war überglücklich und meinem Ziel wieder ein Stück näher gerückt.
Ich erzählte meinem besten Freund Tomislav von meinen Plänen. Schon bald wurde ich von meinen Kumpels aufgezogen. Sie lachten über Sprüche wie beispielsweise „Du kommst bald ohne Beine aus irgendeinem Krieg zurück“. Damals war ich naiv und konnte mir nicht vorstellen, dass ich jemals in den Krieg ziehen oder schlimme Dinge erleben würde.
Nach erfolgreichem Abschluss meiner schulischen Laufbahn durchzog mich eine Mischung aus Vorfreude und Nervosität, als ich mich auf die Bundeswehr vorbereitete. Sorgfältig hatte ich zahlreiche Informationen über das Soldatenleben gesammelt und mich in Bücher vertieft, um einen Einblick in die Welt zu gewinnen, die mich erwartete. Meine körperliche Leistungsfähigkeit steigerte ich durch intensives Training, um den bevorstehenden Strapazen der Grundausbildung gewachsen zu sein.

Während meine Freunde Tomislav und Dennis ihre Ausbildung als Chemielaboranten bei der BASF begannen, trat ich meinen Dienst in Hemer, Nordrhein-Westfalen, an. Am Hauptbahnhof erblickte ich einen olivgrünen VW Bulli, an dem zwei in Uniform gekleidete Soldaten lehnten. Mit entschlossenem Schritt begab ich mich zu ihnen und stieß dort auf weitere junge Männer. Nach einer knappen Begrüßung wurden wir aufgefordert, in den VW-Bus einzusteigen. Die Stille im Wagen war durchzogen von einer Unsicherheit, die uns alle ergriffen hatte. Die etwa 20-minütige Fahrt endete in der Kaserne. Auf einem endlos langen Flur eines großen Gebäudes stand ich in Rührt-euch-Haltung und bewegte mich im Zehn-Sekunden-Takt auf ein bestimmtes Dienstzimmer zu. Nach gefühlter Ewigkeit betrat ich den Raum und erhielt den Schlüssel für meine Stube sowie frische Bettwäsche. Dort traf ich auf meine fünf Mitbewohner für die kommenden drei Monate. Es war, als ob die Chemie zwischen uns sofort stimmte. Seit diesem Moment waren wir ein Team, eine Einheit, die zusammenarbeiten musste, um die Herausforderungen der militärischen Grundausbildung zu meistern. Ein neues Abenteuer begann, und meine anfängliche Unsicherheit wurde von der Aufregung über das Unbekannte überlagert.

So wahr mir Gott helfe

Die Entscheidung, mich der Grundausbildung beim Militär zu stellen, war von einer Flut an Erwartungen begleitet, die in mir aufstiegen wie stürmische Wellen. Mein Herz pulsierte vor Vorfreude, während ich mir vorstellte, wie ich körperlich und geistig zu einem gestählten Soldaten heranwachsen würde. Eine Vision von mir selbst tauchte vor meinem inneren Auge auf – eingebettet in ein diszipliniertes Kollektiv unter der Führung von strengen, aber gerechten Ausbildern. Diese würden mich in die tiefen Geheimnisse des Soldatentums einweihen, mich formen und gestalten. Ich hegte die Hoffnung, dass neue Freundschaften aufblühten und sich eine mächtige Gemeinschaft erhob. Ich selbst war bereit, bis an meine Grenzen zu gehen. Der Wille, die eigenen Limits zu überschreiten und mich ohne Zögern den Unwägbarkeiten zu stellen, war fest in mir verankert. Mit der Entschlossenheit eines Kriegers wollte ich das Beste aus dieser einzigartigen Erfahrung herausholen. Mein Selbstvertrauen war unbeirrt, und ich wollte der Welt beweisen, dass ich die Stärke besaß, ein Soldat zu sein, auf den mein geliebtes Land stolz sein konnte. Mir war klar, dass die Grundausbildung nicht nur physisch, sondern auch mental eine harte Prüfung darstellen würde. Ich sehnte mich danach zu lernen, wie man unter enormem Druck agiert und in den entscheidenden Momenten klare Kopfentscheidungen trifft.

Bereits am ersten Tag wurde mir vor Augen geführt, wie mein bisheriges Leben sich radikal ändern würde. Um 05:00 Uhr wurde ich mit großem Lärm aus meinem Tiefschlaf gerissen. Der Drill und die eiserne Disziplin beherrschten fortan jede Sekunde meines Daseins. Mein Zugführer und sein ebenso strenger Hilfsausbilder duldeten keinerlei Widerspruch, verlangten von uns nichts Geringeres, als jederzeit ihren Befehlen zu gehorchen. Der Dienstplan strukturierte unsere Tage von der ersten Morgenröte bis in die späte Nacht. Das nächtliche Ritual des Waffenreinigens und das penible Aufräumen der Stuben und Reviere gehörten zur Tagesordnung. Zwischen 22:00 Uhr und 05:00 Uhr war Nachtruhe. Meine Gespräche mit höheren Rängen blieben rar, da ich Verfehlungen vermied. Wenn der Hauptfeldwebel einen meiner Kameraden zum Rapport zitierte, konnte man seine tosende Stimme auf dem gesamten Kasernengelände hören. Mein unmittelbarer Vorgesetzter, Stabsunteroffizier Sch., war ein Mann von sanften Gesichtszügen. Mit respektvoller Härte führte er uns an, erklärte und demonstrierte alles akribisch. Er betonte unablässig, dass jeder von uns nur eine einzige Gelegenheit hätte, ihn nicht zu enttäuschen. Lügen und Unehrlichkeit waren in seinen Augen Todsünden, die unweigerlich Konsequenzen nach sich zogen. Diese Lektion sollte ich nie vergessen.

Der Drill und die physischen sowie mentalen Herausforderungen schnitzten sich tief in unsere Seelen. Der Zusammenhalt in der Grundausbildungskompanie war unzerbrechlich, geschmiedet durch die vielen endlosen Märsche, die Übernachtungen im unwirtlichen Gelände, die Waffenkunde und die schweißtreibenden Sporteinheiten. Drei Monate vergingen wie ein heftiger Sturm und ließen uns verwandelt und gestählt zurück. Am Ende der Grundausbildung war ich ein fitter und extrem selbstbewusster junger Mann. Nach meiner feierlichen Vereidigung fühlte ich mich stolzer als je zuvor. Mit erhobenem Haupt und den Worten „Ich schwöre, der Bundesrepublik Deutschland treu zu dienen und das Recht und die Freiheit des deutschen Volkes tapfer zu verteidigen, so wahr mir Gott helfe“ endete die erste Etappe auf meinem Weg in der Bundeswehr.

Verlockendes Angebot

Der Versetzungsbescheid am Ende der Grundausbildung führte mich in die Stadt Köln. Dort sollte ich bei der Militärpolizei meine Ausbildung fortsetzen. Wie stolz fühlte ich mich in meiner makellosen Uniform, als ich vor der Hauptwache meinen Truppenausweis präsentierte und durchgewunken wurde. Doch die Informationstafel an der Wache, gespickt mit Codes und Begriffen, die mir fremd waren, ließ mich einen Moment zweifeln. Gefährdungsstufe Alpha? Wer zur Hölle war Verteidigungsminister Volker Rühe? Ich hatte keine Ahnung, aber immerhin kannte ich nun den Namen des Mannes an der Spitze unserer Bundeswehr. Politik war nie mein Steckenpferd gewesen – mein Kopf war stets gefüllt mit Fußball.

Mein Leben als Soldat in der neuen Kompanie war von monotoner Routine geprägt. Tag für Tag dasselbe Programm: Training, Sport, Schießübungen und die ständige Pflicht, Stuben und Revier sauber zu halten. Als Sanitäter oblag mir zusätzlich die Verantwortung, mich um die Gesundheit meiner Kameraden zu kümmern. Ich vereinbarte Arzttermine und versorgte kleinere Verletzungen selbst. Nach drei Monaten eröffnete mir mein Chef, dass ich für spezielle Sanitätslehrgänge vorgesehen war.

Die Lehrgänge begannen mit einfachen Übungen, von der richtigen Handhabung von Verbandsmaterial bis zur korrekten Anwendung von Erste-Hilfe-Maßnahmen. Unter der geduldigen Anleitung erfahrener Ausbilder tauchte ich in die Geheimnisse von Blutzirkulation, Atemwegsmanagement und traumatologischer Versorgung ein. Mein Wissen wuchs, während ich lernte, die Körpersprache eines Patienten zu deuten und die grundlegenden Prinzipien der medizinischen Versorgung in einem Einsatzszenario anzuwenden.

Die Zeit im Bundeswehrkrankenhaus Hamburg fügte eine neue Dimension zu meiner Ausbildung hinzu. Dort durfte ich mit echten Patienten arbeiten, beobachtete Operationen und assistierte bei der Versorgung von Verletzten. Jeder Tag brachte neue Erkenntnisse und ein tieferes Verständnis für die Verantwortung, die ich als Soldat im Sanitätsdienst tragen würde. Damals ahnte ich allerdings noch nicht, was ich nur kurze Zeit später in den Auslandseinsätzen durchmachen musste.

Nach den mehrmonatigen Lehrgängen im Bundeswehrkrankenhaus Hamburg stand der Erwerb des Führerscheins der Klasse B in Unna an. Nach vier Wochen hatte ich meine Fahrerlaubnis in der Hand, und es ging zurück in die Feldjägerkompanie Köln.

In den ersten Monaten hatte ich wegen der Lehrgänge nicht viel von meiner Stammeinheit mitbekommen. Dies änderte sich nun schlagartig. Da ich jetzt viel besser

ausgebildet war, stieg auch meine Verantwortung. In den nächsten Wochen folgten Aufenthalte auf dem Truppenübungsplatz. Die dortigen Übungen waren faszinierend und fordernd zugleich. Ich erlernte grundlegende Taktiken des Häuserkampfes und erfuhr Wissenswertes über Überfälle, Spezialwaffen, Tarnung und militärischen Nahkampf. Mein Vorgesetzter Kai R., ein Koloss von mindestens 110 Kilo, der in seiner Freizeit American Football spielte, wurde mein treuer Partner in militärischen Taktiken und Nahkampfübungen. Er schleppte mich auch ins Fitnessstudio, überzeugt davon, dass ich noch ein paar Muskeln mehr vertragen könnte. Als ich mich auf meine Unteroffizierlehrgänge vorbereitete, erhielt ich spezielle Anleitungen von meinen Vorgesetzten in der Kompanie. Der Umgang mit Waffen und die Techniken der Selbstverteidigung lagen mir. Zudem konnte ich Informationen in Rekordzeit verinnerlichen. Gesetzestexte, Vorschriften und Bauteile von Waffen betete ich aus dem Effeff herunter. Diese Fähigkeiten kamen mir besonders bei den militärischen Lehrgängen zugute.
Der Winter von 1997 brachte nicht nur eisige Kälte, sondern auch eine entscheidende Wende in meinem militärischen Werdegang. Es war an der Zeit, meinen Unteroffizierlehrgang in München zu absolvieren. Wir lernten nicht nur die richtige Anwendung medizinischer Verfahren, sondern auch, wie man als zukünftiger Vorgesetzter Menschen führt.

Der Lehrgang brachte mich an manchen Tagen an die Grenzen meiner mentalen Leistungsfähigkeit. Glücklicherweise war Jan B. mein Stubenkamerad. Jan stammte von der nordostdeutschen Küste bei Rostock und war wie ich begeisterter Fußballer. Gemeinsam durchlebten wir die Höhen und Tiefen des Lehrgangs. Die Wochenenden verbrachten wir fast ausschließlich in München. Zusammen schauten wir im Olympiastadion den Spielern des FC Bayern München zu. Jan schloss unseren

Lehrgang schließlich als bester ab – ein brillanter Geist mit Abitur in der Tasche. Durch ihn konnte ich viel lernen, und seine Freundschaft erleichterte mir die Vorbereitung auf die Prüfungen erheblich. Jan schied nach vier Jahren Dienst in der Bundeswehr aus, um ein Studium aufzunehmen. Er blieb einer meiner engsten Freunde. Heute lebt er in Hamburg und bekleidet einen hohen Rang bei der Polizei.

Die Tage waren erfüllt von einer Vielzahl von Themen, angefangen bei der präzisen Anwendung von Erste-Hilfe-Maßnahmen bis hin zur Planung und Durchführung von Sanitätsdiensten im Einsatz. Intensiv beschäftigten wir uns mit Fragen von Führung und Organisation, studierten die Kunst der Kommunikation und entwickelten Fähigkeiten, die notwendig sind, um in kritischen Situationen kluge Entscheidungen zu treffen. Die Stunden vergingen wie im Flug, aber nicht ohne Zweifel. Als künftiger Vorgesetzter spürte ich schon jetzt die Last der Verantwortung auf meinen Schultern. Die Prüfungen waren nicht nur eine Überprüfung meines medizinischen Wissens, sondern auch ein Test meiner Fähigkeiten als militärischer Führer. Die Frage, ob ich den Erwartungen gerecht werden konnte, nagte an mir. In ruhigen Momenten überfielen mich Gedanken, ob ich in der Lage sein würde, im Ernstfall die richtigen Entscheidungen zu treffen und meine Kameraden sicher zu führen. Doch in diesen Momenten der Selbstreflexion fand ich auch die Entschlossenheit, die mich antreiben sollte.

Mit Abschluss unseres Lehrgangs wurde mir der Dienstgrad eines Unteroffiziers verliehen. Die Beförderung war nicht besonders spektakulär, fand aber in einem würdigen Rahmen statt.

Mein Weg führte mich zurück nach Köln zu den Feldjägern. Mein Kompaniechef, Major F., las mir aus einem Fernschreiben der Stammdienststelle des Heeres vor. Es wurden dringend junge Unteroffiziere gesucht, um

Kompanien in den neuen Bundesländern zu verstärken. Major F., meinte, dies sei eine fantastische Gelegenheit für mich – verbunden waren damit außerdem ein höheres Gehalt, verbesserte Karrierechancen und die Beförderung zum Feldwebel. Ich überlegte nicht lange und schrieb ein offizielles Versetzungsgesuch. Meine neue Heimat wurde die 4. Kompanie des Sanitätsregiments in Halle an der Saale, Sachsen-Anhalt.

Vorbereitung auf das Unbekannte

Im Jahr 1999, als die Medien von nichts anderem berichteten als vom gewaltigen Sturm, der den Kosovo ergriff, gab es im gesamten Regiment nur dieses eine Thema: die Vorbereitung auf einen Auslandseinsatz. Mein Weg führte mich zunächst in die Sanitätslehrkompanie nach Idar-Oberstein, wo ich mich auf eine dreimonatige Odyssee zur Ausbildung zum Rettungssanitäter begab.
Die Zeit in Idar-Oberstein war alles andere als gewöhnlich. Sechs Wochen lang wurden wir von erfahrenen Ärzten, Krankenpflegern und bereits ausgebildeten Rettungssanitätern in die medizinische Nothilfe eingeführt. Nach der Zwischenprüfung wurde ich nach Kusel auf eine Rettungswache versetzt, wo ich fast vier Wochen lang auf einem Notfalleinsatzfahrzeug Dienst tat. Meine Heimfahrten führte ich nur alle zwei Wochen durch, da ich meine Bereitschaftsdienste auf der Wache aufrechterhalten wollte. Diese Zeit war intensiv und lehrreich, eine Zeit, in der ich praktische Erfahrungen wie kostbare Juwelen sammelte. Und dann folgten noch zwei Wochen, in denen ich auf der Intensivstation und in der Notfallaufnahme hospitierte. Die Abschlussprüfung bestand ich mit einer Leichtigkeit, die mir selbst erstaunlich vorkam. Die Urkunde zum Lehrgangsbesten und die Traumnote 1,0 in den Händen zu halten, erfüllte mich mit Stolz. Das Streben nach mehr Wissen erfüllte mich. Nie zuvor hatte ich so leidenschaftlich gelernt.

Im Kraftfahrausbildungszentrum in Weißenfels erwarb ich den Führerschein der Klasse BCE. Nun konnte ich zu meiner Stammeinheit, der Medevac-Kompanie in Halle an der Saale, zurückzukehren.
Zu dieser Zeit gab es keinen voll ausgebildeten Feldwebel. Daher wurde ich zum Zugführer ernannt – eine gewaltige Verantwortung, die ich bereitwillig auf mich nahm. Meine Absicht war es, meine Untergebenen zu unterstützen und sie durch mein Beispiel zu motivieren. Ich hatte mir geschworen, von meinen Soldaten nur das zu verlangen, was ich selbst erbringen konnte. Ich wollte hart, aber gerecht sein, und immer mein Bestes geben.
Dann kam der Tag, an dem unser Kommandeur, Oberfeldarzt Dr. N., eine Nachricht bekanntgab, die unsere Welt auf den Kopf stellte. Unser Regiment wurde ausgewählt, um am Ende des Jahres in den Kosovo zu verlegen. Jeder Mann wurde gebraucht. Erstaunlicherweise nahm das Leben in der Einheit in den Wochen danach seinen gewohnten Lauf. Wir trieben Sport, pflegten unser Material und vertieften unsere Fähigkeiten im Umgang mit dem Gewehr G 36. Schließlich wurde ich nach Altenstadt zu einem weiteren Lehrgang entsandt. Dort erlernte ich die Kniffe des Luftverladens und des Lufttransportwesens. Erstmals kam ich mit den beeindruckenden Fallschirmjägern des Heeres in Kontakt. Die Disziplin und die Art ihrer Ausbildung beeindruckten mich zutiefst. Das VENÜ-Prinzip, Vormachen, Erklären, Nachmachen, Üben, ging mir in Fleisch und Blut über. Leider dauerte der Lehrgang nur drei Wochen. Ich verließ die Fallschirmjäger in der Hoffnung auf zukünftige Zusammenarbeit.
Nach Rückkehr in meine Stammeinheit begann die Vorbereitung auf den Einsatz im Kosovo. Minenkunde, Waffenausbildung, Konvoi-Fahrten, Orientierungsmärsche und Gewässerüberquerungen gehörten genauso dazu wie

das Gefechtsschießen. Wenige Wochen später saß ich in einer Transall C-160 der Luftwaffe.

Kosovo Part I

Nach einem mehr als dreistündigen Flug erreichten wir das Flugfeld des Pristina-Flughafens in Mazedonien. Noch bevor ich die Flugzeugtreppe hinabsteigen konnte, drückte man mir eine kugelsichere Weste in die Hand. Schnell zog ich sie über und setzte meinen Gefechtshelm auf. Allerdings irritierte mich, dass wir unsere Waffen erst im Feldlager erhalten sollten. Die anschließende Busfahrt durch Mazedonien erfolgte bei Nacht, aber auch in der Dunkelheit konnte ich die Armut dieses Landes nicht übersehen. Nach längerer Zeit erreichten wir die Grenze zum Kosovo, die von griechischen Soldaten bewacht wurde. Minuten wurden zu Stunden, bis wir endlich den Checkpoint passieren durften. Nur wenige hundert Meter hinter der Grenze schien es, als hätte ich eine andere Welt betreten. Zerbombte Häuser erstreckten sich in alle Richtungen, die Straßen waren in einem üblen Zustand, überall war es schmutzig. Die Busfahrt wurde nun zusehends beschwerlicher, da der Busfahrer behutsam um tiefe Krater auf der Straße manövrieren musste.

Während der langen Fahrt spürte ich kaum noch meine Knochen. Die kugelsichere Weste, die ich stundenlang tragen musste, drückte mit ihrem Gewicht von 18 kg auf meinen Körper, und der Gefechtshelm schien mit jedem Kilometer schwerer zu werden. Der alte Bus, in dem wir saßen, rüttelte und schaukelte uns durch die unebenen Straßen und verstärkte das ohnehin schon unerträgliche Gefühl von Erschöpfung und Übelkeit. Als wir Prizren erreichten, konnte ich die Spannung in mir kaum noch aushalten. Ich brannte darauf, das militärische Feldlager zu sehen, in dem ich die nächsten Monate verbringen würde. Die Nacht war so dunkel, dass ich kaum meine eigene Hand vor Augen sehen konnte. Wir passierten mehrere kleine Checkpoints, an denen wir kontrolliert wurden. Im Feldlager angekommen wurden wir direkt in unseren Bereich geführt. Und dann, zu guter Letzt, da waren sie: unsere Zelte. Es waren große Typ II-Zelte, die inmitten des Feldlagers standen. Der Spieß vor Ort rief unsere Namen auf und teilte uns eine Nummer zu. Ich war im Zelt 15, zusammen mit acht anderen Männern. Als ich das Zelt betrat, war ich überrascht von dem, was ich sah. Es gab keine Spinde oder Schränke, nur fünf Doppelstockbetten, die eng beieinanderstanden. Die erste Nacht im Kosovo war ruhig und ich lag wach, den Kopf voller Gedanken. Ich konnte nicht aufhören zu grübeln, was in den nächsten Wochen auf mich zukommen würde. Ich war aufgeregt und wollte herauszufinden, was das Leben als Soldat in einem Feldlager wirklich bedeutete.

Das Feldlager Prizren war gigantisch – es erstreckte sich über eine Fläche von mindestens 100 Fußballfeldern und war direkt an einem Hang gelegen, der durch Felsen und Berge geschützt wurde. Alle 100 Meter ragte ein kleiner Sicherungsturm in die Höhe. Das gesamte Lager war von einer mächtigen Mauer umgeben, um es vor Eindringlingen zu schützen.

Am höchsten Punkt des Feldlagers thronte das markante Stabsgebäude. Es war komplett aus roten Steinen gebaut. Direkt am Haupteingang stand ein Feldlazarett, das aus Zelten und Spezialcontainern bestand. Minute für Minute wurde dies modulare Sanitätseinrichtung weiter ausgebaut, und es war faszinierend zu sehen, wie effektiv die Arbeit daran verlief.

Rechts vom Stabsgebäude befand sich eine kleine Militärpolizeistation. Darunter hatten die Infanterieeinheiten ihren Unterkunftsbereich aufgeschlagen. Da das Feldlager Prizren früher der jugoslawischen Armee als Standort gedient hatte, war die Infrastruktur überraschend gut.

Doch ein Teil des Lagers war eine No-Go-Area – hier standen zerbombte Gebäude, in denen noch Blindgänger und Minen vermutet wurden.
Zwei Wochen vergingen wie im Flug, während wir das Feldlager weiter ausbauten. Gemeinsam mit meinem Fahrer Dirk R. hatte ich diverse Aufträge im ständigen Wechsel auszuführen. Oberstabsgefreiter Dirk R. war als Busfahrer in einer Reservelazarettgruppe in Deutschland eingesetzt. Trotz seiner geringen Körpergröße war er durchtrainiert und strahlte eine natürliche Energie aus. Dirk war nicht nur ein zuverlässiger Fahrer, sondern auch ein echter Entertainer auf der Straße. Mit seinem stets humorvollen und freundlichen Charakter schaffte er es oft, mich und andere zum Lachen zu bringen und unsere Reisezeit angenehm zu gestalten.
Jeden zweiten Tag mussten wir die Erste Hilfe für das Feldlager sowie die Stadt Prizren sicherstellen. An den anderen Tagen leistete ich Gefechtsstanddienst, lief Streife oder begleitete Konvois oder Infanterieeinheiten auf Patrouille. Langsam aber sicher wurden wir dank der Einsatzplanung durch unseren Einsatzoffizier Hauptmann N. immer routinierter.
Direkt oberhalb des Feldlazaretts bauten einheimische Firmen vier große Unterkunftsgebäude für den Sanitätseinsatzverband. Endlich sollten wir in festen Unterkünften leben können, mit richtigen Duschen und Toiletten anstelle von Dixiklos. Und wir würden nur zu viert auf einer Stube sein. Der Gedanke daran war ein wahrer Lichtblick, auf den jeder einzelne von uns hinfieberte. Der Gedanke an ein Zuhause, in dem wir uns nach einem harten Arbeitstag ausruhen konnten, gab uns Kraft und Zuversicht.

In dreckigen Pfützen

Im Dezember 1999 war es soweit. Wir verlegten in unsere neuen Unterkünfte. Endlich hatte ich ein bequemes Bett und auch etwas Privatsphäre. Ich konnte mir dank eines kosovarischen Sprachmittlers sogar einen Kühlschrank und einen Fernseher leisten. Und natürlich hatte ich meine drei besten Kameraden an meiner Seite: Dirk, Gabriel und Mike. Wir waren schon im Zelt gut miteinander ausgekommen und wollten zusammenbleiben. Wir waren wie Brüder, der Dienstgrad spielte für uns keine Rolle.

Ein neuer Dienstplan sah für mich zweimal pro Woche EOD-Bereitschaft vor. Wir sollten mit deutschen und holländischen Bombenentschärfungskommandos zusammenarbeiten. Deren Aufgabe war es unter anderem, verlassene Häuser von Minen und Sprengfallen zu befreien, um den vertriebenen Menschen eine sichere Rückkehr zu ermöglichen. Zudem sollten wir Konvois begleiten, die Kameraden vom Flughafen in Mazedonien abholten und andere zum Feldlager Prizren brachten.

Ich war gerade einmal 21 Jahre alt, als die Bundeswehr mich in den Kosovo schickte. Zu Beginn meines Einsatzes konnte ich noch nicht ahnen, welche Hölle mich dort erwarten würde. Die Routine des Einsatzes, die anfangs noch erträglich schien, hatte sich mittlerweile in einen Albtraum verwandelt. Jeden Tag gab es neue Opfer von grausamen Ehren- und Rachemorden. Männer, Frauen und sogar Kinder fielen ihnen zum Opfer, und ich musste ihre Leichen bergen. Es war ein schrecklicher Anblick: ihre Hände mit Draht hinter dem Rücken gefesselt, ihr Leben brutal ausgelöscht, bevor sie kopfüber in dreckigen Pfützen am Straßenrand liegen gelassen wurden. Ich konnte den Geruch von Tod und Verwesung nicht mehr ertragen. Jeder neue Einsatzort war wie ein weiteres Kapitel in einem blutigen Buch voller Schmerz und Trauer.

Besonders verstörend waren die Schicksale der Frauen. Sie wurden nicht nur brutal ermordet, sondern vorher auch vergewaltigt und missbraucht. Ich konnte mir nicht vorstellen, wie viel Hass und Gewalt nötig waren, um solche Gräueltaten zu begehen. Selbst die Kinder blieben nicht verschont und wurden einfach kaltblütig erschossen. Ich war froh, dass ich Bestnik, einen Sprachmittler, an meiner Seite hatte. Er verfügte über ein tiefes Verständnis der Mentalität und Sitten in diesem Land. Er erzählte mir von den schrecklichen Taten, die den Opfern zu Beginn des Krieges angetan worden waren. Ich konnte mir kaum vorstellen, wie jemand dazu fähig sein konnte, so etwas zu tun. Ich spürte, wie ich innerlich immer mehr abstumpfte. Die Grausamkeiten, die ich sah, schienen meinen Geist zu zerstören. Ich fragte mich, ob dieser Einsatz überhaupt einen Sinn hatte, wenn wir jeden Tag mit ansehen mussten, wie unschuldige Menschen auf grausame Weise umgebracht wurden. Doch ich wusste, dass ich nicht aufgeben durfte. Ich musste stark bleiben und meinen Teil dazu beitragen, dass diese Schrecken irgendwann ein Ende finden würden.

Leicht wie eine Feder

Das Leben im Norden des Kosovo war ein ständiger Kampf ums Überleben. Hier tobte seit Jahrzehnten ein unerbittlicher Konflikt zwischen den verfeindeten Gruppen der Serben und der Albaner. Die blutigen Auseinandersetzungen zwischen den beiden Volksgruppen hatten tiefe Wunden hinterlassen und das ohnehin schon schwierige Zusammenleben in dieser Region zur reinen Hölle gemacht. Auf der einen Seite standen die kampferprobten Serben, die sich nichts sehnlicher wünschten als die vollständige Herrschaft über das Land. Auf der anderen Seite kämpften die Albaner mit aller Kraft gegen ihre Unterdrückung und für ihre Freiheit. Trotz der brutalen Gewalt und des tiefen Hasses, der zwischen ihnen herrschte, lebten Serben und Albaner noch immer gemeinsam in dieser Region. Wer hier überleben wollte, musste wachsam sein.

Im düsteren Februar des Jahres 2000 wurde ich von meinem Einsatzoffizier, Hauptmann Heiko N., mit einer besonderen Mission beauftragt. Heiko N. war ein integrer Offizier des militärfachlichen Dienstes, der Respekt einflößte und Vertrauen weckte. Schon bei unserem ersten Zusammentreffen in Deutschland hatte er mich beeindruckt. Ein Mann von imposanter Statur, mit einer Aura der Entschlossenheit und einem verschmitzten Grinsen, das von seiner inneren Stärke zeugte. Seine ruhige Ausstrahlung und sein außergewöhnliches Führungstalent waren eine Quelle der Inspiration für mich.

Das Ziel unserer Mission war diesmal Mitrovica, ein Ort direkt an der serbischen Grenze im Norden des Kosovo, wo die Kämpfe noch immer tobten. Er galt als sogenannter Hotspot. Es war keine leichte Aufgabe, die sanitätsdienstliche Versorgung für die vor Ort stationierten Soldaten sicherzustellen. Diesmal unterstützten wir die Fallschirmjäger. Dafür hatte Hauptmann N. mich und mein Team, bestehend aus meinem Kraftfahrer Stabsgefreiter Dirk R. und Stabsunteroffizier Gabriel G., ausgewählt. Unser Transportpanzer Fuchs war vollständig mit einem speziellen Sanitätsrüstsatz ausgestattet, der jede Menge medizinisches Zusatz-Equip-ment enthielt. Wir hatten auch EPA-Nahrungspakete und PET-Wasserflaschen mitgenommen, um während unseres mehrwöchigen Einsatzes autark zu sein. Dirk hatte das Fahrzeug noch mit nützlichen Gegenständen ausgestattet, darunter einen Tisch mit vier Stühlen sowie eine Bord-sprechanlage, um während der langen Konvoi-Fahrten Musik zu hören.

In Mitrovica erwarteten uns täglich Aufstände und kleinere Scharmützel, die unsere Nerven auf die Probe stellten. Aber wir waren Soldaten und wir waren bereit, für unser Land zu kämpfen und zu sterben, wenn es nötig war. Klingt naiv – aber damals fühlte es sich genauso an. Als wir das französische Feldlager außerhalb von Mitrovica erreichten, spürte ich sofort die düstere Stimmung, die von den dort stationierten Soldaten ausging. Den Franzosen schien es an fast allem zu mangeln. Sie lebten in maroden Zelten und Baucontainern. Uns erschienen sie zunächst sehr unnahbar zu sein. Sie sprachen nur Französisch und schienen sich nicht für uns zu interessieren. Ich begegnete schließlich einigen mit spanischen Wurzeln, mit denen ich mich auf Spanisch verständigte. Auch traf ich Franzosen aus dem Elsass, mit denen ich mich auf Deutsch unterhielt. Später tauschten wir sogar unsere Essensrationen aus.

Unser Auftrag war, deutsche Fallschirmjäger, die eine Brücke über den Fluss Ibar sicherten, zu unterstützen. Der Ibar trennte Mitrovica in einen Nord- und einen Südteil, wobei die Serben im Norden und die Albaner im Süden lebten. Als wir unsere Position erreichten, sah ich Sandsackstellungen mit einer Höhe von 150 Zentimetern, die sich über die gesamte Länge der Brücke erstreckten. Die Brücke konnte von hier aus in alle Richtungen verteidigt werden. Uns war klar: Wir befanden uns hier mitten in einem heißen Konflikt.

Ich war etwas nervös, als ich mich bei einem Oberstabsfeldwebel der Fallschirmjägereinheit meldete. Der Gedanke, inmitten dieser kampferprobten Krieger zu dienen, jagte mir eine Gänsehaut über den Rücken. Als ich schließlich vor ihm stand, wurde mir klar, dass er der Kompaniefeldwebel der Einheit war – der berüchtigte Spieß. Sein strenger Blick und seine straffe Haltung verrieten mir, dass ich es hier mit einem Mann zu tun hatte, der keine Kompromisse eingehen würde. Zwar wurde ich kameradschaftlich aufgenommen, aber dennoch spürte ich eine gewisse Distanz zu mir als Soldat im Sanitätsdienst. Die Fallschirmjäger betrachteten uns mit Skepsis,

da wir in Deutschland als Freizeit- und Schönwettersoldaten galten.
Ein Oberfeldwebel des Fallschirmjägerzuges erklärte mir deren Auftrag: die strategisch wichtige Brücke zu sichern und einen Checkpoint zu betreiben. Es gab nur zwei Brücken, die über den Fluss Ibar führten und den Serben und Kosovoalbanern den Zugang zu ihren jeweiligen Gebieten ermöglichten. Allerdings standen sich an den Ufern des Ibar Serben und Albaner unversöhnlich gegenüber. Der Oberfeldwebel teilte mir besorgt mit, dass seine Jungs Mühe hätten, die Todfeinde auf Distanz zu halten. Als ich die Stellungen für den kleinen und wendigen Panzer Wiesel sah, wurde mir klar, dass der Einsatz auf der Brücke kein Kinderspiel war. Der Panzer, der speziell für die Fallschirmjäger entwickelt worden war, war mit seiner Bewaffnung, einer 20 mm Maschinenkanone, nahezu perfekt für den Auftrag, die Brücke zu sichern.
Die Schanzkörbe (Hesco-Barrier), die spanischen Reiter auf der Brückenmitte und die langen S-Drahtrollen an den Seiten zeigten uns, wie gefährlich unser Auftrag war. Von jedem Fenster der umliegenden Häuser aus konnten Heckenschützen uns ins Visier nehmen. Als eine Alarmsirene aufheulte, zog ich schnell meine Splitterschutzweste an und setzte meinen Helm auf. Während ich aus dem Panzer stieg, sah ich, wie ein dunkler LKW mit hoher Geschwindigkeit auf die Brücke zuraste. Kameraden schrien lauf auf, als ein Einheimischer eine Handgranate in unsere Richtung schleuderte. Plötzlich wurde aus jeder Himmelsrichtung auf uns geschossen. Meine Ohren klingelten, als mein Körper von Adrenalin und Todesangst durchflutet wurde. Ich riss mein Gewehr hoch und gab mehrere Warnschüsse auf eine größere Menschenmenge vor der Brücke ab. Glücklicherweise war der LKW durch fünf parallel ausgelegte S-Draht-Rollen gestoppt worden.

Ich horchte gebannt auf die klaren Kommandos des Oberfeldwebels, der souverän seine Soldaten in ihre Stellungen befahl. Auch ich handelte schnell und effizient. Mit meinem Gewehr im Anschlag ging ich links um den Transportpanzer herum, um mir einen besseren Überblick über die Lage zu verschaffen. Vor mir lagen drei junge Mannschaftssoldaten. Ihre Gesichter waren blutüberströmt, aber trotzdem blieben sie erstaunlich ruhig und gefasst. Sie hingen im S-Draht fest, der sich um die Achse des LKW gewickelt und sie meterweit mitgerissen hatte. Die Schrapnell-Verletzungen von der explodierten Handgranate waren klein, aber stark blutend. Ich nahm den Bolzenschneider, der am Transportpanzer befestigt war, um sie aus dem S-Draht zu befreien. Die Kugeln flogen mir nur so um die Ohren und der Gefechtslärm war enorm. Doch ich konzentrierte mich auf meine verletzten Kameraden. Ich war erleichtert, dass ich ihre Verletzungen schnell versorgen konnte und sie sich auf den Weg zurück in ihre Stellungen machten. Mir war allerdings klar, dass wir noch lange nicht aus dem Gröbsten raus waren.
Der Oberfeldwebel gab den Befehl, die Wiesel mit der Bordmaschinenkanone nach vorne zu ziehen. Die Spannung in der Luft war greifbar, als ich meine Beschussklappe am TPZ-Fuchs herunterließ und mich auf das bevorstehende Gefecht vorbereitete. Ich konnte das Adrenalin in meinen Adern spüren, als ich mein Magazin aus meinem Gewehr nahm und den Munitionsverbrauch prüfte. Die Schüsse, die durch die Luft flogen, hallten im Inneren meines Fahrzeugs wider, als ich meine Backupwaffe, die Pistole P-8, griffbereit machte. Ich lauschte gebannt den Funkmeldungen der anderen Schützen, die den Munitionsverbrauch durchgaben, und atmete tief ein, um mich zu sammeln. Dann rückten die Wiesel vor. Ihre Feuerkraft war beeindruckend, und ich konnte sehen, wie die Angreifer zurückwichen. Nach nur

zehn Minuten hatten unsere Fallschirmjäger die Lage unter Kontrolle gebracht.

Als ich dachte, der Kampf sei vorbei, klopfte es plötzlich an meiner Fahrzeugtür. Als ich ausstieg, bekam ich ein kleines verletztes Mädchen, leicht wie eine Feder, in meine Arme gelegt. Ihr Körper war von Blut und Granatsplittern bedeckt, und ich konnte den Schrecken in ihren Augen sehen.

Mein Herz zerriss bei dem Anblick. Ich wusste, dass ich schnell handeln musste, um ihr Leben zu retten. Es war ein Moment, den ich nie vergessen würde – der Moment, in dem ich erkannte, wie brutal Krieg ist. Ich umschlang das Mädchen fest in meinen Armen und trug es um den Transportpanzer herum. Nun erst bemerkte ich, dass ihre Unterschenkel weggerissen waren. Blut sprudelte aus zahlreichen Wunden. Ich roch ihr verbranntes Fleisch. Mir wurde schwindelig, als ich das Ausmaß ihrer Verletzungen sah. Doch ich musste handeln. Ich funktionierte wie ein Roboter und nutzte all das Wissen meiner medizinischen Ausbildung, um das Leben dieser unschuldigen kleinen Seele zu retten. Mit all meiner Kraft band ich Dreiecktücher um die Stümpfe ihrer Beine und drehte sie mit einem Stock enger, um die Blutungen zu stoppen. Es war entsetzlich, als ihr Blut durch meine Hände sickerte. Trotzdem gab ich nicht auf. Ich verband selbst kleinste Splitterverletzungen und verabreichte ihr Infusionen, während mein Propaq-Monitor ihre Vitalfunktionen überwachte.

Trotz meiner Bemühungen verschlechterte sich der Zustand des Mädchens. Ihre Atmung wurde flacher, ihr Puls schwächer. Mein Herz zerbrach, als mir klar wurde, dass sie keine Überlebenschancen hatte. Ich weinte, während ich weiterkämpfte, um ihr Leben zu retten. Schließlich hörte ihr Herz auf zu schlagen. Ich führte sofort eine Herz-Lungen-Wiederbelebung durch und presste meine Hände auf ihren kleinen Brustkorb. Es war eine Qual, als

ich das Knacken ihrer Rippen hörte. Ich rief laut nach einem Kameraden, damit dieser ihr mehr Sauerstoff gab. Doch es half alles nichts, das Überwachungsgerät zeigte nur noch eine Nulllinie an. Wir fuhren schnellstmöglich in ein nahegelegenes Militärlazarett. Dort stellte der Arzt letztlich den Tod des Mädchens fest.
Ich war völlig niedergeschlagen und konnte nicht glauben, dass ich es nicht geschafft hatte, ihr Leben zu retten. Es war eine Tragödie, die sich tief in mein Herz eingrub.

Die Farbe Rosa

Mitrovica war der Wendepunkt in meinem Leben. Eine Zeit, die mich geprägt und verändert hat. Die Erlebnisse dort haben nicht nur mich, sondern auch meine Kameraden schwer mitgenommen. Die traurigen Augen der Kinder, die wir in dieser vom Krieg zerstörten Stadt gesehen hatten, verfolgten uns bis in unsere Träume. Den Unterschied zwischen einem virtuellen Kriegsspiel am PC und der Realität erkannte ich nun deutlicher als jemals zuvor. Explosionen, Gewehrfeuer und Schreie waren wie der blanke Horror. Ich fühlte mich, als wäre ich in einem Albtraum gefangen, dem ich nicht entkommen konnte. Trotzdem mussten wir weitermachen. Wir mussten uns unseren täglichen Aufträgen stellen, egal wie gefährlich sie waren. Jeder Auftrag brachte neue Herausforderungen und Gefahren mit sich. Die Zeit heilt alle Wunden, sagt man. Aber ich wusste, dass die Narben, die ich in Mitrovica bekommen hatte, für immer bleiben würden.
Die Sonne war noch nicht einmal aufgegangen, als ich mich auf der Fahrzeugplatte im Camp mit einem EOD-Trupp koppeln musste. Nach den harten drei Wochen in Mitrovica hatte sich ein gewisser Alltag eingeschlichen, aber der neue Einsatz versprach neue Herausforderungen. Ich war gespannt, wer uns heute begleiten würde. Und dann waren sie da: Calvin und Fiete aus den Niederlanden. Zwei großgewachsene junge Männer, die außer-

ordentlich gut Deutsch sprachen. Die Sicherungskräfte waren bekannte Gesichter vom Jägerzug; wir hatten uns schon des Öfteren im provisorischen Betreuungszentrum „Grüner Husar" getroffen und uns bei einem kühlen Bier oder einer Cola light am Kickertisch vergnügt. Unser Konvoi-Führer war an diesem Tag ein etwas älterer Oberfeldwebel der Jägertruppe, der uns zügig in die Lage und den Auftrag einwies. Wir sollten uns in ein abgelegenes Dorf nahe der albanischen Grenze begeben, um in verlassenen Häusern nach Sprengfallen zu suchen und diese gegebenenfalls zu entschärfen. Dies war das Kerngeschäft des EOD, und ich wusste, dass es nicht ohne Risiko war. Während die Spezialisten damit beschäftigt waren, die Häuser auf Sprengfallen zu untersuchen, blieb mir und meinem Trupp nichts anderes übrig, als zu warten und wachsam zu sein. Mein Kernauftrag an diesem Tag war es, im Falle eines Angriffs oder eines Unfalls mit Sofortmaßnahmen zur Stelle zu sein. Doch heute hatte ich zusätzlich noch einen erfahrenen Mediziner an meiner Seite, einen Oberfeldarzt.

Die Fahrt durch die majestätischen Berge war atemberaubend. Die Landschaft erstrahlte in einem satten Rotviolett, als die Sonne langsam über uns aufging. Ich konnte nicht anders, als mich in diesem Moment zu fragen, ob ich wirklich im Einsatz war oder mich in einem Urlaubsparadies befand. Als wir schließlich das verlassene Dorf erreichten, war die Spannung spürbar. Die Häuser standen leer da. Wir parkten unsere Fahrzeuge auf einem geschotterten Platz und begannen, technischen Dienst am Transportpanzer durchzuführen. Ich besprach noch einmal das Vorgehen im Notfall mit den niederländischen Spezialisten, bevor sie sich auf den Weg zum ersten Haus machten, um sich einen Überblick zu verschaffen. Mein Trupp relaxte ein wenig.

Ich hörte das leise Vogelgezwitscher und konzentrierte mich darauf, die Vögel um mich herum zu identifizieren.

Plötzlich wurde ich aus meinen Gedanken gerissen, als es in unserem Funkgerät knackte. Calvin funkte mich mit zittriger Stimme an und flehte, dass der Doktor und ich umgehend zu ihnen kommen sollten. Ich alarmierte sofort meinen Oberfeldarzt. Wir rannten schnellen Schrittes in das Dorf, wo uns Calvin in einem völlig aufgelösten Zustand erwartete. Seine bleiche Haut und zittrigen Hände verrieten, dass etwas Schreckliches passiert sein musste. Er führte uns in ein zweistöckiges Haus. In der Küche stieg ein unerträglicher, süßlicher Geruch von verwesendem Fleisch in unsere Nasen. Das Summen von Fliegen erfüllte den Raum. Fiete hatte bereits alle Fenster und Türen geöffnet, um Tausende von Fliegen, die um die Leichen herumschwirrten, herauszulassen. Diese Menschen waren bestialisch abgeschlachtet worden, und wir konnten nur vermuten, dass es sich um eine Frau und einen Mann handelte, da ihre Köpfe weggeschossen worden waren. Blut und menschliche Fleischreste bedeckten die Küche wie ein Schlachtfeld. Mein Doktor musste den Tod offiziell feststellen, obwohl es offensichtlich war, aber so waren nun einmal die Bestimmungen. Im nächsten Raum lagen drei weitere Leichen auf einer Couch, einfach abgeknallt und liegengelassen.

Ich folgte Fiete in das obere Stockwerk, konnte aber kaum mehr atmen, da ich mehrmals würgen musste. Ich hielt meinen Arm schützend vor mein Gesicht und atmete in meine Ellbogen. Die Holzstufen knarrten und sahen nicht mehr stabil aus. Das obere Stockwerk war in ein Badezimmer und drei Schlafzimmer unterteilt. Im ersten Zimmer auf der linken Seite lag auf dem Bett die ausgetrocknete Leiche eines jungen Mädchens. Ihr wurde einfach in den Hals gestochen und man hat sie ausbluten lassen. Das ganze Bettlaken war rot getränkt und ihre Kleidung zerrissen. Sie lag mit weit geöffneten Beinen auf dem Bett, und wir konnten erahnen, was ihr angetan worden war. Auch hier mussten wir einen Totenschein ausstellen. Fiete sagte, es müsste noch eine weitere Leiche überprüft werden. Mein Oberfeldarzt bat mich, vorzugehen, da er noch einen Moment brauchte. Fiete schaute mich mit riesigen Augen an und schüttelte ganz langsam den Kopf. Dieses Bild von dem hünenhaften Mann mit Tränen in den Augen brannte sich in mein Hirn. Ich öffnete zögernd die Tür und auch mir kamen die Tränen. In dem kleinen rosafarbenen Zimmer stand in der rechten Ecke ein kleines weißes Babybett, darin lag ein kleiner vertrockneter Säugling. Meine Gefühlswelt war zerrüttet. Ich dachte, bei den zahlreichen Ehrenmorden hätte ich schon viel Schlimmes gesehen, aber dieser Anblick erschütterte mich noch mehr. Das kleine Mädchen war einfach zum Sterben zurückgelassen worden. Welche Qualen hatte es durchmachen müssen, bevor es ihren letzten Atemzug tat? Nachdem wir uns wieder ins Freie geschleppt hatten, herrschte Fassungslosigkeit. Wir standen unter Schock. Keiner von uns konnte auch nur ein Wort sagen. Wie in Trance trotteten wir zum Sammelplatz. Es war, als ob die Zeit stehen geblieben und alles um uns herum in absoluter Stille erstarrt wäre. Als wir am Sammelpunkt ankamen, wollten die anderen Kameraden wissen, was passiert war. An meinem Gesicht hatten sie bereits erkannt, dass es etwas sehr Schlimmes gewesen sein musste. Ich besprach mich kurz mit meinem Doktor. Er entschied, dass ich den Vorfall unseren Vorgesetzten melden sollte. Ich setzte mich sofort mit der TOC in Prizren in Verbindung. Wir wurden angewiesen, abzuziehen und uns wieder im Feldlager zu melden. Als wir endlich ankamen, nahm uns eine Truppenpsychologin in Empfang. Sie führte ein ausführliches Debriefing mit uns durch, in dem wir alle unsere Sicht auf das schreckliche Erlebnis erzählen sollten. Es war eine wirklich beschissene Situation und keiner von uns wollte den Anfang machen. Schließlich gelang es uns doch noch, unsere Gedanken und Gefühle auszudrücken. Die Truppenpsychologin gab uns Tipps, wie wir mit der Situation umgehen und uns selbst helfen konnten.

That's my Job, Dude

Als ich am nächsten Morgen aufwachte, durchströmte mich erneut dieser widerliche Geruch von verfaultem Fleisch. Er hatte sich in jede Pore meines Körpers eingenistet und sollte mich nicht mehr loslassen. Nach einer ausgiebigen Dusche mit einem kräftigen Schrubben fühlte ich mich endlich sauber genug, um den Tag zu beginnen. Beim Frühstück mit den Jungs bemerkte ich sofort, dass Dirk eine schreckliche Nacht hinter sich hatte. Seine Augen waren tief vergraben und seine Haut hatte einen krankhaften Schimmer. Trotzdem versuchte er zu lächeln, als er mich sah.

Nach dem Antreten hatte Hauptmann N. eine schwere Entscheidung zu treffen. Er sollte erneut einen Trupp zum Ort des Grauens schicken. Diesmal ging es darum, eine größere Gruppe von hochrangigen Stabsoffizieren zu begleiten. Als er mir davon berichtete, spürte ich, wie sich meine Gedanken und Emotionen überschlugen. Einerseits wollte ich meine Kameraden vor diesen schrecklichen Bildern bewahren. Andererseits erinnerte ich mich an die Truppenpsychologin, die mir riet, tote Körper genau anschauen, damit mein Verstand nicht in noch schrecklichere Vorstellungen abdriftet. Schließlich erklärte ich Hauptmann N., wie wichtig dieser Auftrag für mich sei und dass ich bereit wäre, ihn anzunehmen. Mein Gehirn sollte die Realität des Krieges akzeptieren.

Als ich schließlich wieder auf dem Weg zum Einsatzort war, wusste ich, dass ich einer Herausforderung gegenüberstand, die ich nur mit Mut und Entschlossenheit meistern konnte. Der Konvoi, der an diesem Tag vor uns fuhr, war um einiges imposanter als der gestrige. Er bestand aus einer ganzen Armada von gepanzerten Fahrzeugen. Die Stimmung war angespannt. Als wir endlich ankamen, wurden die hochrangigen Stabsoffiziere sofort vom Sicherungszugführer in die aktuelle Lage eingewiesen. Der Sanitätshygienezug, begleitet von Desinfektionsspezialisten, EOD-Experten und Militärpolizisten, betrat das Haus des Grauens, um Beweismittel aufzunehmen und die Leichen abzutransportieren. Mein Trupp und ich hielten uns in einiger Entfernung auf und warteten auf unseren Einsatzbefehl. In der Zwischenzeit erkundigte sich unser Doktor besorgt danach, wie wir die gestrigen Schrecken verarbeitet hatten. Wir unterhielten uns angeregt und ich sog jeden Rat des Oberfeldarztes auf.

Plötzlich rief einer der Militärpolizisten, dass er oberhalb des Dorfes etwas Auffälliges entdeckt habe. Der EOD-Trupp rückte aus, auch wir folgten. Schnell wurde ein Schlachtplan entwickelt. Es dauerte allerdings noch lange, bis die Pioniere eintrafen, um das aufgeschüttete Erdreich beiseite zu schieben. Sie führten diese Arbeiten vorsichtig und behutsam aus, da der EOD-Trupp immer wieder einen Blick darauf werfen musste. Flutlichter wurden aufgestellt, um bis spät in die Nacht zu arbeiten. Als die ersten Leichenteile sichtbar wurden, wussten wir, dass hier ein Massengrab war. Dessen Größe erkannten wir aber erst im Laufe der Arbeiten. Mein Oberfeldarzt vermutete, dass fast das ganze Dorf hier liegen musste. Immer mehr Leichen wurden aus dem Erdreich geborgen und zum Sammelplatz gebracht. Dort warteten bereits die Zahnärzte, die speziell für die Identifizierung von Toten ausgebildet worden waren. Ich zog mich ein wenig zurück und beobachtete das Geschehen. Überall waren Soldatinnen und Soldaten, hochrangige Offiziere machten Fotos und dokumentierten alles. Als ich mich fragte, wie Menschen derart grausam sein können, brachte mir mein Doktor einen Kaffee. Der Duft des heißen Getränks tat gut und für einen kurzen Moment verbesserte sich meine Stimmung. Doch die schrecklichen Ereignisse

der beiden letzten Tage würden noch lange in meinen Gedanken bleiben.
Die Sonne neigte sich dem Horizont zu und tauchte die Szenerie in ein warmes Orange. Die EOD-Experten und Pioniere arbeiteten unermüdlich an der gewaltigen Mulde, welche wie ein gigantisches schwarzes Loch in der Erde klaffte. Das Massengrab war schätzungsweise 30 mal 30 Meter groß. Ständig kamen weitere Leichen zum Vorschein. Die Militärpolizei dokumentierte jeden Fundort akribisch. Ich hatte mich so sehr an das monotone Dröhnen des Baggermotors und das kratzende Geräusch der Schaufel gewöhnt, dass ich die Explosion eines Sprengkörpers und den schmerzverzerrten Schrei eines Kameraden erst Sekunden später wahrnahm. Ich sprintete die 50 Meter zum Massengrab und hechtete die Böschung hinunter, um den verletzten Kameraden zu bergen. Gemeinsam zogen wir ihn aus dem Grab. Ich spürte das warme Blut des verletzten Kameraden auf meinem Gesicht und in meinem Nacken, als ich ihn seitlich von unten hochstemmte. Fiete hatte eine Sprengfalle ausgelöst, als er eine Leiche untersuchte. Ich half meinem Oberfeldarzt, Fietes Uniform zu entfernen und untersuchte seinen blutüberströmten Körper auf Verletzungen. Trotz der Dunkelheit konnte ich zahlreiche Minensplitter in seiner linken Achselhöhle erkennen. Auch seine Arme waren von Schrapnellen übersät. Mein Doktor gab ihm Schmerzmittel und überwachte seine Vitalfunktionen, während ich versuchte, seine Wunden zu behandeln. Nachdem wir ihn stabilisiert hatten, forderten wir einen Hubschrauber aus dem nahegelegenen Feldlager an. Wir packten Fiete in einen Lufttransportsack, und 20 Minuten später wurde er in unser Feldlazarett nach Prizren geflogen. Mein Kraftfahrer gab mir Wasser, damit ich mein Gesicht vom Blut befreien konnte. Zum Glück hatte ich die Lektion meines Gruppenführers aus der Grundausbildung beherzigt: Nur ein dummer oder

fauler Soldat hat keine Wechselkleidung dabei. Ich zog meine zweite Uniform an. Danach überwachten wir die letzten Arbeiten am Massengrab. Nachdem alle Leichen geborgen und luftdicht verschlossen waren, kehrten wir zum Feldlager zurück, duschten und versuchten, ein wenig Schlaf zu finden.

Am nächsten Tag betrat ich das Feldlazarett mit einem Kloß im Hals. Ein mulmiges Gefühl machte sich in mir breit, als ich die Tür hinter mir verschloss. Ich wollte unbedingt wissen, wie es meinen Kameraden ergangen war. Als ich das Krankenzimmer betrat, kam es mir so vor, als stünde die Zeit still. Alles um mich herum verschwamm vor meinen Augen. Mein Kamerad lag auf dem Krankenbett, verletzt und schwach, aber dennoch mit Stolz in seinen Augen. Ich fragte ihn, was geschehen war, und er sagte mit trockener Stimme: „Es war meine eigene Schuld. Ich habe die entsicherte Handgranate unter einer Leiche nicht gesehen. Als ich sie umdrehte, fiel der Splint heraus und die Handgranate explodierte. That‘s my Job, Dude.“ Ich kann meine Bewunderung für die Kameraden von den EOD-Trupps kaum in Worte fassen. Sie verdienen unseren tiefsten Respekt für ihren unerschütterlichen Mut.

In den nächsten Tagen gelang es mir nicht, den Geruch des Todes aus meiner Nase zu bekommen. Weder Duschgel noch Parfüm halfen. Der Geruch war wie ein Fluch, der mich verfolgte. Mein Oberfeldarzt sagte mir später, ich solle mir keine Hoffnung machen, dass dieser aus meinem Gedächtnis verschwinden würde. Könnte ich es dennoch schaffen, den Geruch des Todes aus meinem Gedächtnis zu löschen?

Eins, zwei, drei, vier ...

An einem schwülen Maitag im Jahr 2000, nur wenige Wochen vor unserem herbeigesehnten Abflugtermin, saß ich mit meinen drei Kameraden in unserer beengten Stube und polierte meine Heckler & Koch P8. Die Hitze war erdrückend und machte uns müde. Jeder zählte die Tage, Stunden und Minuten bis zur Rückkehr in unsere Heimat. Der Einsatz hatte uns alle verändert. Dirk, ein schüchterner und zurückhaltender junger Mann, war zu einem wahren Unteroffizier geworden. Als Rettungssanitäter auf einem Beweglichen Arzttrupp (BAT) hatte er unzählige Male Leben gerettet. Er wurde zu einem unverzichtbaren Mitglied unseres Teams. Doch auch er hatte mit Dämonen zu kämpfen. Gabriel, ein gebildeter Mann mit Abitur, ist in die Bundeswehr nicht aus Berufung, sondern aus Verpflichtung eingetreten. Er war ein Freigeist und konnte sich mit dem militärischen Leben nur schwer identifizieren. Dennoch hatte er während des Einsatzes eine enge Bindung zu mir und den anderen Kameraden aufgebaut. Ich freute mich, als ich ihn Jahre später wiedertraf und er mir von seinem neuen Leben als glücklicher Familienvater und erfolgreicher Personalleiter erzählte. Mike verkraftete das bisher Erlebte leider überhaupt nicht gut. Zuvor ein junger und lustiger Typ, der Lebensfreude ausstrahlte, veränderte er sich zu einem verschlossenen und schlecht gelaunten Menschen, der immer mehr dem Alkohol verfiel.

Als ich gerade dabei war, meine Waffe auf Herz und Nieren zu prüfen, hörte ich einen gedämpften Knall. Ich ging zum offenen Fenster, um nachzuschauen, wer um diese Uhrzeit eine Sektflasche öffnete. Was ich sah, verschlug mir die Sprache. Ein Kamerad lag regungslos am Boden. Zunächst dachte ich, er sei aus dem Fenster des gegenüberliegenden Gebäudes gestürzt. Ich rannte die Treppe hinunter, um ihm zu helfen. Mein Kamerad lag auf dem Rücken, und ich begann sofort mit den Rettungsmaßnahmen. Doch als ich seine Waffe in der Hand sah, wusste ich, er hatte sich mit seiner eigenen Pistole in den Mund geschossen. Ich riss ihm die Feldbluse auf, um besser an seinen Brustkorb zu gelangen, und begann mit der Reanimation. Meine Hände waren warm und klebrig vom Blut. Ich wusste, dass ich keine Zeit verlieren durfte, drückte mit aller Kraft auf seinen Brustkorb und zählte die Stöße laut mit. Zwei Soldaten unterstützten mich. Dirk H. übernahm die lebenswichtige Beatmung, während ich unermüdlich mit der Reanimation fortfuhr. Vor einiger Zeit hatte ich vergeblich versucht, das Leben eines kleinen, unschuldigen Mädchens zu retten, und nun lag ein Kamerad vor mir auf dem Boden. Die Gefühle, die mich in diesem Moment überfluteten, waren unerträglich. Zum Glück konnte ich bereits die Martinshörner in der Ferne hören. Immer mehr Soldaten versammelten sich um uns herum, um zu sehen, was los war. Einige höhere Dienstgrade übernahmen Verantwortung und drängten die Schaulustigen zurück, um uns Platz zum Arbeiten zu geben.

Mein Herz schlug schnell und heftig, als ich immer wieder das volle Gewicht meines Körpers auf seinen Brustkorb presste. Eins, zwei, drei, vier... Der Rhythmus war wie ein Trommelschlag in meinen Ohren. Trotz der schmerzhaften Erinnerungen an das Mädchen, die in mir in diesem Moment hochkamen, blieb ich fokussiert. Ich wusste, dass das Leben unseres Kameraden in meinen Händen lag. Ich würde alles tun, um ihn zu retten. Meine Augen füllten sich mit Tränen, als ich spürte, wie mein Körper an seine Grenzen stieß, aber ich gab nicht auf. Ich kämpfte weiter. Ärzte und Rettungskräfte eilten zum Ort des Geschehens, schlossen alle möglichen Überwachungsgeräte an, legten Zugänge und spritzten Medikamente, aber es schien, als wäre es bereits zu spät.

Dies war mein erster miterlebter Selbstmord. Ich wollte einfach nicht glauben, wie jemand so egoistisch sein konnte, seine Familie und seine Kameraden im Stich zu lassen. In diesem Moment spürte ich eine unbeschreibliche Wut in mir aufsteigen. Ich war mir sicher, dass es immer Alternativen zum Selbstmord gab. Der diensthabende Arzt stellte nach einer halben Ewigkeit den Tod unseres Kameraden fest. Es war ein trauriger Moment für uns alle. Allerdings musste ich mir eingestehen, dass das Schicksal gnädig mit ihm war. Nach der Schwere seiner Verletzungen zu urteilen wäre er niemals mehr in der Lage gewesen, ein eigenständiges Leben zu führen. Dennoch verfluchte ich mich dafür, dass ich erneut jemanden nicht retten konnte. Wenn ich nicht in der Lage war, Leben zu retten, was war dann der Sinn meiner Mission?

Am Abend, als unser toter Kamerad in den Kühlcontainer gebracht wurde, zog eine beklemmende Stimmung durch das gesamte Feldlager. Die Gerüchteküche brodelte. Am nächsten Morgen fand ein Antreten statt. Der Kompaniechef hielt eine Ansprache, aber seine Worte klangen leer und bedeutungslos. Ich hörte nur Bruchstücke von dem, was er sagte und verlor mich in meinen eigenen Gedanken. Plötzlich beauftragte er mich damit, die Hauswand am Ort des Selbstmordes zu reinigen. Der Anblick des Blutes und der Hirnmasse, die an der Wand klebte, ließ Dirk und mich schlucken. Wir nahmen unsere Wassereimer und fingen an, die Wand zu säubern. Die Tränen brannten in unseren Augen, als wir das Loch im Türrahmen betrachteten, wo die Kugel eingeschlagen war. Wie durch ein Wunder hatte sie niemand Anderen verletzt.

Zahlreiche Theorien kursierten über den Selbstmord unseres Kameraden, aber ich wollte nicht darüber spekulieren. Ich wollte einfach nur nach Hause. In meinen letzten Tagen im Feldlager fühlte ich mich einsam. Von den meisten meiner Kameraden waren bereits die Nachfolger vor Ort. Ich fühlte mich wie ein Außenseiter und

unerwünscht. Die Gedanken an mein Zuhause und meine Familie gaben mir die Kraft, durchzuhalten.
Am Abflugtag verlegte ich mit dem Kontingentwechselbus nach Mazedonien, um von dort aus zurück nach Deutschland zu fliegen. Diesmal hatte ich Glück; ich flog direkt nach Leipzig, was mir die lange Busfahrt von Köln ersparte. Der Anblick der Heimatstadt, als ich aus dem Flugzeug stieg, tat meiner Seele gut. Endlich konnte ich nach Hause gehen, meine Familie wiedersehen und mich von den Strapazen der letzten Monate erholen.
Zunächst fühlte ich mich jedoch wie ein Fremder in meiner eigenen Heimat. Alles schien anders zu sein als zuvor, und ich konnte mich einfach nicht mehr zurechtfinden. Meine Freunde hatten ihre Leben weitergelebt, während ich in einer anderen Welt gefangen gewesen war. Die letzten acht Monate waren wie eine endlose Folge von Arbeitstagen, an denen die Zeit stillzustehen schien. Jeder Tag ist Mittwoch – täglich grüßt das Murmeltier.
Ich kämpfte lange damit, mich an das Leben zuhause zu gewöhnen. Nachts wurde ich oft schweißgebadet von Albträumen geplagt. Doch ich ließ mich nicht unterkriegen und kämpfte gegen diese quälenden Erinnerungen an. Ich stürzte mich in meine Arbeit und lenkte mich so gut es ging ab. Noch ahnte ich nicht, dass dies nur der Anfang war.

Meilenstein

Glücklicherweise dauerte es nicht sehr lange, bis ich mich wieder in meinen vertrauten Alltag im Dienst eingefunden hatte. Ich wollte mich beruflich weiterentwickeln und die Karriereleiter emporklettern. Um der Konkurrenz einen Schritt voraus zu sein, musste ich alles geben – denn diese war groß, gut und zahlreich. Nur wenige Soldaten schafften es, eine begehrte Feldwebelstelle zu ergattern. Nur die Besten hatten eine Chance. Tag für Tag kämpfte ich um meinen Platz in der Rangordnung, immer mit dem

Ziel vor Augen, etwas aus mir zu machen. Die beruflichen Herausforderungen taten meiner Seele gut. Ich konnte endlich wieder frei atmen und mich darauf konzentrieren, meinen Traum zu verwirklichen und zunächst Feldwebel und dann Berufssoldat zu werden. Es war eine Zeit voller Anstrengungen, aber auch eine Zeit des inneren Wachstums und der Selbstfindung. Ich wusste, ich würde es schaffen.

Dann war es soweit! Die Auswahlkonferenzen bei der Stammdienststelle des Heeres in Köln waren vorbei. Ich hatte tatsächlich eine Feldwebelstelle sicher! Meine Freude war unbeschreiblich, ich fühlte mich wie auf Wolken schwebend. Doch mit einem Wermutstropfen musste ich mich abfinden: ich konnte nicht länger in meiner vertrauten Kompanie bleiben. Die neue Stelle sollte mich schon bald in die Hauptverbandplatzkompanie meines Regiments führen.

Im November 2001 öffnete sich erneut das Tor zum Kosovo für unser Regiment. Wir sollten zurückkehren in eine Welt, die wir bereits kannten. Doch dieses Mal war etwas anders. Wir hatten mehr Erfahrung gesammelt und das Lagezentrum hatte alles perfekt organisiert. Von den Ausbildungsabschnitten bis hin zur Auswahl der Soldaten – alles wurde frühzeitig geplant und koordiniert, um rechtzeitig verlegen zu können.

Zuvor musste ich einige Lehrgänge besuchen. Ich absolvierte Rettungswachen-Praktika beim Deutschen Roten Kreuz und Sportlehrgänge an der Sportschule der Bundeswehr in Warendorf. Das Highlight waren die beiden Teile des Feldwebellehrgangs. Sie waren eine echte Herausforderung. Mein damaliger Kompaniechef Hauptmann G. gab mir schließlich eine Beurteilung, in der er meine Eignung zum Feldwebel bescheinigte. Gegenüber meinen Konkurrenten hatte ich einen Vorteil – den in meiner Vorverwendung bei der Militärpolizei gelernten Führungsstil. Mein Gruppenführer in der Grundausbildung, Stabsunteroffizier Sch., hatte mir schon damals mehrfach Gelegenheiten gegeben, andere zu führen. Ich hatte schnell gelernt, mich um Unterstellte zu kümmern und ihnen ein Vorbild zu sein. Auch wenn ich selbst am Limit war – ich gab niemals auf. Mein größter Traum war es, Berufssoldat zu werden. Doch ich wusste, dass ich hart arbeiten musste, um dieses Ziel zu erreichen. Eine Lektion, die ich von einem schlauen Menschen gelernt hatte, war: „Egal welches Spiel du spielst, du musst es gut spielen."

Ich schloss nach einigen Monaten die beiden Feldwebel-Lehrgänge als Lehrgangsbester mit der Note 1,3 ab.

Zum Ende des Lehrgangs gab es ein großes Antreten auf dem Exerzierplatz. Als der Generalarzt eintraf und die Zeremonie begann, konnte ich kaum stillstehen. Als mein Name fiel und ich nach vorne gerufen wurde, durchströmte mich ein Gefühl von Glück und Erleichterung. Der Kommandeur der Sanitätsakademie beförderte mich zum Feldwebel. Ich hatte den nächsten Meilenstein erreicht.

Die Tage vor unserem nächsten Einsatz vergingen schnell und bald war es Zeit, wieder aufzubrechen.

Kosovo Part II

Der Kontingentwechselkonvoi, der uns im kalten November 2001 vom Flughafen in Skopje aus in das Feldlager Prizren bringen sollte, bestand aus mehreren zivilen Bussen, einem kleinen Führungsfahrzeug, einem Sanitätsfahrzeug und zwei Transportpanzern Luchs mit integrierter 20mm Bordmaschinenkanone. In den 16 Monaten seit meinem ersten Einsatz im Kosovo hatte sich so viel im Land verändert. Auch bei mir. Ich war nicht mehr Stabsunteroffizier, sondern Feldwebel. Die Last auf meinen Schultern wog schwer. Es kam mir vor, als ob ich plötzlich die Verantwortung für das ganze Land tragen würde.

Die anderen Feldwebeldienstgrade der 2. Kompanie aus Halle an der Saale schauten mit Argusaugen auf mich; denn nach diesem Einsatz würde ich ein Teil von ihnen sein. Das machte mich etwas nervös, ich spürte den Druck, der auf mir lastete, aber ich wusste auch, dass ich es schaffen würde. Meine Erfahrungen aus dem ersten Auslandseinsatz und die theoretischen Kenntnisse von den Feldwebellehrgängen würden mir dabei helfen.
Die Straßen im Kosovo hatten sich seit meinem letzten Einsatz wirklich verbessert. Wir kamen schnell im Feldlager Prizren an. Trotzdem spürte ich eine Anspannung, die in der Luft lag. Hauptgefreiter Markus P., ein Kamerad aus meiner Kompanie, den ich seit dem Führerscheinlehrgang in Weißenfels kannte, wurde mir als Fahrer zugeteilt. Ich bekam auch einen mir unbekannten Arzt namens Stabsarzt T. zugewiesen. Obwohl er schüchtern und zurückhaltend wirkte, war er mir auf Anhieb sympathisch. Hinter seiner Brille verbarg sich ein kluger und einfühlsamer Kopf. Vierter Mann in meinem Team war Stabsunteroffizier André M., ein junger Mann Anfang 20, der bereits verheiratet war. Er war Rettungssanitäter und arbeitete nebenbei bei der Feuerwehr. In unserem Team war er dafür verantwortlich, unseren Stabsarzt bei der Versorgung zu unterstützen. Markus P. wiederum kümmerte sich um unsere Autos und brachte uns sicher von A nach B. Als Koordinator des Teams war es meine Aufgabe, Besprechungen abzuhalten und den Rücken des Teams freizuhalten, aber meine größte Verantwortung war das Material. Markus hatte bereits den 2to gl Unimog vom Vorgänger übernommen, aber wir mussten noch sehr viel weiteres Material übernehmen.
Zu den täglichen Aufgaben gehörten Schichtdienst, technischer Dienst, Konvoi-Begleitung, EOD-Bereitschaft und viel Sport. Mein Stubenkamerad Mario H., ein Bodybuilder, führte mich tiefer in diesen Sport ein. Meine Viermannstube wurde komplettiert durch Stabsunter-

offizier Marcel B., der unser Fernmeldespezialist in der Kompanie war, und Oberfeldwebel Dennis W., unserem Versorgungsdienstfeldwebel.
Das Leben im Camp war anfangs bis auf ein paar Kleinigkeiten unspektakulär. Oftmals besuchten wir das Camp Bondsteel der Amerikaner. Darin war ein PX, der amerikanische Waren wie beispielsweise Nahrungsmittel, Kleidung und Technik anbot. Aber das Beste war die US DFAC (United States Dining Facility). Hier gab alle Köstlichkeiten, die das Herz begehrte. Einfach großartig, für mich immer ein Highlight. Zu dieser Zeit lernte ich viele amerikanische Soldaten kennen. Sie waren heiß auf deutsche Uniformteile; insbesondere fanden sie den Bundesadler und unsere Flagge toll, was uns die Möglichkeit bot, Uniformteile der Amerikaner einzutauschen. Ich fand, dass deren Uniformen besser aussahen als unsere. Insgesamt verliefen die ersten Wochen eher ruhig.

Mysterium

Die Sonne strahlte am Himmel und die Luft war mild und angenehm, als ich mit meinem Kumpel Stabsunteroffizier Mario H. in einem provisorischen Café saß, wo wir schwarzen Tee tranken. Plötzlich ertönte der Bordfunk. Der Korrespondent der Rettungsleitstelle berichtete von einer Schussverletzung eines deutschen Soldaten am Maingate Airfield. Alle in der Nähe befindlichen Rettungskräfte waren aufgefordert, unverzüglich Hilfe zu leisten. Da Mario und ich nur ca. 500 Meter vom Einsatzort entfernt waren, rasten wir in vollem Tempo dorthin. Mario übernahm den Funk und hielt Ausschau, während ich mich auf die Straße konzentrierte. Da mein reguläres Team im Lager geblieben war, mussten wir ohne Arzt und Kraftfahrer auskommen. Wir benötigten nur zwei Minuten bis zum Maingate. Der verletzte Soldat lehnte an einem Autoreifen. Soldaten standen um ihn herum. Ich schickte sie weg, um an den Verletzten heranzukommen. Dann sah ich das Gesicht von Sascha. Sascha, mein 19-jähriger Kamerad aus Deutschland, mit dem ich mich so gut verstand, war schwer verletzt worden. Wir hatten eine besondere Verbindung zueinander, weil wir die einzigen Soldaten aus Westdeutschland in unserem Regiment in Halle an der Saale waren. Meine Hände zitterten und ich spürte, wie die Panik in mir hochstieg. Ich konnte nicht glauben, dass das ausgerechnet ihm passieren musste. Die Soldaten um mich herum sprachen von einem bei einer Sicherheitsüberprüfung versehentlich ausgelösten Schuss. Es fiel mir schwer, mich auf meine Arbeit zu konzentrieren. Aber Sascha brauchte mich jetzt. Ich durfte ihn nicht im Stich lassen.

Sascha konnte kaum sprechen. Sein Blick war glasig, seine Augen voller Schmerz. Er schien verwirrt. Ich versuchte, ihn zu beruhigen, und sagte ihm, dass alles gut werden würde, wovon ich selbst aber nicht überzeugt war. Ich schrie die Soldaten um uns herum an, Platz zu machten. Mario nutzte seine kräftige Statur, um die Menge zurückzudrängen. Ich führte einen Bodycheck durch. Sascha hatte Schmerzen in seiner Brust, und ich wusste, dass ich die kugelsichere Weste entfernen musste, um zu sehen, was passiert war. Ich erklärte ihm jeden Schritt und redete die ganze Zeit auf ihn ein, um ihn bei Bewusstsein zu halten. Beim Öffnen der Weste war ich schockiert von der Menge an Blut auf meinen Handschuhen. Als uns über Funk mitgeteilt wurde, dass der Notarzt unterwegs sei, verschlechterte sich Saschas Zustand plötzlich. Er sackte in sich zusammen. Blut quoll aus seinem Mund und seine Augen verdrehten sich. Meine Hände begannen zu zittern und ich wusste, dass ich schnell handeln musste. Ich spürte keinen Puls mehr an beiden Seiten seiner Halsschlagader. Auch auf den Schmerzreiz reagierte Sascha nicht. Ich schrie „Reanimation“. Mario reagierte sofort und zog Sascha an den Beinen, damit er flach auf dem Rücken lag. Ich riss ihm die Schutzweste vom Leib,

Mario schnitt seine Feldbluse auf, und wir begannen sofort mit der Herzdruckmassage. Ich drückte wie ein Besessener auf seinen Brustkorb, während Mario ihn beatmete und Kompressen in die Wunden drückte. Ich konnte meine Tränen nicht zurückhalten. Die Erinnerungen an das kleine Mädchen in Mitrovica und den Kameraden, der Selbstmord begangen hatte, kamen zurück.
Plötzlich wurde ich von Saschas Körper weggezogen. Das Notfallteam übernahm die weitere Behandlung. Meine Gefühle spielten nun verrückt und ich zweifelte, ob ich alles richtig gemacht hatte. Hätte ich ihm noch helfen können? Warum musste ich immer wieder solch schreckliche Dinge erleben?
Als wir in unser Feldlager zurückkehrten, empfingen uns unsere Vorgesetzten mit tröstenden Worten. Wir zogen uns auf unsere Stube zurück und versuchten, zur Ruhe zu kommen. Am nächsten Tag verbreiteten sich Gerüchte wie ein Lauffeuer. Angeblich wollten vier Soldaten eine Sicherheitsüberprüfung ihrer Waffen aus dem Fenster eines Kleinfahrzeugs heraus vornehmen. Dabei löste sich der tödliche Schuss. Mir erschien das unwahrscheinlich. Wir waren alle verpflichtet, vor dem Verlassen und Betreten des Feldlagers den Zustand unserer Waffen vor einer Sandkiste zu überprüfen. Ich hätte nie gedacht, dass jemand sich selbst oder einen anderen bei einer Sicherheitsüberprüfung erschießen würde. Letztendlich wurde dieser Vorfall als Unfall abgehakt. Die Gedanken daran quälten mich weiterhin, und ich machte mir Vorwürfe, dass ich Sascha nicht hatte retten können.
Zwei Tage später stand ich an seinem Sarg Spalier und hielt Totenwache. Es war ein letzter Gruß an meinen jungen Kameraden, der viel zu früh sein Leben weit weg von seiner Heimat verloren hatte. Der Sarg war in der Millennium Bar aufgebahrt worden, damit jeder Soldat und jede Soldatin Abschied nehmen konnte. Der Anblick seines leblosen Körpers schnürte mir die Kehle zu und ich

kämpfte gegen die Tränen an. Die Militärpolizei hatte bestätigt, dass der tödliche Unfall auf einen dummen Fehler zurückzuführen war. Am dritten Tag nach seinem Tod wurde Saschas Leiche im Sarg durch das Lager zum Hubschrauberlandeplatz gefahren. Das ganze Feldlager stand am Wegesrand Spalier, um ihm die letzte Ehre zu erweisen.

Ringpolster

Es begann die Vorweihnachtszeit. An meinem freien Tag wollte ich mich so richtig auspowern und ging ins Fitnesscenter. Ich war gerade dabei, 120 Kilogramm auf der Bank zu drücken, als ich meinen Namen aus der hintersten Ecke des Raumes hörte. Ich ließ die schwere Hantelstange mit einem dumpfen Geräusch in die Halterung zurückfallen. Schweiß tropfte mir von der Stirn, als ich mich umsah und einen zivilen Mitarbeiter erblickte, der wild mit den Armen gestikulierte. Er kam auf mich zu und teilte mir mit, dass meine Chefin mich dringend sehen wollte. Ich zog meine Sportjacke an, wechselte die Schuhe und meldete mich. Meine Chefin teilte mir mit, dass ich aufgrund meiner Zusatzqualifikation als Luftverladefeldwebel in 15 Minuten am Hubschrauberlandeplatz abgeholt werden würde, um bei einem schweren Verkehrsunfall zu helfen. Ich rannte sofort auf meine Stube, um die Uniform anzuziehen und meine Pistole P8 in meinen Schnellziehhalfter zu stecken. Danach joggte ich zum Hubschrauberlandeplatz. Keine zwei Minuten nach meiner Ankunft hörte ich das Wummern der Rotorblätter der CH-53. Ich überprüfte meine Taschen, um sicherzustellen, dass nichts herausfallen konnte. Der Wind blies mir Staub ins Gesicht, als ich in leicht gebückter Haltung zum hinteren linken Teil des Hubschraubers lief, um nicht in das Heckrotorblatt zu geraten. Als die Bodenklappe sich langsam öffnete, kletterte ich in den

Hubschrauber. Der Bordmechaniker reichte mir ein Headset, so dass ich mich über den Bordfunk beim Piloten melden konnte. Wir flogen in Richtung der Unfallstelle, die sich in der Nähe von Orahovac befand. Vier zivile Kleinfahrzeuge und zwei Bundeswehrfahrzeuge waren in den Unfall verwickelt worden.

Während des Landeanflugs warf ich einen ersten Blick auf den Unfallort. Kleinfahrzeuge waren frontal zusammengestoßen, überall lagen zerstreut kleinere Fahrzeugteile, einige Autos brannten bereits lichterloh. Zwei Bundeswehrfahrzeuge vom Typ Unimog waren in den Straßengraben gerutscht. Überall lagen Menschen, einige stöhnten vor Schmerzen, andere lagen bewusstlos auf dem Boden. Der Rettungshubschrauber mit dem Doktor an Bord landete kurz darauf, was ich als große Erleichterung empfand. Der Notarzt und sein Assistent begannen sofort mit der Triage. Die Verletzten wurden in Kategorien eingeteilt, damit den Rettungskräften klar war, wem zuerst geholfen werden musste. Ich bereitete die Tragen und Gurtsysteme in der CH-53 für den Abtransport der Verletzten vor. Alles, was ich in meiner Ausbildung an der Luftlande- und Transportschule in Altenstadt gelernt hatte, war präsent und half mir in diesem Moment. Zuerst wurden zwei schwerstverletzte Kosovaren in den Hubschrauber getragen. Sie hatten schwere Verbrennungen und mussten künstlich beatmet werden. Ich schob sie ganz nach hinten zu den Sauerstoff- und Beatmungsgeräten. Nach und nach wurden weitere Patienten in die Maschine gebracht. Die Maschine füllte sich schnell. Um mich herum waren verletzte Soldaten, die um Hilfe schrien. Wir hatten nicht genügend Rettungssanitäter an Bord, um allen Patienten die nötige medizinische Versorgung zu geben. Ich meldete dem Notarzt, dass ich helfen könnte, und er teilte mir sofort zwei verletzte Soldaten zu. Der Anblick des ersten raubte mir fast den Atem: Sein Schienbein ragte aus seinem Fleisch heraus. Zum Glück hatte der Notarzt ihn mit einem Schmerzmittel sediert. Ich behielt den Überwachungsmonitor stets im Auge, um sicherzustellen, dass er stabil blieb. Der Anblick des zweiten Soldaten war noch schlimmer. Ein Rohr steckte in seinem rechten Auge; ich konnte den Mündungsfeuerdämpfer seines Gewehrs G-36 deutlich erkennen. Es war ein Wunder, dass er überhaupt noch bei Bewusstsein war. Der Rest des Gewehres war von den Rettungskräften abgeschnitten worden. Danach hatten sie das Rohr mit einem Ringpolster umwickelt und mit Klebeband fixiert. Ich hatte das Gefühl, dass mir das Blut in den Adern gefror. Nachdem ich überprüft hatte, ob alle Personen an Bord richtig gesichert waren, gab ich dem Bordmechaniker das Signal, dass wir abheben konnten. Während des Fluges zum Feldlazarett dachte ich immer wieder daran, wie wichtig es war, dass die Rettungskette in solch einer Situation einwandfrei funktionierte. Ich war beeindruckt von der Professionalität und Effizienz der verschiedenen Rettungsteams an Bord des Hubschraubers. Die Feuerwehr, die Hubschraubercrew und der Notarzt arbeiteten Hand in Hand.

Die Szenerie aus der Luft bot ein erschreckendes Bild, als wir uns in Richtung Feldlager Prizren aufmachten. Mein zugewiesener Patient und seine Kameraden hatten erstaunliche Tapferkeit bewiesen, davor hatte ich großen Respekt.

Die Vibrationen unseres Hubschraubers nahmen zu, als wir uns dem Hubschrauberlandeplatz im Feldlager näherten. Dort wartete das medizinische Personal des Feldlazaretts bereits auf uns. Ich entsicherte die Krankentragen und übergab die Patienten an die wartenden Ärzte. Nachdem der letzte Patient sicher im Feldlazarett untergebracht war, half ich dem Bordmechaniker, den Hubschrauber für den nächsten Einsatz vorzubereiten. Wir füllten medizinisches Equipment auf, reinigten die Abfallbehälter und setzen den Rüstsatz wieder zusammen.

Danach machte ich mich auf den Weg zu meiner Unterkunft. Als ich duschte, ließ ich die Erlebnisse des Tages Revue passieren. Die notfallmedizinischen Teams im Feldlazarett hatten eine lange Nacht vor sich, aber ich wusste, dass die Patienten in guten Händen waren.

Aufkommende Panik

Im Februar 2002 gab es eine Veränderung im Kosovo – endlich wurde es wärmer! Es war eine Freude, die kleinen Pflanzen aufblühen zu sehen und die warmen Sonnenstrahlen auf der Haut zu spüren. Seit Wochen unterstützte ich eine Pionierkompanie in abgelegenen Dörfern. Unsere Pioniere, ausgebildete Dachdecker, Maurer, Schreiner und Elektriker, waren in ihrem Element und halfen vielen kosovarischen Familien, ihre Häuser wieder in Schuss zu bringen. Ich leistete sanitätsdienstliche Unterstützung, weil bei der Arbeit mit Kettensägen und Nagelpistolen ein Unfall jederzeit möglich war. Für die Pioniere war es beruhigend zu wissen, dass wir im Notfall schnell zur Stelle sein konnten.

Eines Morgens erhielt ich über mein Funkgerät die Meldung, dass ein Kosovare nicht weit von unserem Lager auf eine Mine getreten war und dringend medizinische Hilfe benötigte. Zusammen mit einem meiner Soldaten sprintete ich zu unserem Einsatzfahrzeug. Wir verließen das Feldlager durch das Haupttor und erreichten schnell den Ort des Unfalls. Dort traf ich auf den Notarzt, Stabsarzt W.. Er schien mir ein wenig überfordert zu sein. Dafür hatte ich Verständnis. Er war ein sehr junger Offizier, der erst vor ein paar Monaten sein Studium beendet hatte.

Der verletzte Kosovare, ein Schäfer, lag rund 100 Meter entfernt von uns. Wir hörten ihn leise wimmern; er lebte also noch. Rund um ihn herum grasten seine Schafe, als ob nichts geschehen wäre. Der junge Stabsarzt wollte sich vor uns dienstgradniedrigeren Soldaten beweisen und ging schnur-stracks in Richtung des Schäfers. Er schien sich der Gefahren nicht bewusst zu sein. Ich musste ihm klar machen, dass wir uns in einem Minengebiet befanden und dass es gefährlich war, sich darin zu bewegen. Nach einer kurzen Diskussion willigte er ein, den EOD-Trupp anzufordern.

Kurze Zeit später trafen zwei Spezialisten der Pioniertruppe ein. Zunächst zeichneten sie eine Route zum Schäfer auf einem Stück Papier. Der bulligere der beiden Pioniere schnappte sich dann einen Metalldetektor und eine Spraydose und ging langsam aber stetig auf den stöhnenden Schäfer zu. Immer wieder legte er kurze Stopps ein und sprühte eine Linie auf den Erdboden. Die zahlreichen Kreise, die bereits zu sehen waren, warnten uns vor den Minen. Der zweite Pionier lief ein paar Schritte versetzt zu ihm und hatte eine Minensuchnadel in der Hand. Nach rund 30 Minuten kamen die beiden Spezialisten zurück und erklärten uns den Weg zu unserem Patienten. Er verlief keine drei Meter geradeaus, immer wieder zeigte der Strich nach links oder rechts, um gefährliche Stellen zu umgehen. Nun war es an der Zeit zu handeln. Ich blickte mich um und fragte den Stabsarzt, wer zu dem Patienten hochgehen sollte. Er bat mich schüchtern, ihn zu begleiten. Zusammen gingen wir zum Schäfer, der hell leuchtende rosa Strich aus der Spraydose wies uns den Weg.

Zuvor hatte ich mir die zusammenklappbare Krankentrage aus Aluminium und den Rettungsrucksack geschnappt. Mein Herz raste, als ich mich umsah und bemerkte, dass ich von Minen unterschiedlicher Fabrikate umgeben war. Die gefährlichen Schützen- und die hinterhältigen Butterflyminen lauerten überall; manche sah ich direkt neben mir liegen. Ich dachte an die unschuldigen Kinder, die ich in meinen vorherigen Einsätzen gesehen hatte, die ihr Leben durch solche Minen verloren hatten oder entstellt wurden. Ich folgte den Spuren der beiden

Pioniere vor mir und versuchte, meine Schritte so klein wie möglich zu halten, um keine Mine auszulösen. Der Schweiß lief mir in Strömen über den Rücken und meine Uniform war klatschnass. Ich sprach immer wieder mit dem Stabsarzt, um mich abzulenken. Endlich erreichten wir den verletzten Schäfer. Die Pioniere hatten einen großzügigen Kreis um ihn gezogen und uns versichert, dass an dieser Stelle keine Minen vergraben wären. Ich vertraute ihnen und begann, den Patienten zu versorgen. Der vor mir liegende Schäfer war nicht älter als fünfzehn Jahre und wirkte zerbrechlich und schwach. Sein Gesicht war von Schmerz verzerrt und seine Augen waren glasig. Der Boden um ihn herum war von tiefrotem Blut getränkt. Ich sah, wie Blut aus zahlreichen Wunden tropfte. Ich meldete dem Stabsarzt, dass der Patient flach atmete und sein Puls schwach war. Er hatte zahlreiche Splitterverletzungen im Hals- und Gesichtsbereich, aber am meisten Sorgen machten mir die schweren Verletzungen seines Unterbauchs und sein abgerissener Fuß, der nur noch an wenigen Gewebefetzen hing. Ich spürte, wie sich mir der Magen umdrehte, als der Stabsarzt zuerst sein Bein am Unterschenkel abband. Leider gab es damals noch keine Tourniquets, also musste er mit der Blutdruckmanschette improvisieren. Er legte sie um den Unterschenkel des jungen Mannes und pumpte sie so lange auf, bis keine Luft mehr hineinkam. Der Schmerzreiz war zu viel für den Schäfer und er wurde ohnmächtig. Wir mussten uns beeilen. Der Arzt legte Zugänge an und verabreichte ihm eine Menge Medikamente. Ich griff in meinen Rettungs-rucksack und nahm 20 Kompressen heraus, um sie mit aller Kraft in die große Wunde in seinem Bauch zu stopfen. Das Wichtigste in diesem Moment war, die Blutung zu stillen. Ich war erstaunt, dass er überhaupt noch am Leben war, nachdem wir uns so lange aus Eigenschutz nicht an ihn herangewagt hatten. Er musste um sein Leben kämpfen und tat dies wie ein Löwe.

Schließlich legte ich Verbandpäckchen auf die Kompressen und wickelte Mullbinden um seinen ganzen Rumpf. Danach versorgte ich die kleineren Verletzungen im Gesicht und am Hals. Der Patient war nun für den Abtransport vorbereitet. Wir legten die Schaufeltrage behutsam auf den Boden und platzierten den Patienten vorsichtig darauf. Ich war stark angespannt, als wir die Teile der Trage zusammenführten und den Patienten mit den Gurten fixierten. Der Stabsarzt gab das Kommando, und ich beugte mich nieder, um den hinteren Teil der Trage anzuheben. Doch bevor ich auch nur einen Finger krümmen konnte, erschütterte ein lauter Knall die Umgebung. Dann traf mich etwas Warmes und Klitschiges im Gesicht, und ich fiel zu Boden.

Neben uns war eine Mine explodiert. Der Boden unter mir vibrierte, als eine weitere Mine explodierte. Ein Schaf, das in der Nähe gefressen hatte, wurde in mehrere Teile zerfetzt und durch die Luft geschleudert. Ich tastete mein Gesicht ab und atmete erleichtert auf: Ich war nicht verletzt. Auch der Stabsarzt war unversehrt. Wir wollten nur noch raus aus diesem Minenfeld und trugen unseren Patienten so schnell wir konnten.

Als wir am Krankenwagen ankamen, packten alle Soldaten mit an. Die Erleichterung darüber, dass wir diese waghalsige Rettungsaktion gemeistert hatten, war unbeschreiblich. Es fühlte sich an, als wären wir alle zusammen durch diese Situation innerlich gewachsen und zu einer verschworenen Gemeinschaft zusammengeschweißt. Der Doktor und sein Team transportierten den Schäfer in unser Einsatzlazarett. Mir blieb nur die Hoffnung, dass er überleben würde. In diesem Moment dachte ich, dass ich den Schäfer nie wiedersehen würde. Doch das Schicksal hatte andere Pläne.

Irgendwo im Nirgendwo

Die Zeit kroch quälend langsam dahin, und es schien, als würden die Tage sich endlos hinziehen. Wir hatten nur wenige Einsätze in den letzten Wochen gehabt, darunter eine gefährliche Begegnung mit einem einheimischen Bundeswehrfeind während eines Routinekonvois nach Mitrovica sowie ein paar kleinere Aufträge in der Stadt Prizren. Ich genoss die letzten Trainingseinheiten im Gym mit meinem Stubenkameraden und guten Freund Mario H.. Er musste zurück nach Deutschland, um seinen Feldwebellehrgang anzutreten.

Dann hatte ich mal wieder Bereitschaft mit meinem Team. Wir mussten auf Abruf bereitstehen, falls der Standortarzt nicht innerhalb von 30 Minuten von einem Einsatz zurückkehren sollte. In den letzten Wochen war das nicht mehr vorgekommen. Also beschloss ich, zum Sport zu gehen. Kraftsport war schon seit Jahren mein Ausgleich zum stressigen Alltag gewesen, aber mein Fitnesslevel war so hoch wie nie zuvor. Im Gym herrschte wie immer reges Treiben. Darin roch es wie in einem Pumakäfig. Überall hörte man das Stöhnen und Ächzen der Trainierenden. Das lagereigene Studio konnte locker mit jedem Fitnessstudio in Deutschland mithalten. An diesem Tag trainierte ich mit den Jungs von der Militärpolizei und wir pushten uns gegenseitig zu Höchstleistungen. Es ging hart zur Sache – Klimmzüge mit 40 Kg Zusatzgewicht standen auf dem Plan. Nach meinem letzten Satz fühlte ich mich ausgepowert, aber glücklich und zufrieden. Ich verabschiedete mich von den Feldjägern und ging auf meine Stube. Kaum war ich geduscht, kam Markus P. hereingestürmt. „Wir haben einen Sonderauftrag“, rief er aufgeregt.

Im Gefechtsstand befanden sich noch andere Soldaten, die von dem bevorstehenden Auftrag betroffen waren. Als Heiko N. mich mit einem markanten Grinsen ansah, wurde mir klar, dass es wieder einmal an uns lag, den

Auftrag durchzuführen. Obwohl ich solche Situationen kannte, war ich wegen der Dringlichkeit des neuen Auftrags doch ein wenig nervös. Ich lauschte aufmerksam den Worten meines Vorgesetzten, als er uns mitteilte, dass ein einheimischer Patient aus dem Einsatzlazarett entlassen werden musste, um Platz für neue Patienten zu schaffen. Der Kosovare hatte bereits die bestmögliche Behandlung erhalten, die unser Krankenhaus bieten konnte.

Ich spürte, wie sich meine Nervosität in Spannung verwandelte, als ich mich mit meinem Team auf den Weg machte. Unsere Aufgabe war es, den Patienten an einen sicheren, mir noch unbekannten Ort zu bringen. Er befand sich glücklicherweise nicht mehr in einem kritischen Zustand, so dass unser Doktor nicht mitkommen musste. Doch das bedeutete nicht, dass es ein einfacher Einsatz werden würde. André, mein zweiter Rettungssanitäter, koordinierte mit dem Einsatzlazarett, wann und wo wir den Patienten abholen würden. Markus, mein erfahrener Kraftfahrer, machte sich auf den Weg zum KFZ-Abstellplatz, um unseren Transportpanzer Fuchs für den Einsatz vorzubereiten. Ich selbst begab mich zur Infanteriekompanie und holte Informationen über die Sicherheitslage während des Transports ein.

Die Lage im Kosovo war zu dieser Zeit alles andere als stabil. Als Sanitätstruppe waren wir ein leichtes Ziel für Angriffe. Uns war daher nicht erlaubt, nach Einbruch der Dunkelheit allein auf den Straßen zu fahren. Wir mussten begleitet werden. Doch als ich mich an den Einsatzoffizier der Panzeraufklärungskompanie wandte, erhielt ich eine Antwort, die mich schockierte: Die gesamte Truppe war bereits ausgerückt, um aufzuklären und eine Operation vorzubereiten. Wir würden also keine infanteristische Unterstützung bekommen. Und als mir klar wurde, wohin wir den Patienten bringen sollten, erkannte ich, dass wir in ernsthaften Schwierigkeiten steckten. Das

Dorf Ljuba-Schewa lag nordwestlich im Gebirge, das Gelände war schwer befahrbar und in den letzten Wochen hatte es dort immer wieder feindliche Aktionen von Rebellen gegeben.
Nach meinem Gespräch mit Hauptmann Dennis M. eilte ich zurück in den Gefechtsstand, um prüfen zu lassen, ob wir unseren Auftrag ohne Sicherungskräfte durchführen sollten. Dies wurde zu meiner Enttäuschung bestätigt. Da ich es nicht mochte, wenn bewährte Abläufe über den Haufen geworfen wurden, fühlte ich mich unwohl mit der Situation. Unsere bisherigen Missionen bei Nacht außerhalb von Prizren hatten wir immer mit Sicherungskräften durchgeführt. Die Infanterieeinheiten waren dabei bestens ausgebildet und hatten durchschlagskräftige Waffen, um Angriffe abwehren zu können. Mein Vertrauen in die Entscheidungsträger schwand mit jeder Minute, die verging. Ich war besorgt um das Wohl meines Teams. Doch ich hatte keine Wahl. Wir mussten uns auf den Weg machen, auch ohne den eigentlich notwendigen bewaffneten Schutz.
Als ich Markus die Anweisung gab, den ungepanzerten Unimog für den Transport vorzubereiten, bemerkte ich seinen ungläubigen Blick und sein Kopfschütteln. Er hatte ebenfalls große Bedenken. Doch wir hatten keine Zeit für Diskussionen – wir mussten schnell das Equipment verladen.
Diesmal befahl ich Markus und André, für ihre Waffen G-36 und P-8 mehr Munition mitzunehmen und alle Vorbereitungen für den Fall eines Gefechtes zu treffen. Wir mussten wachsam sein. Ein paar Minuten später standen wir bereit, unsere Ausrüstung gecheckt und die Waffen geladen. Wir fuhren zum Hinterausgang der Pflegestation des Feldlazarettes, wo wir uns noch kurz mit unseren Kameraden vor Ort austauschten. In diesem Moment kam eine Person mit Krücken auf uns zugehumpelt. Ich konnte es nicht glauben: es war der Schäfer, den

ich vor ein paar Wochen aus dem Minenfeld gerettet hatte. Wir sollten ihn in sein Heimatdorf Ljuba-Schewa bringen. Er konnte trotz seines schwer verletzten Beines relativ gut gehen. Als er uns sah, lächelte er. Er war wirklich ein harter Kerl.

Zum Glück hatten wir einen Sprachmittler bei uns. Dieser beherrschte die Sprachen Deutsch, Englisch und Albanisch perfekt.

Wir erreichten das Haupttor und meldeten uns bei der Rettungsleitstelle im Feldlager über Funk ab. Unser erstes Ziel war Orahovac, also mussten wir am Feldlager Airfield vorbeifahren. Plötzlich wurde ich von Erinnerungen an das schreckliche Unglück und den Tod meines Kameraden überwältigt. Mein Geist wurde von Bildern überschwemmt, die ich einfach nicht loswerden konnte. Markus erkannte, wie ich mich fühlte, und legte seine Hand auf meine Schulter. Ich spürte die Wärme seiner Berührung und beruhigte mich ein wenig. Ich hatte nicht bemerkt, wie die Zeit vergangen war, weil ich mich in meinen Gedanken verloren hatte.

Die letzten 90 Minuten waren eine regelrechte Tortur für uns. Die Straßenverhältnisse in dieser Region waren desaströs und das Wetter wurde immer schlimmer, als wir uns endlich an der Ortschaft Orahovac vorbeigekämpft hatten. Unsere Nerven waren zum Zerreißen gespannt. Ich meldete mich ein letztes Mal via Funk bei unserem Gefechtsstand im Feldlager Prizren. Danach würde es keine Funkverbindung mehr geben. Die Leitstelle aus dem Feldlager Prizren wünschte uns noch alles Gute. Einen Augenblick später war die Leitung tot. Wir waren nun auf uns allein gestellt, ohne jegliche Verbindung zum Rest der Welt. Eine unheimliche Atmosphäre machte sich in unserem Fahrzeug breit.

Ich sah die Angst in den Augen meines Fahrers, aber ich wusste, dass ich jetzt stark sein musste. Wir hatten einen Auftrag zu erfüllen und keine Zeit für Zweifel oder

Furcht. Der Regen fiel immer dichter und der Wind wurde stärker. Die Straßen waren immer schwieriger zu befahren. Unser Sprachmittler teilte uns alle 15 Minuten mit, ob wir noch auf dem richtigen Weg waren, während er gleichzeitig unserem Patienten zuhörte. Der Schäfer war aufgeregt wie ein kleiner Junge und erzählte dem Sprachmittler, dass er seit fast einem dreiviertel Jahr nicht mehr in seinem Heimatdorf gewesen sei. In Prizren habe er für einen wohlhabenden Mann gearbeitet, während seine eigene Familie sehr arm sei und sich keine Schafe leisten könne.

Als wir weiterfuhren, wurde es immer dunkler und das Gelände immer unübersichtlicher. Markus, unser Fahrer, fuhr nur noch wenig schneller als Schrittgeschwindigkeit. Der Himmel hatte sich komplett zugezogen und es wurde tiefdunkel inmitten des Kosovo. Die Scheinwerfer unseres Unimogs leuchteten die tiefen Krater der Straße aus, während ich meinen Blick zwischen Himmel und Boden alle paar Sekunden wechselte. Es fühlte sich an, als hätte die NATO damals den gesamten Kosovo in Schutt und Asche gelegt, und niemand hatte bisher Interesse gezeigt, die Infrastruktur wiederherzustellen. Unser Unimog schaukelte sich immer heftiger auf und fing an, rhythmisch zu wippen, während es immer stärker regnete. Der Regen füllte die Kraterlandschaft mit Wasser und machte alles zu Schlamm. André, dem hinten in der Kabine übel wurde, fluchte vor sich hin.

Nach einer gefühlten Ewigkeit brüllte der Sprachmittler, wir sollten abbiegen. Das Dorf sei auf dem Berg rechts. Wir waren skeptisch, da der Weg schmal und nicht einzusehen war. Aber der Schäfer bestätigte, dass dies der richtige Weg sei. Nun war uns allen klar, dass wir uns in einer sehr gefährlichen Situation befanden. Wir waren in einem ungeschützten Fahrzeug, nur leicht bewaffnet und ohne infanteristische Sicherung unterwegs. Wir hatten keine Funkverbindung zu unserer vorgesetzten Dienst-

stelle und befanden uns irgendwo im Nirgendwo, bei strömendem Regen und sehr schlechten Sichtverhältnissen.
Der Feldweg schien uns förmlich zu verschlingen, während er immer enger und steiler wurde. Fluchend und stöhnend versuchten wir, die Kiste auf vier Rädern die steile Straße entlang zu manövrieren. Dann sahen wir etwas, was uns das Blut in den Adern gefrieren ließ. Nur wenige Meter von uns entfernt ging es stark bergab. Glücklicherweise hatte der Regen aufgehört, aber die Angst vor einem tödlichen Absturz saß uns im Nacken und unsere Augen suchten ständig nach einem Ausweg aus dieser trostlosen Situation. Endlich erreichten wir eine etwas größere Lichtung, die vom Mondlicht erhellt wurde. Wir atmeten erleichtert auf und ließen unsere Blicke durch die Bäume streifen, die um uns herum in den Himmel ragten. Plötzlich durchbrachen zwei Scheinwerfer die Dunkelheit. Markus bremste abrupt ab und schaltete das Fernlicht ein, um zu sehen, wer oder was auf uns zukam. Bevor wir reagieren konnten, rasten mehrere Kleinfahrzeuge auf uns zu, bremsten ab und stellten sich quer hinter uns. Damit hatten sie unseren Weg zurück blockiert. Das Herz schlug uns bis zum Hals, der Angriff hatte uns völlig überrascht. Wer waren diese Menschen, die uns mitten in der Nacht auflauerten?
Insgesamt waren es rund 30-40 Männer, bewaffnet mit Stöcken, Äxten, Beilen, Spitzhacken und Mistgabeln. Der Anblick war beängstigend. Ich befahl meinen Kameraden, ihre Waffen zu checken und führte selbst die Kontrolle an meinen Waffen durch. Meine Pistole P-8 steckte ich zurück ins Schulterhalfter und die Schulterstütze des G-36 klappte ich ein, um mehr Bewegungsfreiheit zu haben.
Plötzlich durchbrach ein ohrenbetäubender Knall die Stille der Nacht. Ein großer Stein hatte unsere Windschutzscheibe zersplittert. Meine Hände schützten reflex-

artig mein Gesicht, während ich einen kurzen Blick zu Markus warf, der kreidebleich vor Angst war. Die Einheimischen begannen zu lachen und beleidigten uns in ihrer Sprache, während weitere Steine in unsere Richtung flogen. Als Führer vor Ort musste ich eine Entscheidung treffen. Ich öffnete die Dachluke des Unimogs, trat auf den Beifahrersitz und schrie mit voller Lautstärke: „Stani ili putsam, stop or I fire, this is a military zone, go away!" Doch die Situation eskalierte. Ein vollbärtiger, in die Jahre gekommener hagerer Mann trug eine Waffe am langen Arm und richtete sie plötzlich auf uns. Ich reagierte instinktiv und schoss zweimal in die Luft, um ihn davon abzuhalten. Es nützte nichts, und nun hatte ich keine andere Wahl, als meine Waffe auf den bewaffneten Mann zu richten und meinen Finger am Abzug zu halten. Mein Herz raste und ich wusste, dass ich jede Sekunde eine Entscheidung treffen musste. Schließlich schrie ich erneut: „Put your fucking weapon down!"

Mein Herz schlug wild gegen meine Brust. Ich spürte jeden einzelnen Herzschlag durch meinen Körper pulsieren. Dabei war ich vollkommen fokussiert auf den Mann vor mir, der die Kalaschnikow auf uns gerichtet hatte. Meine Finger umklammerten den Abzug meiner Waffe, bereit, im Bruchteil einer Sekunde durchzuziehen. Plötzlich fiel ein Schatten auf den Mann mit der Waffe. Es war der junge Schäfer, der sich seinen Landsleuten zu erkennen gab und damit unser Leben rettete. Ich war so angespannt, dass ich nicht einmal bemerkt hatte, wie er von dem Unimog gestiegen war. Markus schrie mich an, ich solle die Waffe senken. Ich atmete tief durch, sicherte meine Waffe und versuchte, mich zu beruhigen. Als ich aus dem Unimog stieg, humpelte der Schäfer auf mich zu. Er bedankte sich bei mir auf Kosovarisch. Die Atmosphäre war nun wie verwandelt. Die Einheimischen freuten sich, lachten und weinten zugleich. Ich nahm jeden einzelnen Händedruck und jede Umarmung dankbar an,

als ob ich meine Familie nach langer Zeit wiedersehen würde. Selbst die beschädigte Windschutzscheibe störte mich nicht, ich war einfach nur froh, dass niemand verletzt oder getötet wurde.
Die Fahrt zurück war gespenstisch ruhig. In Orahovac meldete ich mich über Funk bei unserer Leitstelle an. Als wir endlich spät in der Nacht an der Hauptwache ankamen, überprüften wir unsere Waffen an der Sandkiste, parkten unseren Unimog auf der BAT-Platte und gingen erschöpft ins Bett. Doch ich konnte einfach nicht schlafen. Immer wieder ging ich die Situation durch und fragte mich, was passiert wäre, wenn ich dem Mann mit der Kalaschnikow in den Kopf geschossen hätte.
Keiner von uns sprach jemals mit einem Vorgesetzten über diesen Vorfall in dem Bergdorf Ljuba-Schewa. Wir trugen diese Erinnerungen allein mit uns und versuchten, sie irgendwie zu verarbeiten.
Die verbleibenden Wochen unseres Einsatzes vergingen wie im Flug, zum Glück ohne weitere Schrecken.

Nach dem Einsatz ist vor dem Einsatz

Als ich endlich wieder mit beiden Füßen auf deutschem Boden stand, atmete ich erleichtert auf. Der Flug hatte sich wie eine Ewigkeit angefühlt, und die Enge im Flieger hatte mich fast wahnsinnig gemacht. Doch jetzt war ich endlich da. Enrico M., ein guter Freund aus meiner Stammeinheit, wartete auf mich. Ein Lächeln breitete sich auf meinem Gesicht aus, als ich ihn sah. Er hatte sich freiwillig gemeldet, um mich abzuholen. Das bedeutete mir sehr viel. Während der fünfstündigen Fahrt sprachen wir über alles Mögliche. Natürlich kam auch mein Einsatz zur Sprache. Ich erzählte ihm von meinen Erfahrungen. Und dann, als ich es am wenigsten erwartete, teilte er mir eine Neuigkeit mit, die mich sehr freute: Er war zur Rettungsassistentenausbildung zugelassen worden. Ich konnte seinen Stolz förmlich spüren. Eine zweijährige

Ausbildung, die ihn zum Feldwebel machen würde. Es war ein großer Schritt nach vorne für ihn, aber es bedeutete auch, dass er für eine lange Zeit wegmusste. Unsere gemeinsame Zeit würde sich stark reduzieren. Nachdem wir bei mir zuhause angekommen waren, schoben wir eine Fertigpizza in den Ofen und genossen weitere gemeinsame Stunden. Als er ging, war ich auf mich allein gestellt. Die ersten Tage zu Hause waren schwerer als erwartet. Es fühlte sich alles so ungewohnt an, so fremd. Ich vermisste die Kameradschaft und den klaren Auftrag, den ich im Auslandseinsatz hatte. Hier war alles anders. Ich hatte keine Aufgabe, keine Mission. Ich war allein mit meinen Gedanken, und das war manchmal beängstigend. Mir war bewusst, dass ich Zeit brauchte, um mich wieder an das Leben im normalen Alltag zu gewöhnen. Ich wusste auch, dass ich diese Zeit nutzen musste, um mich auf das nächste Kapitel meines Lebens vorzubereiten. Auf das, was ich im Einsatz erreicht hatte, war ich stolz und ich spürte, dass ich auch in meiner Einheit erfolgreich sein konnte, wenn ich nur die richtigen Einstellungen hatte. Also machte ich mich daran, mein Leben in die Hand zu nehmen und meine Zukunft zu planen.
Zum Start in eine neue Woche stand ich wieder einmal vor meinem Vorgesetzten Herbert B. Schon immer hatte ich ihn als Respektsperson angesehen, zugleich wusste ich, dass er mich nicht sonderlich mochte. Doch anstatt mich davon entmutigen zu lassen, spornte es mich umso mehr an, alles korrekt zu machen und auf Lehrgängen der Beste zu sein. Als er vor einigen Monaten drohte, mir die Eier abzuschneiden, falls ich seine Erwartungen nicht erfüllte, wurde ich erst richtig herausgefordert – und brachte schließlich herausragende Ergebnisse von meinen Feldwebellehrgängen mit. Herbert B. schickte mich schließlich zu Hauptmann Klaus W., in dessen Kompanie ich versetzt werden sollte. Hauptmann Klaus W. war ein Mann mit Zwirbelbart. Nach ein paar freundlichen

Worten fragte er mich nach meinen Plänen. Ich antwortete ihm, dass ich mir nichts sehnlicher wünschte, als irgendwann Berufssoldat zu werden. Er nickte anerkennend, belehrte mich aber, dass dies ein sehr schwieriger Weg sei und nur wenige Soldaten es schaffen würden. Er forderte mich auf, mich mit allen Feldwebeln in der Kompanie zu messen und betonte, dass sein unterstellter Bereich ihm schon einiges über mich aus dem Einsatzland berichtet hätte. Ich solle mich jedoch nicht auf meinen bisherigen Leistungen ausruhen. Diese Worte nahm ich schweigend zur Kenntnis. Schon von Anfang an wusste ich, dass ich mir im Militär alles selbst erarbeiten musste und mir nichts geschenkt würde. Doch das war für mich genau der richtige Ort, um zu zeigen, was in mir steckt. Ich war entschlossen, mich in meiner neuen Kompanie zu beweisen.

Als ich mich als selbstbewusster Jungfeldwebel bei meinem Zugführer Hauptfeldwebel K. meldete, war ich voller Vorfreude auf meine neue Aufgabe. Der Hauptverbandplatz hatte den Auftrag, ein Krankenhaus aus Zelten und Containern zu errichten. Ich selbst war für das Labor zuständig – obwohl ich keinerlei Ahnung von diesem Bereich hatte. Die nächsten Tage verbrachte ich damit, meine neue Kompanie und meinen Arbeitsbereich kennenzulernen. Als ich mein Material überprüfte, war ich sichtlich enttäuscht. Als Stabsunteroffizier hatte ich eine riesige Lagerhalle voll mit Material verwaltet – jetzt war ich nur noch Truppführer und hatte nur einen kleinen Materialkoffer. Mir fehlte der Dienststress aus meiner Zeit als Zugführer in der Medevac-Kompanie. Hauptmann Klaus W. übertrug mir glücklicherweise den Dienstsport der Kompanie, und so konnte ich jeden Tag mit den Jungs und Mädels zum Sport gehen. Mit meinen Feldwebel-Kameraden verstand ich mich gut. Doch wenn es um Sinnlosaufträge ging, zog ich als Jungfeldwebel meistens den Kürzeren und musste ran. Viele schmunzelten über mich, aber ich ertrug es und versuchte, mich weiter zu integrieren. Im September 2002 wurde ich schließlich auf diverse Lehrgänge geschickt, um dienstpostengerecht ausgebildet zu werden. Den Laborantenlehrgang hasste ich, doch ich lernte gewissenhaft und schloss mit der Note 1,5 ab. Danach ging es direkt weiter zum Desinfektor-Lehrgang, der mir viel besser gefiel. Hier lernte ich eine Menge über Krankheiten und deren Bekämpfung – ein Lehrgang wie zugeschnitten für mich. Das Ergebnis der Abschlussprüfung konnte sich sehen lassen: Eine glatte 1,0. Ich war stolz auf meine Leistungen und wusste, dass diese Lehrgänge mir bei den nächsten Auswahlverfahren zum Berufssoldaten helfen würden. Willensstark und mit großem Fleiß hatte ich mich durchgekämpft und gezeigt, dass ich mich schnell auf neue Aufgaben einstellen konnte.

Meine Karriereweg war bisher eine bunte Mischung aus intensiven Lehrgängen, lehrreichen Weiterbildungen, herausfordernden Übungsvorhaben und spannenden Auslandseinsätzen. Ich habe Praktika absolviert und Erfahrungen im alltäglichen Dienstbetrieb gesammelt, die mich zu dem gemacht haben, was ich heute bin. Nach jedem erfolgreich absolvierten Lehrgang kehrte ich zurück in den Alltag und setzte mein Wissen und meine Fähigkeiten direkt in die Tat um. So auch nach meinem letzten Lehrgang, als ich zurück nach Halle an der Saale versetzt wurde. Dort hatte ich das Glück, mit sehr talentierten und erfahrenen Kameradinnen und Kameraden zu arbeiten. Beim Aufbau eines Hauptverbandplatzes konnte ich viel lernen. Das Material war mir zwar nicht vollkommen fremd, aber ich konnte in dieser Zeit in der zweiten Kompanie Feinheiten und Details erfahren, die mir zuvor entgangen waren. Nach einigen kleineren Übungsvorhaben verlief der Rest des Jahres jedoch unspektakulär. Doch das bedeutet nicht, dass es langweilig war. Jeder Tag brachte neue Situationen mit sich und ich konnte mein Wissen stetig erweitern. Das Soldatsein ist ein Leben voller Herausforderungen; es begeistert mich immer wieder aufs Neue. Ich war stolz darauf, Teil dieser Gemeinschaft zu sein und freute mich auf alles, was vor mir lag.

Es war kurz vor Weihnachten, als ich in Hauptmann W.'s Dienstzimmer gerufen wurde. Ich wollte einen guten Eindruck machen, daher überprüfte ich akribisch meine gesamte Uniform und polierte meine Stiefel auf Hochglanz. Nachdem ich mich gemeldet hatte, wurde ich von einem überraschend freundlichen Hauptmann W. begrüßt. Er bot mir einen Kaffee an und bat mich, mich zu setzen. So etwas war ich von ihm bisher nicht gewohnt. Unvermittelt verkündete er mir eine Nachricht, die mich schockierte: in nur zwei Tagen sollte ich nach Sarajevo verlegen. Die Worte des Hauptmanns hallten in meinen Ohren wider, als ich versuchte, die Situation zu begreifen. Der Krieg in Bosnien hatte das Leben vieler unschuldiger Zivilisten gefordert. Tapfere Soldaten, darunter auch die Fremdenlegionäre der Franzosen und Spanier, hatten ihr Leben aufs Spiel gesetzt. Und nun sollte ich dorthin geschickt werden? Bosnien war für mich immer ein fernes und unbekanntes Land gewesen, von dem ich nur aus den Nachrichten gehört hatte. Ich hatte nie damit gerechnet, dass ich jemals dorthin geschickt werden würde. Hauptmann W. erklärte mir, dass der Kommandeur mich unbedingt in Sarajevo haben wollte. Leider konnte er mir keine weiteren Details nennen, außer dass ich mich bereit machen sollte, noch am selben Abend zum Flughafen in Köln gebracht zu werden. Ich war überrascht, aber ich wusste, dass ich als Soldat meine Pflicht zu erfüllen hatte. Ich packte meine Sachen so schnell wie möglich und meldete mich bei der Kompanieführung ab, bevor ich nach Hause fuhr. Später am Abend wurde ich von einem Kraftfahrer abgeholt und zum Flughafen gebracht. Vor dem Abflug am nächsten Tag erhielt ich meine Zusatzausrüstung und war bereit, erneut in den Krieg zu ziehen. Eigentlich war das Ziel, direkt nach Bosnien zu fliegen. Zu meiner Überraschung fand ich mich jedoch im kroatischen Split wieder.

Bundeshaushaltsordnung

Ich hatte mich darauf eingestellt, in Sarajevo anzukommen und meine Arbeit sofort zu beginnen. Aber dann kam dieser verfluchte Wetterumschwung, weswegen unser Flug nach Split umgeleitet wurde. Als wir aus der Militärmaschine stiegen, war niemand da, um mich und die weiteren Passagiere zu begrüßen. Mein Kroatisch war schlecht, aber zum Glück hatte einer der Soldaten Kontakte im dortigen Feldlager. Nach ein paar Telefonaten hatten wir endlich die Gewissheit, dass uns jemand abholen würde. Die Zeit bis zum Eintreffen des Fahrzeugs nutzten wir, um den zivilen Bereich des Flughafens zu erkunden. Ich war hungrig und glücklicherweise fanden wir einen Imbiss, der Cevapcici mit Ayva im Fladenbrot anbot. Es war köstlich und erinnerte mich an die Ferien, die ich vor vielen Jahren mit meinem Schulfreund Tomislav in Kroatien verbracht hatte.

Zwei Kameraden mit einem VW Bulli holten uns schließlich am Flugfeld ab, um uns nach Sarajevo zu fahren. Die Grenzkontrolle verlief reibungslos. Die Straßen in Bosnien waren leer und verlassen, nur das schwache Mondlicht begleitete uns auf unserem Weg. Wegen der Dunkelheit konnte ich die Zerstörung um uns herum nur schemenhaft wahrnehmen. Doch als wir die Stadt Rajlovac, in der das von den Deutschen gebaute Feldlager lag, erreichten, sah ich die Auswirkungen des Krieges auf die Stadt. Überall lag Schutt und Asche, aber es wurde auch an jeder Ecke gebaut. Ich konnte nur erahnen, wie heftig dieser Bürgerkrieg gewesen sein musste, als ich den Ortskern passierte. Mein Blick fiel auf ein riesiges zerstörtes

Gebäude, das, so erklärte mir unser Fahrer, einmal eine Zeitungsdruckerei gewesen war. Es sollte als Mahnmal des Krieges stehen bleiben. Ich konnte fühlen, wie tief der Schmerz bei den Einwohnern der Stadt sein musste.
Nachdem wir endlich das Feldlager Rajlovac erreicht hatten, wurde ich zur Klinikkompanie gebracht. Dort war es meine Aufgabe, alle Fachabteilungen auf Vollzähligkeit und Vollständigkeit zu überprüfen. Ich war erleichtert, dass ich diese Aufgabe erhalten hatte, da ich gründlich und genau war. Allerdings irritierte mich, dass die Teileinheitsführer diesen Job nicht übernehmen wollten.
Als ich die riesige Lagerhalle betrat, überfiel mich ein Gefühl der Überforderung. Das zahlreiche Material der Fachuntersuchungsstellen türmte sich wild durcheinander. Die verschiedenen Gegenstände waren kaum zu unterscheiden. Offensichtlich hatte niemand das Material seit Monaten gesehen, geschweige denn geprüft oder gepflegt. Ich wusste, dass ich in den nächsten Wochen vor einer gewaltigen Herausforderung stehen würde. Die Tatsache, dass die Teileinheitsführer nicht mehr vor Ort waren, machte die Situation noch schwieriger. Ich fühlte mich alleingelassen in dieser Halle. Viele wurden nun in anderen Missionen im Kosovo oder neuerdings in Afghanistan gebraucht. Die Verantwortung für die wichtige Überprüfung durch die ‚Bundeshaushaltsordnung Einsatz' lag nun ganz bei mir und ich wusste, dass ich meine Kräfte bündeln musste, um diese Aufgabe zu meistern.
Was mir ebenfalls Sorgen bereitete: Ich hatte keine Schutzweste und keine Waffe empfangen. Als Soldat war ich es gewohnt, mit schwerer Schutzausrüstung und Waffen zu arbeiten, aber hier in diesem Einsatzgebiet schien alles anders zu sein. Ich fragte mich, wie ich mich bei einem Angriff schützen könnte. Erinnerungen an schlechte Erfahrungen in den zurückliegenden Missionen kamen hoch. Ich wusste, dass ich mich auf meine

Ausbildung und meine Erfahrung verlassen konnte, aber es gab etwas an diesem Ort, was mich beunruhigte.
Am nächsten Tag sortierte ich bis spät in die Nacht hinein Material. Das Einteilen der Materialien in die richtigen Kategorien war schwieriger als gedacht. Von Hals-Nasen-Ohren-Arzt-Equipment über dermatologisches Material bis hin zu Zahnarztsystemen war alles dabei. Um drei Uhr morgens ging ich in meinen Container und schlief sofort ein. Ich war so erschöpft, dass ich nicht einmal Zeit hatte, über den bevorstehenden Tag nachzudenken. Als mein Wecker klingelte, schreckte ich auf. Ich hatte das Gefühl, gerade erst eingeschlafen zu sein, nahm eine Dusche und ging in das Verpflegungsgebäude. Die Dining Facility war in zwei Teile aufgeteilt. Auf der rechten Seite gab es eine deutsche und auf der linken eine italienische Küche. Es war ungewöhnlich, eine Mischung aus den beiden Kulturen zu erleben. Ich bemerkte, dass auch eine Gruppe italienischer Kameraden im Speisesaal saß. An den Wänden hingen Banner mit der Aufschrift German-Italian Battlegroup. Es war eine kraftvolle Darstellung der Kooperation beider Länder. Ich holte mir jeden Tag bei der deutschen Essensausgabe mein Fleisch und ging dann schnurstracks auf die andere Seite, um mir leckere Pasta-Gerichte zu holen. Der Salat war auf der deutschen Seite besser, dafür hatte die italienische Seite tolle Nachspeisen und sehr guten Espresso. Es war ein kleines Ritual, das mir Energie für den bevorstehenden Tag gab.
Gestärkt ging ich zum Antreten und war gespannt, ob ich vielleicht den einen oder anderen Soldaten kannte. Leider war dies nicht der Fall. Die Kompanie war auch nicht wirklich groß, gerade mal 40 Mann zählte ich. Der Kompaniechef gab uns allen ein kleines Update und stellte mich meinen Mitstreitern vor. Offiziell gehörte ich zu Oberstabsarzt Dr. Björn E. Er leitete die Innere Abteilung, die neben der Chirurgie und der Pflege existierte.

Der Rest war bereits aufgelöst worden. Da aber immer noch eine Menge Soldatinnen und Soldaten in Rajlovac und Umgebung stationiert waren und die Deutschen den hoheitlichen Auftrag hatten, die sanitätsdienstliche Versorgung der Soldatinnen und Soldaten aller Nationen sicherzustellen, wurde entschieden, dass die bosnische Zivilbevölkerung bis auf wenige Ausnahmen nicht mehr durch unsere Einrichtung betreut werden sollte, denn es gab mittlerweile eine zivile Klinik mit gut ausgebildetem Personal.

Die erste Woche war vorüber und ich konnte auf eine Menge erledigter Arbeit zurückblicken. Das Material war akribisch eingeräumt und gewissenhaft gepflegt. Ich hatte Fachuntersuchungsstellen in einem großzügigen Raum im Hauptgebäude der Klinikkompanie eingerichtet, die ich mit spanischen Wänden voneinander abtrennte. Sogar einen zahnärztlichen Stuhl hatte ich durch eine deutsche Firma reinigen und aufstellen lassen. Ich freute mich, wie gut alles gelaufen war, trotz ein paar Fehlteilzetteln und Sachschadensmeldungen, die ich jedoch schnell in den Griff bekam. Schließlich forderte ich das Verbrauchsmaterial aus der Apotheke an, sortierte es in die Schränke und beschriftete diese sorgfältig. Zufrieden blickte ich auf das Ergebnis meiner Arbeit. Jetzt war es an der Zeit, eine Pause zu machen. Ich beschloss, das Fitnessstudio aufzusuchen, um mich ein wenig auszupowern. Als ich das große Gebäude betrat, war ich überrascht. Hier war alles anders als im Kosovo. Alles war in festen Gebäuden untergebracht und es gab so viele Freizeitmöglichkeiten, dass ich gar nicht wusste, wo ich anfangen sollte. Gleich am Eingang gab es Badmintonfelder und Tischkicker, Tischtennisplatten und Sofas. Einheimische Frauen boten in kleinen Geschäften Kleidung an. Es gab eine Feldpost und sogar ein Freizeitbüro. An dessen Wänden hingen Informationsplakate über Sarajevo. Der zuständige Oberfeldwebel gab mir ein paar Tipps zum

Sightseeing. Ich war erstaunt, dass ich ohne Auftrag das Feldlager verlassen durfte und erinnerte mich daran, dass bei meiner Ankunft im Lager fast niemand anwesend war. Jetzt wusste ich, warum. Jeden Samstag ab 15 Uhr bis Sonntag um 13 Uhr war eine sogenannte ‚Recreation-Time'. Diese Zeit stand zur freien Verfügung. Allen mit Ausnahme einer Notfallbesetzung war es erlaubt, sich in ziviler Kleidung unter das einheimische Volk zu mischen, essen zu gehen und die Kultur ein wenig besser kennenzulernen. Ich bedankte mich beim Oberfeldwebel und machte mich auf den Weg zum Fitnessbereich. Die großen Steinstufen führten mich hinauf in den ersten Stock. Das Studio war unglaublich groß und jedes Gerät stand mehrmals zur Verfügung. Ich hatte in einem Fitnessstudio im Einsatz noch nie so eine hervorragende Ausstattung gesehen. Eine gute Gelegenheit, mich fit zu halten und den Stress der vergangenen Woche abzubauen. Ich war dankbar für die Möglichkeit, all das zu erleben.

Als ich den großen Raum betrat, fiel mir sofort ein blonder Oberfeldwebel auf. Schon beim Antreten hatte ich ihn bemerkt, aber erst jetzt die Gelegenheit, ihn etwas näher kennenzulernen. Sein Name war Roberto W., und er war wie fast alle hier aus dem Bundeswehrkrankenhaus Ulm. Irgendwie waren mir Menschen, die ebenfalls Kraftsport betrieben, meistens auf Anhieb sympathisch. Roberto war ein imposanter Mann, über 185 cm groß und mindestens zehn Kilo schwerer als ich. Ich hatte schon immer gerne mit stärkeren Leuten trainiert. In den nächsten Monaten trafen wir uns täglich zum Training und Roberto brachte mich dazu, mich in allen Bereichen zu verbessern. Außerhalb des Fitnessstudios verbrachten wir unsere Freizeit gerne in der Stadt, tranken Kaffee oder gingen Pizza essen. Roberto war mir nicht nur ein toller Trainingspartner, sondern auch ein großartiger Freund geworden.

Die Zeit verging wie im Flug, und bald kam Weihnachten näher. Es war eine ganz besondere Stimmung, als Weihnachten und Silvester im Feldlager bevorstanden. Nach einer Phase mit Entbehrungen und viel Arbeit wurde alles vom Chef und Spieß bis ins kleinste Detail vorbereitet. Als ich am Weihnachtstag die Dining Facility betrat, war ich vollkommen überwältigt. Der Raum war mit bunten Lichtern und Weihnachtsschmuck verziert, und der Geruch von gebratenem Fleisch und frisch gebackenem Brot erfüllte die Luft. Das Essen war fantastisch, und ich konnte gar nicht genug davon bekommen. Aber nicht nur das Essen machte diesen Abend besonders. Die Atmosphäre war mit einer Art von Magie gefüllt, die man nicht beschreiben konnte. Die Soldatinnen und Soldaten aus verschiedenen Nationen trafen sich und feierten zusammen, als ob sie sich schon seit Jahren kennen würden. Es war erstaunlich zu sehen, wie sehr die Menschen zusammenrücken, wenn sie in einer Situation sind, die allein schwierig zu meistern ist. Die Stimmung war voller Freundschaft und Hilfsbereitschaft. Wir teilten Geschichten und lachten miteinander, während wir das gute Essen genossen. Es war ein Moment, den ich nie vergessen werde.

Während ich mich immer mehr auf die Feierlichkeiten einließ, fiel mir auf, dass im Feldlager fast nur hohe Stabsoffiziere ihren Dienst verrichteten. Die Gründe dafür blieben mir zunächst ein Rätsel, bis ich schließlich zum Ende meines Aufenthalts erfuhr, dass die meisten Dienstposten im Feldlager von Einrichtungen wie dem MAD, dem BND und internationalen Nachrichtendiensten besetzt wurden. Es gab viele Bereiche, zu denen nur Personen mit einer speziellen Karte Zutritt hatten. Diese No-Go-Areas waren mit großen Warnschildern versehen. All das übte einen gewissen Reiz auf mich aus. Ich konnte nur ahnen, was hinter den verschlossenen Türen vor sich ging. Der Gedanke, dass ich inmitten all dieser

Geheimnisse und Spionageaktivitäten arbeitete, machte den Einsatz umso aufregender.

An einem kalter Januartag im Jahr 2003 stand die Überprüfung durch die Bundeshaushaltsordnung, auch bekannt als ‚Paragraph 78', bevor. Etwas nervös wartete ich gemeinsam mit dem Kompaniechef auf den Leiter des Prüftrupps, der mein Schicksal für die kommenden Tage bestimmen würde. Die drei Prüfer, die extra aus Deutschland angereist waren, begrüßten mich freundlich und begannen sofort mit der Arbeit. Der Hauptmann, der Oberstabsfeldwebel und der Hauptfeldwebel arbeiteten schnell und effizient, aber trotzdem auf eine kameradschaftliche und unterstützende Art und Weise. Sie kannten fast jede Vorschrift auswendig und gaben mir viele hilfreiche Tipps. Obwohl sie vereinzelt Mängel aufzeigten, behandelten sie mich mit Respekt und ließen mich von ihrem Wissen profitieren. Nach drei Tagen intensiver Arbeit kamen wir dem Ende der Überprüfung näher. Der Chef des Prüftrupps überreichte mir ein Handout mit den wichtigsten Punkten und einer Fülle von Informationen über Materialien und deren Beschaffung. Ich war dankbar für seine Unterstützung und wusste, dass ich das Erlernte bei der nächsten Gelegenheit umsetzen würde.

Als ich den Abschlussbericht meiner Arbeit überreicht bekam, konnte ich aufatmen. Mein Kompaniechef war voll des Lobes für mich. Die erste Baustelle war abgehakt und das von mir etablierte System der Fachuntersuchungsstellen funktionierte wie am Schnürchen. Aber es gab noch eine weitere große Aufgabe: die Versorgung der Soldaten im Feldlager und in der Umgebung von Sarajevo. Glücklicherweise hatten wir in unserer Abteilung Melika, eine zivile Krankenschwester aus Rajlovac. Sie war Mitte 30, schlank mit langen, schwarzen Haaren. Melika war eine wahre Managerin und kümmerte sich nicht nur um unsere Abteilung, sondern auch um die verbliebenen einheimischen Patienten. Sie hatte diesen Job schon seit Jahren inne und war Oberstabsarzt Björn E. bestens bekannt. Doch Ende Januar wurde uns untersagt, zivile Personen zu behandeln. Wir sollten uns endgültig aus dem Gesundheitssystem der Einheimischen zurückziehen. Wir alle im Feldlager kannten die politische Debatte in Deutschland. Wegen anderer Auslandseinsätze war Bosnien nicht mehr so wichtig. Die Patienten, die jahrelang von unseren Ärzten betreut worden waren, bekamen nun nicht mehr ihre gewohnten Behandlungen und Medikamente. In den ersten Tagen hatte ich viele Diskussionen mit ihnen. Melika half mir oft aus der Klemme, gemeinsam beruhigten wir die aufgebrachten Einheimischen. Manche taten mir wirklich leid, aber Befehl war nun mal Befehl. Nachdem es sich in der Bevölkerung rumgesprochen hatte, kamen keine Einheimischen mehr zu uns ins Krankenhaus.

In der Folge kümmerten wir uns ausschließlich um die in die Jahre gekommenen deutschen Dienstgrade. Sie nutzten die ruhige Zeit, um Belastungs-EKGs zu machen und sich medizinisch durch ausgebildete Internisten durchchecken zu lassen. Da Arzttermine in Deutschland relativ lange im Voraus geplant werden mussten, hatten sie hier in Bosnien den Luxus, innerhalb von wenigen Tagen alles erledigen zu können. Dieses Angebot wurde rege in Anspruch genommen.

Als ich das erste Mal nach Sarajevo kam, war ich von der Schönheit der Stadt und der umliegenden Gebiete fasziniert. Zusammen mit Björn, Helmut S. und Roberto unternahmen wir unzählige Expeditionen, um so viel wie möglich von dieser beeindruckenden Gegend zu sehen. Ich wusste, dass dies eine seltene Gelegenheit war, und ich würde mich immer daran erinnern, wie ich die schönen Landschaften und die einzigartige Kultur in vollen Zügen genoss. Verblüfft war ich über die große Arbeitsmoral der Einheimischen. An jeder Ecke wurde gebaut

und renoviert. Ich bewunderte ihren Eifer, um ihre Stadt wieder lebenswert zu machen.
Zutiefst betrübt war ich darüber, dass in Sarajevo fast nur Frauen zu sehen waren. Melika erzählte uns ausführlich über den schrecklichen Bürgerkrieg, der die Stadt und das Land zerrissen hatte. Viele waren im Bürgerkrieg gefallen. Ich war immer wieder schockiert darüber, dass Menschen sich gegenseitig so grausames Leid zufügen konnten. Die Hassgefühle und Feindseligkeiten machten mich fassungslos. Gleichzeitig war ich tief beeindruckt von der mentalen Stärke der Menschen, die trotz aller Widrigkeiten ihr Land wieder aufbauten.
Die Situation in Sarajevo und Umgebung war dennoch nicht sicher. Überall waren Warnschilder angebracht, die unmissverständlich auf eine unklare Minenlage hinwiesen. Zwischen 1996 und 2017 kamen über 600 Menschen bei Minenunfällen ums Leben, weit mehr als 1000 Personen erlitten schwere Verletzungen. Das sind nur die Zahlen, die nach dem verheerenden Bürgerkrieg erhoben wurden.
Ich persönlich hatte das Glück, in dieser Zeit keine Gewalttaten zu erleben, aber die Eindrücke, die ich während dieses Auslandseinsatzes sammelte, beschäftigen mich bis heute. Die zerstörten Städte und Ortschaften und die vielen Minenfelder machten mich traurig, aber was mich wirklich erschütterte, waren die Geschichten der Einheimischen. Ich konnte kaum fassen, was diese Menschen durchgemacht hatten. Aber ich freute mich darüber, wie stark sie trotz allem geblieben waren.

Kosovo Part III

Als ich vom Spieß der zweiten Kompanie am Flughafen abgeholt wurde, war ich neugierig darauf, was mich erwarteten würde. Nach all den Monaten im Auslandseinsatz war ich endlich zurück in Deutschland und freute mich darauf, meine Kameraden wiederzusehen. Die Fahrt von Köln nach Halle an der Saale war lang, aber der Spieß nutzte die Zeit, um mir über das Regiment zu berichten. Ich wusste, dass die Bundeswehr immer im Wandel war. Aber als ich hörte, dass unser Regiment zum Jahresende umstrukturiert und verlegt werden sollte, war ich schockiert. Wir sollten unsere Kaserne verlassen und nach Weißenfels umziehen. Die Kompanien würden neu gemischt werden, viele Stellen sollten wegfallen. Der neue Kommandeur wollte sicherstellen, dass es keine Altlasten in den Kompanien gab und tauschte die Kompaniechefs aus. Ich verstand seine Absicht. In den letzten Jahren hatte es nur wenige Veränderungen im Regiment gegeben. Dies hatte dazu geführt, dass sich alle Soldatinnen und Soldaten gut kannten und alles eingespielt war. Der Nachteil war allerdings, dass es für Neuankömmlinge schwierig war, sich zu integrieren. Bei Beförderungen waren sie benachteiligt. Als wir spät in der Nacht die Kaserne in Halle an der Saale erreichten, war ich froh, dass ich ein paar Tage Urlaub nehmen durfte.

Nach dem morgendlichen Appell meldete ich mich bei meinem Kompaniechef zurück. Wir sprachen über meinen letzten Einsatz in Bosnien. Er las meine Beurteilung aus dem Einsatz und freute sich über meine dort gezeigten Leistungen. Zu meiner Überraschung gab es ein Dankesschreiben des Leiters des Prüfteams §78, von dem ich bis dahin nichts wusste. Ich war unglaublich stolz. Dann informierte mich mein Chef darüber, dass das Regiment nach der Neuaufstellung in Weißenfels höchstwahrscheinlich für den nächsten Einsatz als Leitverband geplant war. Das hieß, dass das gesamte Regiment in verschiedene Einsatzgebiete aufgeteilt werden und nur ein Bruchteil des Personals als „Team Heimat“ zurückbleiben würde.

Die Weihnachtsfeiertage im Jahre 2003 und auch Sylvester vergingen wie im Flug. Ich genoss die Zeit mit meinen Lieben in vollen Zügen. Wie in den vorherigen Jahren ging ich nach den Drei heiligen Königen wieder zum Dienst. Meiner Meinung nach sollte man gleich zu Beginn des Jahres seinen militärischen Verpflichtungen nachkommen. So schnappte ich mir alle Soldatinnen und Soldaten, die wie ich im Dienst waren, und marschierte mit ihnen 30 Kilometer mit Gepäck. Am nächsten Tag legten wir einige Disziplinen des deutschen Sportabzeichens ab. Dann folgte das jährliche Schwimmen und der Physical Fitness Test (PFT). Es fehlte uns nur noch die ABC-Maskenprüfung und das Schießen mit unseren Waffen. All diese Prüfungen musste jeder Soldat mindestens einmal im Kalenderjahr durchführen; mir fiel das nie sonderlich schwer.

Nachdem der komplette Umzug von Halle an der Saale nach Weißenfels absolviert war, wurde das Personal der Kompanien neu verteilt. Dass ich wieder in der Medevac-Kompanie meinen Dienst verrichten durfte, machte mich überglücklich.

Wenige Wochen später saß ich meinem Kommandeur gegenüber. Er sagte mir: „Ihre Leistungen sind außerordentlich, Soldat. Ihre Entschlossenheit und Ihr Engagement haben nicht nur ihren Chef, sondern auch mich persönlich beeindruckt. Sie sind zweifellos ein potenzieller Kandidat zum Berufssoldaten. Setzen Sie Ihren Weg fort und geben Sie weiterhin Ihr Bestes. Sie haben die Gelegenheit, Ihr Talent und Ihre Professionalität im kommenden Auslandseinsatz im Kosovo erneut unter Beweis zu stellen. Ihre Arbeit in der Medevac-Kompanie wird von entscheidender Bedeutung sein.“ Mit einem festen Händedruck verabschiedete er mich. Die Woche darauf

wurde ich als Vorkommando in meinen dritten Kosovo-Einsatz geschickt.
Nach einer unspektakulären Anreise ins Kosovo wurde ich vom Spieß des alten Kontingents im Feldlager Prizren begrüßt. Ich war nicht allein – mein Fahrer Falk S. war ebenfalls dabei.
Im Unterkunftsbereich der Medevac-Kompanie war das Einschussloch in der Haupteingangstür durch eine Stahlplatte verdeckt worden. Der Anblick ließ mich für einen Moment innehalten; meine Gedanken schweiften zurück in das Jahr 2000, an den Selbstmord eines meiner Kameraden. Es war seltsam, wieder hier zu sein, vier Jahre später, in demselben Gebäude. Falk und ich wurden auf eine freie Stube gepackt, aber wir wussten, dass es nur befristet war. Meine Stubenkameraden hatte ich bereits in Deutschland ausgesucht. Falk wollte auch mit seinen Freunden zusammen sein. Wir bezogen unser Bett, gingen noch etwas essen, duschten und fielen erschöpft in einen tiefen Schlaf.
Am nächsten Morgen wurden wir vom Kompaniechef kurz vorgestellt. Er versicherte uns, dass uns alle unterstützen würden. Wir sollten das gesamte Material übernehmen und stückweise an das neue Kontingent übergeben. Hauptmann Heiko N. wurde wieder mein Einsatzoffizier. Wir hatten gemeinsam viel durchgemacht und konnten uns aufeinander verlassen. Während der Vorausbildung hatte er mir bereits wichtige Aufträge erteilt, da ihm bekannt war, dass ich als Vorkommando in den Kosovo geschickt werden würde. Ich wusste, wie er sich den Kontingentwechsel vorstellte und wann ich wem welches Material übergeben musste. Ich hatte die Liste mit den Namen immer bei mir und arbeitete unermüdlich daran, alles pünktlich und korrekt zu erledigen.
Falk, ein pfiffiges Kerlchen, übernahm die Fahrzeuge mit der dazugehörigen Ausrüstung, während ich mich um das sanitätsdienstliche Material kümmerte. Es war ein riesiger

Haufen Zeugs, und nicht jeder Einheitsführer hatte Ahnung von seinem Material. Das Vorgängerkontingent war wirklich kameradschaftlich, und die Übernahme der einzelnen Teileinheiten ging relativ zügig vonstatten. Natürlich gab es hier und da Fehlbestände, aber das war im Auslandseinsatz normal. Wir arbeiteten unbürokratisch und konnten vieles schnell und einfach regeln. Die ersten Tage waren hart und anstrengend. Falk und ich arbeiteten täglich 16 Stunden, und wir hatten kaum Zeit für irgendetwas anderes als Verpflegung, Körperhygiene und ein wenig Schlaf. Es war frustrierend, dass wir nicht einmal zum Sport gehen konnten, aber wir wussten, dass es wichtig war, unseren Auftrag so schnell und effektiv wie möglich zu erledigen. Die Kameradinnen und Kameraden des alten Kontingentes wollten ihr Zeug loswerden und sich am Ende ihres Einsatzes noch ein paar Tage ausruhen. Wir verstanden das, aber es war nicht leicht für uns.

Ein März voller Unruhen

Am 17. März 2004 war ich für den BAT-Dienst am Standort eingeteilt. Die Lage im Kosovo war ruhig, aber nicht stabil. Wie jeden Morgen begann unser Tag mit einer Routineüberprüfung des medizinischen Equipments, um sicherzustellen, dass alles einwandfrei funktionierte. Mein Rettungsassistent Oberfeldwebel Jens M. war ein freundlicher und kompetenter Mensch mit einem durchtrainierten Körper. Mein Kraftfahrer Oberstabsgefreiter Sven W. dagegen war ein untersetzter, grummeliger Typ, der jedoch durch und durch loyal und hilfsbereit war. Seine Liebe zum Transportpanzer Fuchs war unverkennbar, und er wusste, wie man ihn perfekt manövrierte. Plötzlich dröhnte das Tetrapol-Funkgerät durch den Raum: „Alpha eins bis Alpha vier, hier Hubertus, kommen!“ Die Stimmung änderte sich schlagartig. Der Ton meines Doktors war ernst, als er sich über unser

Funkgerät meldete: „Alpha eins hört“. Ich meldete mich in der Runde, gefolgt von Alpha drei, unserem Rettungsassistenten, und schließlich Alpha vier, unserem Kraftfahrer. Ich sprintete zum Einsatzfahrzeug. In der Morgenlage hatte ich über Unruhen in Mitrovica und auch bei uns in Prizren gehört. Ich ahnte, dass ein gefährlicher Einsatz bevorstand. Sven, unser Fahrer, hatte den Transportpanzer Fuchs bereits startklar gemacht. Mit Blaulicht und Martinshorn rasten wir in die Innenstadt von Prizren, wo eine deutsche Infanteriekompanie den Sitz des serbischen Bischoffs schützte. Als wir eintrafen, herrschte dort Chaos. Überall wüteten gewaltbereite Demonstranten. Sie zerschlugen Fenster, traten Türen ein und sprayten Serbien-feindliche Parolen an die Hauswände. Ein Mob von 50 Kosovoalbanern zündete Mülleimer und Haltestellen in unserer Nähe an. Unser Befehl lautete, deeskalierend auf die Demonstranten einzuwirken. Allerdings wussten wir nicht, ob die Demonstranten Waffen bei sich hatten. Nur wenn Leib und Leben bedroht waren, durften wir von der Schusswaffe Gebrauch machen.

Als die Menge uns entdeckte, flogen die ersten Gegenstände herüber. Die kleinen Gassen waren mittlerweile nicht mehr passierbar, überall strömten wütende Menschen heran. Immer mehr Rauch stieg in den Himmel, Häuser fingen Feuer. Ich konnte Familien sehen, die vom Mob bespuckt, angeschrien und mit Gegenständen beworfen wurden. Ich beschloss, aus dem gepanzerten Transportpanzer auszusteigen und zum Führer der Infanteriekompanie zu rennen. Der Offizier sagte mir, dass ich mich mit dem Transportpanzer Fuchs zurückziehen und im Hintergrund auf weitere Aufträge warten sollte. Ich winkte Sven zu mir. Etwas abseits des Geschehens verharrten wir und beobachteten das Inferno, das sich vor unseren Augen abspielte. Es brannte lichterloh, der Rauch vernebelte die halbe Stadt.

Endlich rückte eine Einheit der UNMIK-Polizei an. Die argentinischen Polizisten stellten sich rund 300 Meter entfernt von uns auf. Diese Spezialeinheit war mit allem ausgerüstet, was man für eine solche Situation brauchte: Wasserwerfer, Gummigeschosse und Tränengas. Jeder Polizist hatte einen Schutzpanzer an, der alle Körperregionen abdeckte. Die Demonstranten sammelten sich schnell in kleineren Gruppen und bewarfen die Polizisten mit Steinen. Zwei Demonstranten entzündeten Molotowcocktails. Als sie sich zum Wurf vorbereiteten, wurde einer von ihnen durch ein gezieltes Gummigeschoss außer Gefecht gesetzt. Er fiel zu Boden und krümmte sich vor Schmerzen, während der brennende Molotowcocktail seinen Unterkörper erfasste. Die Situation wurde unübersichtlicher, die Stimmung noch aufgeheizter. Die Kosovoalbaner traten, boxten und schlugen mit Stöcken auf die Polizisten ein. Die Argentinier schlugen mit ihren Schilden und Knüppeln zurück, aber die Kosovoalbaner waren einfach zahlenmäßig überlegen.

Als die Spezialeinheit Tränengas einsetzte, eskalierte die Lage völlig. Plötzlich rasteten alle aus. Hunderte von wütenden Kosovoalbanern rannten gegen den Schildwall. Die Polizisten mussten ausweichen. Einige von ihnen wurden schwer getroffen und konnten nur mit Mühe und Not gerettet werden. Auch wir wurden angegriffen. Von allen Seiten flogen Backsteine und Flaschen auf uns. Unser Führer vor Ort schrie „Rückzug“. Doch der Mob verfolgte uns. Erst als das Wasserwerferfahrzeug alle Angreifer förmlich wegmähte, konnten wir entkommen. Die Menschen flogen einfach umher, wenn der Wasserstrahl sie traf. Ein deutsches Löschfahrzeug der Feuerwehr, das vor Ort war, wurde von den Randalierern geraubt und mit einer gehissten albanischen Flagge zum UNMIK-Gebäude gefahren. Sie wollten uns damit demütigen.

Der Anblick war furchtbar. Die Randalierer hatten alles in ihrer Reichweite kurz und klein geschlagen und

brannten vereinzelt Häuser nieder. Ihr nächstes Ziel war das Polizeigebäude. Sie standen davor und waren bereit, mit zahlreichen Molotowcocktails auch dieses Gebäude dem Erdboden gleichzumachen. In dieser brenzligen Situation erschien plötzlich ein zweiter deutscher Jägerzug und fuhr mit sechs gepanzerten Fahrzeugen vor dem Gebäude vor. Es war ein beeindruckender Anblick, als sich drei mächtige Transportpanzer mit Maschinengewehren 7,62 mm und drei schnelle Spähpanzer Luchs mit 20 mm Bordmaschinenkanonen zeigten. Sie schnitten den Randalierern den Weg ab und ließen diese direkt in die Mündungen der feuerbereiten Waffensysteme blicken. Dann stellten sich einheimische Sprachmittler mit Megaphonen in der Hand auf die Fahrzeuge und beruhigten die wütende Menge. Sie waren die Stimmen der Vernunft im allgemeinen Chaos. Ein Anführer auf der anderen Seite diskutierte sehr gestenreich mit unserem Sprachmittler. Tatsächlich zog der Mob weiter, ohne dass unsere Infanterie auch nur einen Schuss abfeuern musste. Wir waren erleichtert, aber auch besorgt, wohin die aufgebrachte Menge als nächstes gehen würde. Wir fuhren deshalb schnell zum Erzengelskloster, um uns schützend vor die serbischen Priester zu stellen.
Die Luft war erfüllt von Rauch und Asche und es war nahezu unmöglich, in der verwüsteten Innenstadt mit unserem Fahrzeug voranzukommen. Plötzlich sprang ein deutscher Feldwebel vor unser Fahrzeug und stoppte uns. In seinem Gesicht konnte ich erkennen, dass etwas Schreckliches passiert sein musste. Er führte mich zu einer Stellung der Infanterie, die nur 20 Meter von meinem Panzer entfernt war. Was ich dort sah, raubte mir den Atem. Der bestialische Geruch von verbranntem Fleisch stieg mir in die Nase und ich spürte, wie sich mir der Magen umdrehte. Auf dem Boden lag ein einheimischer Mann, dessen Körper nur noch eine eitrige Wunde war. Sein Gesicht und sein Körper waren von Verbrennungen

dritten Grades übersät; das Fleisch hing nur noch in Fetzen an seinen Armen und Beinen. Gemeinsam mit drei Kameraden wickelten wir ihn in eine Rettungsdecke. Unser Doktor verabreichte ihm Schmerzmitteln, um ihm etwas Linderung zu verschaffen. Nur wenige Minuten später erlag der Mann seinen schrecklichen Verbrennungen. Danach setzten wir unseren Weg in Richtung Erzengelskloster fort. Ich erinnere mich noch genau an den Moment, als ich mit meinem Trupp bei dem Führer vor Ort ankam. Hauptfeldwebel W. wies mir den Platz für mein Sanitätsfahrzeug zu. Seine kleine Gruppe an Infanteristen sicherte mit ihren gepanzerten Fahrzeugen den einzigen Zugang zum Kloster. Schon hörten wir die Schlachtrufe der Demonstranten. Immer mehr versammelten sich auf der gegenüberliegenden Straße. Sie schrien voller Hass und Zorn; einzelne Steine flogen aus der Menge in unsere Richtung. Der selbsternannte Anführer der aufgebrachten Demonstranten schwenkte ein weißes T-Shirt und heizte die Menge mit Parolen auf. Mit erhobenen Händen ging er auf Hauptfeldwebel W. und seinen Sprachmittler zu. Er versprach, dass die Soldaten und die Mönche unversehrt bleiben würden, doch dass das Kloster niedergebrannt werden müsste. Nach einem kurzen Moment des Abwägens entschied sich Hauptfeldwebel W. dazu, die Mönche in Sicherheit zu bringen. Sie rannten ins Kloster, packten die alten Männer und fuhren mit ihren Fahrzeugen fort. Nur kurze Zeit später ging das Kloster in Flammen auf.

Als unser Konvoi die Stadt erreichte, brannte das Erzengelkloster lichterloh. Der von Flammen erleuchtete Rauch stieg meterhoch in den Himmel. Die Mönche weinten bitterlich. Ich atmete erleichtert auf, weil ich an diesem Tag meine Waffe nicht einsetzen musste. Später hörte ich die Bilanz der Geschehnisse: 20 Menschen hatten ihr Leben verloren, mehr als 4000 Serben und Roma wurden aus ihren Häusern vertrieben. Ich war schockiert angesichts der vielen unschuldigen Opfer. Die Menschen, die heute ihr Leben verloren, hatten Familien, Freunde und Träume für ihre Zukunft.

Kein gutes Haar

Als die Grausamkeiten an der serbischen Minderheit ans Licht kamen, wurden weitere 600 deutsche Soldaten in den Kosovo verlegt, um die Lage zu stabilisieren. Auch Frankreich schickte zusätzliche Soldaten in die nördliche Provinz. Als erfahrener Soldat hatte ich bereits in früheren Einsätzen im Kosovo Unruhen erlebt. Doch diesmal hatte sich die Gewalt mit einer Brutalität entladen, die mich überraschte. Die verheerenden Unruhen eskalierten nahezu zeitgleich an vielen Orten und breiteten sich sogar über die Landesgrenzen des Kosovo aus. Die Situation war außer Kontrolle geraten und es schien, als ob die Welle der Gewalt nicht mehr aufzuhalten wäre. Es war an der Zeit, dass die NATO-Truppen gemeinsam gegen diese Gewaltorgie vorgingen und die Sicherheit im Kosovo wiederherstellten; denn unsere Mission war es, das Leben der Menschen zu schützen und für Frieden und Stabilität in der Region zu sorgen.

Ich hatte gehofft, dass mein dritter Auslandseinsatz im Kosovo anders verlaufen würde, dass ich endlich mal eine ruhige Zeit haben und mich nicht ständig im Überlebensmodus befinden würde. Aber ich wurde schnell eines Besseren belehrt. Die internationale Presse hatte kein gutes Haar an den deutschen Soldaten gelassen. Insbesondere der oberste Kontingentführer, ein Oberst, hatte sein Fett abbekommen, obwohl ich persönlich einige Entscheidungen der Führung vor Ort nachvollziehen konnte. Die Stimmung war entsprechend niedergeschlagen. Aber ich hatte gelernt, nach vorne zu blicken. Noch ein paar Wochen, dann würde die erste Etappe meines Einsatzes geschafft sein. Und dann würden auch endlich meine Kumpels Steffen und André eintreffen.

CR 7

Auslandseinsätze sind wie ein unendlicher Kampf gegen die Zeit, die nur langsam zu vergehen scheint. Doch ich hatte einen Trick gefunden: Ich setzte mir selbst Ziele, kleine Lichtblicke in der Dunkelheit. Ob es ein besonderer Trainingsplan war, den ich umsetzen, eine Liste von Büchern, die ich lesen oder eine Großveranstaltung, die ich via Fernsehen verfolgen wollte – diese Meilensteine halfen mir, die Zeit zu beschleunigen. Mit Zielen vor Augen vergingen die Monate, Wochen, Tage und Stunden viel schneller. In einer anderen Hinsicht steht die Uhr in einem Auslandseinsatz still. Denn in der Heimat geht das Leben weiter. Familie und Freunde haben ihren Alltag, nur ohne ihre Männer und Frauen, Söhne und Töchter, Freunde und Freudinnen. Ich war nicht allein mit solchen Gefühlen. Die meisten meiner Kameradinnen und Kameraden kämpften mit ähnlichen Problemen. In die Einsätze gingen zumeist dieselben Soldatinnen und Soldaten. Warum das so war, konnte ich mir damals nicht erklären.

Ich selbst war immer bereit, wenn meine Chefs oder Kommandeure nach mir riefen. Aber im Nachhinein muss ich erkennen, dass ich von meinen Vorgesetzten ausgenutzt wurde. Damals war mir das noch nicht so bewusst. Das Leben im Einsatz war voller Herausforderungen, die ich meistern konnte. Ich hatte gelernt, mich auf das Wesentliche zu konzentrieren und mich auf meine Stärken zu besinnen. Auch wenn ich oft allein war, hatte ich doch die Gewissheit, dass ich Teil einer großen Familie war – der Bundeswehr.

Im Sommer 2004 war ich im Fußballfieber, als die Europameisterschaft in Portugal ausgetragen wurde. Für mich als begeisterter Fußballfan war es das absolute Highlight des Jahres. Ich hatte mir fest vorgenommen, so viele Spiele wie möglich live im Fernsehen zu sehen. Eines

Abends hatten meine Kameraden und ich uns in der Millennium-Bar verabredet, um gemeinsam das letzte Vorbereitungsspiel der deutschen Mannschaft zu schauen. Die Atmosphäre war voller Vorfreude. Ein riesiger Beamer erstrahlte die Leinwand in einem satten Grün. Doch plötzlich wurde ich vom Einsatzoffizier via Funk in den Gefechtsstand gerufen. In den letzten Tagen war es vermehrt zu Provokationen zwischen Kosovoalbanern und Serben gekommen. Der Hotspot war wie immer Mitrovica. Wir hatten schon geahnt, dass dort etwas passieren würde. Und tatsächlich: Hauptmann Heiko N. teilte uns mit, dass wir in die Nähe von Mitrovica verlegen müssten, um eins unserer Teams abzulösen. Ein Sanitätstrupp war schon seit sechs Wochen vor Ort, und der dort stationierte deutsche Arzt war erkrankt und musste nach Deutschland repatriiert werden. Ein Feldlager, das von Soldaten aus Finnland betrieben wurde, sollte unser neuer Einsatzort werden. Für uns alle war das eine Herausforderung, aber auch eine Chance, unsere Fähigkeiten in einem internationalen Umfeld unter Beweis zu stellen. Das deutsche Militär ist in Sachen Medizin und sanitätsdienstlicher Versorgung führend. Jede Nation war sehr froh, eine deutsche Medical-Crew bei sich zu haben. Ich wusste, dass uns in Mitrovica schwierige Aufgaben und gefährliche Situationen erwarten würden, aber mein Team und ich waren bereit, unseren Beitrag zu leisten. Der Gedanke an die Europameisterschaft rückte in diesem Moment in den Hintergrund. Dennoch war es eine bittere Pille, die wir schlucken mussten, denn unser Einsatz bedeutete auch, dass wir für unbestimmte Zeit von unseren Kameraden getrennt sein würden. Niemand wollte uns sagen, wie lange wir dort bleiben sollten.
Unser Doktor Hans-Peter K. konnte uns leider nicht begleiten, da er aufgrund seiner Spezialisierung als Urologe vor Ort in Prizren bleiben musste. Der deutsche Befehlshaber hatte daher beschlossen, dass wir als Notfallteam

zunächst ohne Arzt arbeiteten. Der nächste verfügbare Arzt würde nachkommen.
Mit Oberfeldwebel Steffen Sch., den ich als Ersatz für unseren Doktor auswählte, hatte ich schon einige Bereitschaftsdienste gemeistert. Wir waren auf der gleichen Stube untergebracht und kannten uns aus dem Regiment in Halle an der Saale. Steffen war aufgeregt, als wir uns auf den Weg nach Mitrovica machten. Mitrovica hatte ich fast aus meinem Gedächtnis verbannt, aber in diesem Moment kamen alle Erinnerungen an diesen Ort zurück. Vier Jahre zuvor hatte ich dort meinen ersten Schusswechsel als junger und unerfahrener Soldat erlebt.
Wir erreichten das finnische Camp, das sehr klein und unaufgeräumt wirkte. Die Wache am Haupttor kontrollierte unsere ID-Cards und spiegelte das Fahrzeug ringsherum ab, bevor sie uns passieren ließ. Eine kleine Rot-Kreuz-Flagge an einem Bretterverschlag deutete darauf hin, dass darin eine Sanitätseinrichtung war. Das dreiköpfige deutsche Team, das wir ablösen sollten, war sehr nett, aber der erkrankte Doktor hatte sichtlich Schmerzen. Ich einigte mich mit dem Kommandanten, der ebenfalls ein Feldwebel war, darauf, das Material unter Vorbehalt zu übernehmen. Ich versprach ihm, dass ich es sofort prüfen und Hauptmann Heiko N. den Vollzug mitteilen würde. Wir alle wollten, dass der Doktor schnellstmöglich medizinisch versorgt wurde. Innerhalb von zehn Minuten waren die Formalitäten erledigt, so dass das andere Team in Richtung Prizren aufbrechen konnte. Steffen und Marco kümmerten sich sofort um die Gerätschaften, um die Notversorgung sicherzustellen, während Falk unser Fahrzeug checkte. Ich machte mich auf den Weg, um das Feldlager zu erkunden und den Chef vor Ort aufzusuchen.
Das Feldlager war sehr klein. Schon nach ein paar Minuten hatte ich alles gesehen und meldete mich in der TOC. Dort wurde ich von Offizieren und Dispatchern

freundlich begrüßt. Als ich zurück zu meinen Jungs kam, hatten Falk, Marco und Steffen bereits die ganze Sanitätseinrichtung auf Vordermann gebracht, die Stuben bezogen und sogar die Betten gemacht. Ich war beeindruckt von ihrem Engagement. Wir beschlossen, eine kurze Pause zu machen und gingen in den kleinen Glaskasten, der als Kaffeestube fungierte. Der Zivilist, der dort arbeitete, hatte eine tolle Kaffeemaschine und bereitete uns einen köstlichen Kaffee zu. Der Preis war unschlagbar niedrig, pro Kaffee zahlten wir nur 30 Cent. Als ich meinen Kaffee trank, bemerkte ich, dass Marco über beide Ohren grinste. Ich fragte ihn, was los sei, woraufhin er auf den Beamer und die Leinwand zeigte, die in der Kaffeestube aufgebaut waren. Mein Herz schlug höher, als ich sah, dass meine Europameisterschaft gerettet war. Ich konnte es kaum fassen, dass ich hier draußen, fast zweitausend Kilometer von zu Hause entfernt, Fußball schauen konnte. Es fühlte sich an, als ob alle Sorgen verschwunden wären. Ich wusste, dass es nicht lange dauern würde, bis ich wieder zurück in der Realität war, aber für diesen Moment genoss ich einfach nur das Gefühl der Unbeschwertheit.

Es war ein sommerlicher Abend; die Hitze hatte die Luft zum Flirren gebracht. Die Sonne neigte sich langsam dem Horizont entgegen und tauchte den Himmel in ein atemberaubendes Farbspiel aus Orange und Pink. Ein perfekter Abend für Fußball, dachte ich mir, als ich mich auf den Weg zum Glaskasten machte. Dort angekommen, traf ich auf eine lebhafte Gruppe von 40 Männern, alle voller Vorfreude auf das erste Spiel des Tages. Wir setzten uns vor die Leinwand und starrten gebannt auf das Geschehen auf dem Platz. Das Spiel war hart umkämpft. Griechenland verteidigte sich mit Händen und Füßen gegen das Anrennen der Portugiesen. Doch es gab einen Spieler auf portugiesischer Seite, der meine volle Aufmerksamkeit auf sich zog. Er war ein wahrer Künstler am

Ball und spielte mit einer Leichtigkeit, die mich schier umhaute. Es war Christiano Ronaldo, ein Name, den ich so schnell nicht mehr vergessen würde. CR7, wie er von seinen Fans liebevoll genannt wird, war ein Ausnahmetalent. Seine Bewegungen waren flüssig und elegant, seine Schüsse präzise und kraftvoll. Er spielte mit einer Leidenschaft, die ansteckend war und jeden Zuschauer in den Bann zog. Von diesem Moment an war ich ein großer Fan von ihm und verfolgte jedes seiner Spiele. Ich dachte mir, dass er eines Tages zu einem wahren Star aufsteigen würde und sollte Recht behalten. Mit seinen unglaublichen Leistungen auf dem Platz und seiner unvergleichlichen Persönlichkeit hat er sich in die Herzen seiner Fans gespielt und seinen Platz in der Geschichte des Fußballs gesichert.

Explosives Fußballmatch

Die Zeit in diesem abgelegenen Feldlager war für Marco und mich von Fußball beherrscht. Wir verpassten kein Spiel. In den spielfreien Zeiten lag unser Fokus auf der Gesundheit unserer Kameraden. Wir kümmerten uns um jedes Zipperlein. Da die finnischen Soldaten viel Patrouille liefen, organisierte ich eine große Auswahl an Fußsprays, Blasenpflastern und Hautcremes. Oft begleiteten wir sie, um etwas Abwechslung zu erfahren. Das Leben im Lager war ansonsten eher öde.

Die Patrouillen waren anstrengend. Die Last auf meinem Rücken war unbeschreiblich. Der Rettungsrucksack allein war schon schwer genug, dazu kamen noch die Schutzweste, der Helm, die Waffen und die Munition. Die Infanteristen waren hochkonzentriert und wussten, dass sie sich aufeinander verlassen konnten. Es war ein gutes Gefühl, Teil dieses Teams zu sein. Die Stadt war voller Leben und ich konnte nicht umhin, die Einheimischen zu beobachten. Sie wirkten friedlich und unbeschwert, als ob sie von den politischen Spannungen in ihrer Region nicht betroffen wären. Aber ich wusste, dass das trügerisch war. Jeder von ihnen konnte eine Bedrohung darstellen. Mein Blick wanderte immer wieder zu den Waffen, die ich mit mir führte. Mit meinem Gewehr G-36 fühlte ich mich sicher. Marco hingegen war mit seiner Pistole zufrieden. Er schien sich keine Sorgen zu machen. Ich dagegen blieb wachsam. In diesem Einsatz gab es keine Garantien.

Wir schritten entschlossen durch die staubigen Straßen der Stadt und ließen das bunte Treiben hinter uns. Am Rande eines Waldes gab es einen provisorischen Fußballplatz, auf dem sich Jugendliche ein heißes Match lieferten. Die kosovarischen Kinder waren im Europameisterschaftsfieber; jeder Spieler gab sein Bestes. Die Spieler der einen Mannschaft trugen T-Shirts, die der anderen spielten oberkörperfrei. Der Ball hatte schon bessere Zeiten gesehen, aber er tat seinen Dienst und rollte auf dem staubigen Boden hin und her. In solchen Momenten wurde mir bewusst, wie normal mein Leben in der Heimat war. Nach Auslandseinsätzen konnte ich für ein paar Tage die Eindrücke und die Armut der Bevölkerung nicht vergessen, erst allmählich verblassten sie und das normale Leben setzte wieder ein. Dies war ein natürlicher Verlauf, der mich jedoch immer wieder zum Nachdenken brachte.

Ungefähr 20 Meter hinter dem Bolzplatz erstreckte sich ein dichter Wald. Überall waren Steinpyramiden aufgetürmt, die von den Einheimischen als Warnung vor Minen errichtet worden waren. Sie wussten am besten, wo sich die Minen befanden. An anderen Stellen waren Stöcke und Kartons mit der Aufschrift MINA platziert. Zu meiner Zeit hatte man in der nördlichen Region noch nicht mit der Räumung der Minen begonnen.

Das Fußballspiel war ein wahrer Kampf. Die Spieler rannten und zeigten unglaublichen Einsatz. Ein Junge stach mir besonders ins Auge. Er trug ein schmutziges, helles T-Shirt, auf dem er selbst die Nummer 7 aufgemalt hatte. Ich fragte mich, ob ihn Christiano Ronaldo dazu motivierte hatte. Wegen eines Pressschlags flog der Ball hoch in die Luft, kullerte in Richtung der Waldgrenze und verschwand im Dickicht. Die Jungs diskutierten und stritten sich lautstark. Die beiden Streithähne gingen schließlich in den Wald, um den Ball zu suchen. Ich konnte ihre unsicheren Schritte im Unterholz hören. Es fühlte sich an wie eine Ewigkeit, bis sie wieder herauskamen. Doch als einer der beiden den Ball zurück auf den Platz schoss, hörten wir plötzlich einen dumpfen Knall und lautes Schreien. Marco und ich rannten sofort los. Die beiden Jungs waren schwer verletzt. Der eine hatte eine verbrannte Gesichtshälfte, die Haut war tief schwarz und ein Großteil seiner Haare verbrannt. Der andere hatte ein komplettes Bein und einen halben Arm verloren. Die Soldaten der Patrouille waren kreidebleich. Ich wies den Patrouillenführer an, den Gefechtsstand zu alarmieren und Falk mit unserem KFZ herbeizuholen. Es zählte jede Sekunde, denn ich wollte den beiden unbedingt das Leben retten.

Marco übernahm sofort die Behandlung des schwerstverletzten Jungen. Er legte einen Tourniquet am höchsten Punkt unter der Leiste an und drehte den Stab immer weiter, bis der verbliebene Teil des Beins abgebunden war. Ich konnte den schnellen Herzschlag des Jungen spüren, seine Atmung war flach und sein Puls raste, während er vollkommen unter Schock stand. Sein Körper versorgte nur noch die lebenswichtigsten Organe. Während Marco den Arm des Jungen abband, führte ich einen Bodycheck durch, um weitere schwere Verletzungen auszuschließen. Die Einhei-mischen standen herum und schauten betroffen zu. In der Ferne hörten wir bereits die Sirene unseres Panzers. Darin hatten wir weiteres Material, um den Patienten Infusionen zu verabreichen. Marco legte dem schwerstverletzten Jungen zwei Zugänge und verabreichte ihm Infusionen mit einem Volumen von

1000ml, während der Junge mit den Gesichtsverletzungen stabil zu sein schien.
Unser Feldlager in Prizren war die einzige Rettung für die beiden Verletzten. Deren Vitalwerte beruhigten sich etwas, aber ihre Zustände waren immer noch kritisch. Als Führer vor Ort entschied ich, dem Beweglichen Arzttrupp entgegenzufahren, der bereits auf dem Weg zu uns war. Es war ein Kampf gegen die Zeit. Wir fuhren mit Blaulicht und Martinshorn und mit einer Geschwindigkeit von fast 80 Stundenkilometern. Falk malträtierte das Gaspedal so sehr, dass mir bei einigen Kurven angst und bange wurde. Nach einer nervenaufreibenden Fahrt von etwa 20 Minuten trafen wir den entgegenkommenden Trupp. Ich berichtete dem Arzt, was wir bisher an medizinischer Hilfe geleistet hatten. Er sedierte beide Patienten, bevor er mit ihnen nach Prizren zurückfuhr. Falk drehte den Panzer und wir fuhren nun deutlich langsamer wieder in Richtung Mitrovica. Es war sehr still im Fahrzeug. Falk schwieg beharrlich und Marco war zu erschöpft, um überhaupt noch ein Wort zu sagen. Es schmerzte mich zutiefst, meine Jungs so zu sehen, aber ich war auch stolz auf ihre Hingabe.
Vierzig Minuten später kamen wir in unserem Camp an. Die Finnen, mit denen wir gemeinsam patrouilliert hatten, fragten uns, ob die beiden Jungs es geschafft hätten. Ich erläuterte ihnen deren Zustand. Die Stimmung war auf dem Tiefpunkt. Falk hatte die Schnauze voll und legte sich in sein Bett. Marco und ich bereiteten unser Equipment nach und füllten den Panzer mit Verbrauchsmaterial auf. Steffen hielt die Stellung und bewachte den Funk. Wir schwiegen uns an, denn in solchen Situationen ist Schweigen oft der beste Trost. Nach einer guten halben Stunde hatten wir den Panzer wieder hergerichtet und das benutzte Material entsorgt. Wir setzten uns in unseren kleinen Vorraum, in dem auch das Funkgerät stand, um auf ein Update von der Rettungsleitstelle in

Prizren zu warten. Ich funkte sie schließlich an. Die Gegenstelle wusste nur, dass der Patient mit den abgerissenen Gliedmaßen derzeit im Operationssaal war. Nach einer Stunde des Wartens verabschiedete ich mich von Marco und legte mich aufs Ohr. Falk schnarchte bereits leise vor sich hin; das monotone Geräusch beruhigte mich.

Wie jeden Tag klingelte mein Wecker um 0500 Uhr. Ich zog mir meine Uniform an, ging in den Vorraum unserer Sanitätseinrichtung und sah Marco auf dem Stuhl sitzen. Er starrte ins Leere. Als er mich bemerkte, stand er auf und umarmte mich. Es war kaum zu ertragen, wie solch ein Hüne von Mann in meinen Armen weinte. Tröstend drückte ich ihn an mich. Ich brauchte gar nicht nachzufragen, wie es dem jungen Patienten ging. Durch Marcos Tränen wusste ich längst Bescheid. Der Blutverlust war zu hoch gewesen für sein noch junges Herz. Der Anblick eines jungen Lebens, das viel zu früh ausgelöscht wurde, ist eine Tragödie, die das Herz eines jeden Menschen schwer macht. Damals hatte ich selbst noch keine Kinder, trotzdem fühlte ich mich hundeelend.

Marco hatte diesen Tag niemals vergessen können. Der Anblick des getöteten Jungen brannte sich unauslöschlich in sein Gedächtnis ein. Auch nach Ablauf seiner vierjährigen Verpflichtungszeit bei der Bundeswehr konnte er die traumatischen Erlebnisse nicht abschütteln. Die Schrecken des Krieges verfolgten ihn noch lange. Er verließ die Bundeswehr und begann eine neue Karriere als Rettungsassistent bei der Berufsfeuerwehr. Auch dort war die Arbeit herausfordernd, aber er war dankbar, dass er nicht mehr mit Minenverletzten arbeiten musste. Die Traumata aus seiner Zeit in der Armee hatten seine Psyche belastet und er hatte Angst gehabt, dass er es nicht schaffen würde, weiterzumachen.

Ich bin glücklich, Marco als einen guten Freund zu haben. Wir treffen uns immer noch regelmäßig und teilen viele gemeinsame Erinnerungen. In einer schwierigen Phase meines Lebens stand er mir bei und half mir, meine Zukunft zu gestalten. Marco ist für mich ein wahrer Held, der sich für seine Mitmenschen einsetzt und anderen in schwierigen Situationen zur Seite steht. Er hat gezeigt, dass es möglich ist, die schrecklichen Erlebnisse des Krieges zu überwinden und ein erfülltes Leben zu führen. Seine Geschichte erinnert daran, wie wichtig es ist, Freundschaften zu pflegen und einander zu unterstützen, wenn es darauf ankommt.

Leberwurstbrötchen

Endlich war es soweit – Marko, Falk und ich kehrten nach sechs langen Wochen an unsere alte Wirkungsstätte in Prizren zurück. Zuvor gab es endlose Diskussionen zwischen den Regierungen und hochrangigen Militärs, bis schließlich beschlossen wurde, dass ein zusätzliches Team das finnische Camp unterstützen würde. Wir empfingen einen kleinen Trupp, der direkt aus Deutschland gekommen war. Das Trio bestand aus einem jungen Stabsarzt, einem erfahrenen Oberfeldwebel und einem zuverlässigen Stabsgefreiten. Ich zeigte unseren neuen Kameraden das gesamte Material, das Feldlager und die einzelnen Patrouillenrouten. Jeder sollte bestens vorbereitet sein. Marko, Steffen und Falk arbeiteten hart daran, unser Equipment wieder in den Panzer zu verladen. Sie waren echte Profis, die ihre Arbeit mit einer Leidenschaft ausübten, wie sie nur selten zu finden ist. Wir stiegen in unseren TPZ, hupten noch zweimal als letzten Gruß und fuhren zurück nach Prizren.

Das Jahr 2004 war größtenteils ruhig, abgesehen von einigen Erlebnissen, die ich beschrieben habe. Doch auch in Zeiten relativer Ruhe gab es für mich als Medic viel zu tun. Die Lage war keineswegs stabil, wie es in der Bundeswehrsprache heißt. Zudem konnte ich viele Zivilisten medizinisch betreuen und den kosovarischen

Rettungsdienst unterstützen. Diese Arbeit machte ich mit Freude. Die Dankbarkeit und das Lächeln der Menschen, die ich behandelt hatte, waren Balsam für meine Seele. Die meisten Rettungseinsätze fanden auf den Straßen des Kosovo statt. Die Einheimischen fuhren leidenschaftlich mit ihren Autos, Motorrädern, Mofas und Traktoren, jedoch waren diese oft überladen und nicht wirklich straßentauglich. Ich erinnere mich gut daran, wie ich drei bis vier Mal in der Woche bei Verkehrsunfällen Erste Hilfe leisten musste. Ich war froh, dass ich helfen konnte. Neben diesen Einsätzen gehörten auch die EOD-Bereitschaft und die Konvoi-Begleitung zu unseren Aufgaben. Schließlich stabilisierte sich die Lage im Kosovo. Die Einheimischen begannen, ihren Alltag zu leben, und das Land erholte sich langsam von den Kriegsfolgen.

Die Fußballeuropameisterschaft hatte Griechenland gewonnen. Die Euphorie darüber hielt sich in Grenzen. Für mich war jeder weitere Tag in Prizren gleich, monoton und ohne jegliche Abwechslung. Das Ende meines Aufenthalts rückte näher und große Teile des Materials wurden bereits vom Nachfolgekontingent übernommen. Die Teams waren neu gemischt worden, eine gängige Praxis, um das Nachfolgekontingent in das etwas andere Umfeld einzuweisen. Mein Team war bereits abgereist, und ich verbrachte meine letzten Tage mit einem neuen Kraftfahrer und Rettungssanitäter. Als erfahrener Veteran gab ich ihnen nützliche Tipps. Die beiden waren zum ersten Mal im Kosovo und wurden süffisant als „TAPSI" bezeichnet, ein Akronym für „Total ahnungslose Person sucht Informationen". Es sollte kein abwertender Begriff sein, aber er traf den Nagel auf den Kopf. Der neue Kraftfahrer wurde mir aufs Zimmer gelegt, und wir unterhielten uns bis spät in die Nacht. Er war ein aufgeregter, aber netter Kamerad.

Da wir nur noch wenige aus dem alten Kontingent vor Ort waren, kamen Kameraden abends bei mir auf der

Stube vorbei. Zu meinem Bedauern mussten sie dem Neuen gleich Kriegsgeschichten über den Einsatz erzählen. Dabei fiel auch mein interner Spitzname „Mr Headshot“. Diesen Spitznamen hatte ich von Kameraden aus meinem Heimatregiment bekommen. Nicht, weil ich selbst Menschen getötet hatte, sondern weil ich der Ersthelfer vor Ort bei einem Suizid gewesen war. Ich hasste meinen Spitznamen. Mein Körper reagierte darauf mit Unbehagen. Ich freute mich darauf, dass die Rede von „Mr Headshot“ endlich ein Ende finden würde, denn der Dienst sollte nur noch bis 08:00 Uhr am nächsten Morgen dauern. Wir alle zogen uns noch ein bisschen auf, lachten viel und gingen dann zu Bett. Es war ein ruhiger Abschied von Prizren, in zwei Tagen würde auch ich nach Hause zurückkehren.

Der nächste Morgen brach an und ich erwachte wie immer früh. Während ich mich auf das bevorstehende Frühstück freute, gab es in unmittelbarer Nähe unseres Unterkunftsgebäudes plötzlich einen lauten Knall. Ich schaltete sofort in den Krisenmodus. Gemeinsam mit meinem Kraftfahrer rannte ich die Treppe hinunter ins Erdgeschoss, wo ich nach unserem Doktor rief. Dann ging unser Tetrapol an. Wir erhielten den Auftrag, auf unser Auto zu steigen und weitere Anweisungen abzuwarten. Das verhieß nichts Gutes. Wenige Augenblicke später erreichte uns die Meldung der Rettungsleitstelle „Hubertus“: „Deutscher Soldat mit Schussverletzung vor dem CIMIC-Gebäude“. Der Pionierbau, der in unmittelbarer Nähe des Verpflegungszeltes lag, war zu dieser Uhrzeit immer belebt. Doch nun war er vermutlich ein Ort des Schreckens.

Mit unserem Unimog rasten wir in Richtung des CIMIC-Gebäudes. Dort versammelten sich bereits viele Uniformierte in Flecktarn. Als ich aus dem Fahrzeug stieg, sah ich den leblosen Körper eines Kameraden. Eine Gebäudewand war bespritzt mit einer ekelerregenden Mischung aus Blut und Gehirnfetzen. Ich konnte meinen Blick davon kaum abwenden. Keiner der herumstehenden Soldaten traute sich, ihn anzufassen. Ich schrie sie lautstark an, sie sollten zur Seite gehen. Drei Militärpolizisten rannten aus dem Verpflegungszelt, um die Schaulustigen zu verscheuchen. Ich versuchte, mich zu sammeln, bevor ich zu dem leblosen Körper eilte. Mit meinem Fuß schob ich sein G-36-Gewehr beiseite, bevor ich seine Pulsader am Hals berührte und mein rechtes Ohr auf seinen Mund legte. Ich wusste sofort, dass er tot war. Ich flüsterte es dem älteren Oberstabsarzt zu, der dennoch befahl, eine Wiederbelebung zu versuchen. Ich begann, eine Herzdruckmassage durchzuführen, während der Arzt die notwendigen Medikamente verabreichte. Jeder Druck auf seinen Brustkorb schien noch mehr Blut aus ihm herauszupressen. Die Blutlache unter ihm wurde immer größer. Sein Gesicht sah noch unverletzt aus, aber der Hinterkopf war völlig zerstört – ein riesiges Loch, größer als meine Faust, klaffte in seinem Schädel. Ich wusste, dass es sinnlos war, ihn zurückzuholen, aber wir machten trotzdem weiter. Unser Kraftfahrer hielt Funkverkehr mit der Leitstelle und forderte ein Ermittlungsteam der Militärpolizei an. Der Arzt und ich kämpften weiter, bis nach dem achten Zyklus der Wiederbelebungsversuch abgebrochen wurde. Ich zog dem toten Kameraden seine Augenlider herunter, um ihm endlich den Frieden zu geben, den er verdiente. Bis heute verfolgt mich das Bild seines Gesichts in meinen Träumen.

Ich zog meine blutüberströmten Handschuhe aus und atmete tief durch. Wieder hatte ich versucht, ein Leben zu retten, aber auch diesmal hat es nicht geklappt. Ich bedeckte den leblosen Körper mit einer Rettungsdecke, um ihn vor den neugierigen Blicken der Schaulustigen zu schützen. Die Tatortermittler der Militärpolizei trafen ein und viele Zeugen mussten ihre Aussagen machen. Ich ließ meine Augen über die schaulustigen Kameraden wandern und suchte nach einem bekannten Gesicht. Mein Magen knurrte; ich hatte einen Bärenhunger, gleichzeitig war ich angewidert von dem ganzen Geschehen. Der Soldat hatte sich selbst getötet. Er hatte sich das Gewehr G-36 in den Mund gesteckt und einen Feuerstoß von drei Kugeln abgegeben. Ich wusste, dass es keine Chance gegeben hatte, ihn zurück ins Leben zu holen und fragte mich, ob es für ihn besser so war. Aber ich hatte kein Recht, darüber zu entscheiden. Ich dachte an seine Familie und wie sie diesen Verlust verkraften würde. Die nächsten Minuten fühlten sich wie eine Ewigkeit an. Plötzlich kam einer meiner Kameraden mit einem ersehnten Frühstück herbei. Ein warmer Duft von frischem Brot und würziger Leberwurst stieg mir in die Nase und ich konnte es kaum erwarten, zuzubeißen. Doch während ich auf meinem Stein saß und mein Essen verschlang, lag direkt unter mir ein toter Soldat. Seine Augen starrten leer in den Himmel und sein Kopf war von einem tiefen Loch am Hinterkopf gezeichnet. Blut und Schmutz bedeckten seine Uniform. Im Hintergrund befand sich die blutverschmierte Wand, an der sich das Gehirn des Soldaten verteilt hatte. Ein Schauer lief mir über den Rücken. Trotzdem genoss ich in diesem Moment mein Essen und die Ruhe. Der Geschmack von würziger Leberwurst und frischem Brot füllte meinen Mund. Ich konnte dieses Frühstück so genießen, als gäbe es kein Morgen mehr.

Zwei Tage später verließ ich den Kosovo und kehrte nach Deutschland zurück. Mein persönlicher Fluch hatte mich auch in diesem Einsatz verfolgt.

In meinen drei bisherigen Auslandseinsätzen gab es mindestens einen Kameraden, der auf tragische Weise ums Leben gekommen war. Meist waren es nicht Feinde oder Unfälle, die ihr Leben beendeten, sondern sie selbst. Der Grund dafür blieb mir stets verborgen, denn die Militärpolizei hielt die Ermittlungsergebnisse streng geheim. Ich kann es nicht verstehen, warum sich jemand das Leben nimmt. Auf der einen Seite mag es für denjenigen, der diesen Schritt geht, ein Ende des Leidens bedeuten; doch auf der anderen Seite zieht diese Entscheidung eine schier unendliche Kette von Folgewirkungen mit sich. Die Familien der Verstorbenen würden niemals eine Antwort auf das Warum bekommen, und die Augen der trauernden Kinder würden niemals mehr so strahlen wie zuvor. Aber nicht nur die Familien der Opfer litten, auch die Kameradinnen und Kameraden daheim und im Einsatz trauerten. Jeder Verlust, ob es nun ein Kind oder einer meiner Kameraden war, zerriss etwas in mir. Es war schwierig, diese Emotionen in Worte zu fassen, aber ich fühlte, wie jede Sekunde, Minute, Stunde, Tag, Woche, Monat und Jahr meines Auslandseinsatzes mich auf eine Art und Weise veränderten, wie ich es nie für möglich gehalten hätte. Es war nicht so, dass meine Persönlichkeit sich zum Negativen entwickelte. Aber es war, als ob ich mit jeder Tragödie, die ich erlebte, einen Teil von mir verlieren würde. Ich war nicht mehr der gleiche Mensch wie am Anfang meines Einsatzes. Meine Perspektive auf das Leben hatte sich verändert, meine Prioritäten hatten sich verschoben, und ich hatte gelernt, meine Gefühle auf eine neue Art und Weise zu regulieren. Es war schwer zu sagen, welche dieser Veränderungen gut oder schlecht waren, aber ich wusste, dass sie notwendig waren. Ich hatte erlebt, was es bedeutete, Leben zu retten, und ich hatte erlebt, was es bedeutete, Leben zu verlieren. Das würde ich niemals vergessen. Mein Beruf als Medic bringt mich täglich an meine Grenzen. Leben und Tod liegen in meinen Händen. Ich muss in Sekundenbruchteilen entscheiden, was das Beste für meine Patienten ist. Doch trotz schwieriger Entscheidungen gibt es auch Momente, die mich glücklich machen und mich daran erinnern, warum ich diesen Beruf gewählt habe.

Jeder vergangene Tag im Auslandseinsatz war ein weiterer Schritt auf dem Weg nach Hause, bis man seine „Abflieger-Karte“ erhielt. Ich war erleichtert, dieses Land endlich zu verlassen und in Deutschland ein normales Leben zu führen. Andererseits hatte ich das Gefühl, dass ich im Ausland gebraucht wurde.
Nach meinen letzten Auslandseinsätzen hatte ich Schwierigkeiten, mich in meinem alten Leben zuhause zurechtzufinden. Die Aufträge, die ich in meiner Einheit erhielt, erschienen mir mehr oder weniger sinnlos. Im Ausland war ich immer in Alarmbereitschaft und ständig auf der Hut. Dieses Gefühl der Anspannung vermisste ich in Deutschland. Ich fragte mich oft, ob dieses Verlangen nach Gefahr normal war oder ob es einfach meine Art war, mit dem Stress umzugehen. Diese Frage sollte mich in ein paar Jahren noch intensiver beschäftigen. Das Leben im Camp war nicht immer einfach, aber ich hatte immer etwas zu essen und ein Dach über dem Kopf. Ich konnte sogar deutsche Fernsehprogramme schauen und meine Wäsche wurde gewaschen. Doch das Leben in Deutschland ging ohne mich weiter, während ich weg war. Ich hatte so viele Menschen kennengelernt und viele davon aus den Augen verloren. So war ich froh, wieder in meinem gewohnten Umfeld zu sein, bemerkte aber nicht, wie sehr ich mich selbst verändert hatte. Ich sehnte mich nach der Aufregung und dem Adrenalinschub, den ich während meiner Auslandseinsätze erlebt hatte und vermisste die Kameradschaft und den Zusammenhalt, den ich im Einsatz erfahren hatte. Doch ich wusste, dass ich auch zu Hause gebraucht wurde und versuchte, mich wieder in mein altes Leben einzufügen. Aber die Erinnerungen an die Geschehnisse im Ausland würden mich noch lange begleiten.

Die Welle

Am 26. Dezember 2004 wurde die Region Banda Aceh im Norden Sumatras zum Schauplatz einer Tragödie von beispiellosem Ausmaß. Die weltweiten Medien berichteten unermüdlich über die Folgen des verheerenden Tsunamis, der in Sekundenschnelle alles, was sich ihm in den Weg stellte, vernichtete. Ganze Dörfer und Städte wurden von der Wucht der Flutwelle weggespült. Die Opferzahlen stiegen in die Zigtausende, ganze Familien wurden ausgelöscht und viele Kinder zu Vollwaisen gemacht. Die Infrastruktur der Region war dem Erdboden gleichgemacht, und die Überlebenden standen vor einer schier unlösbaren Aufgabe. Die Fernsehbilder, die aus der Region gesendet wurden, waren kaum zu ertragen.

Die Weihnachtsfeiertage verbrachte ich inmitten meiner Familie, umgeben von Liebe, Lachen und unvergesslichen Momenten. Nach meinem letzten Auslandseinsatz im Kosovo genoss ich die freie Zeit. In unserem Regiment ging es ebenfalls ruhig zu – das einzige Highlight des Jahres war der Umzug der letzten Kompanie von Halle an der Saale nach Weißenfels. In der Medevac-Kompanie blieb für mich alles beim Alten. Ich hatte das Glück, Enrico M. als meinen besten Kumpel an meiner Seite zu haben. Nach Abschluss seiner Ausbildung zum Rettungsassistenten übernahm er einen eigenen Trupp und wurde zu einer wichtigen Stütze für unseren Zugführer. Unsere Freundschaft hatte sich über die Jahre verfestigt, und wir verbrachten fast täglich Zeit miteinander, auch nach Dienstschluss. Wir hatten beide fundiertes Wissen in der Materialbewirtschaftung und hielten mit unserem Zug das gesamte Material und auch die LKW in Schuss. Unser Wissen und unsere Erfahrungen aus den zahlreichen Auslandsaufenthalten gaben wir an unsere Untergebenen weiter, um sie bestmöglich auszubilden.

Da ich ganz in der Nähe der Kaserne wohnte, übernahm ich häufig den Bereitschaftsdienst. Die Weihnachts-

feiertage der letzten Jahre waren ruhig verlaufen, und ich hatte gehofft, mit den Bereitschaftsdiensten ein paar Überstunden für das kommende Jahr zu sammeln. Doch dann kam der 28. Dezember 2004. Mein Diensthandy klingelte um 21 Uhr. Die Nummer, die auf dem Display aufleuchtete, war eine Nummer aus meiner Kaserne. Ich nahm den Anruf entgegen und hörte die Stimme von Oberleutnant Maik D. vom Lagezentrum, der mich umgehend in die Kaserne beorderte und aufforderte, alle erforderlichen Alarmierungslisten mitzubringen. Ich war sichtlich überrascht, aber ich wusste, dass es ernst sein musste, wenn das Lagezentrum mich über die Weihnachtsfeiertage alarmierte. Also zog ich meine Uniform an, verabschiedete mich kurz von meiner Familie und fuhr die fünfzehn Minuten zur Sachsen-Anhalt-Kaserne. Als ich im Lagezentrum eintraf, informierte mich der Offizier vom Führungsdienst über alles, was ich über die Katastrophe in Thailand wissen musste. Meine Aufgabe war es nun, alle Rettungsassistenten sowie alle Soldatinnen und Soldaten mit einer pflegerischen Ausbildung in die Kaserne zu befehlen. Ich telefonierte jede Nummer ab. Es war ein Wettlauf gegen die Zeit, denn wir sollten uns für die Verlegung in das Krisengebiet Banda Aceh bereitmachen. Die wenigen, die ich erreichen konnte, waren nicht gerade begeistert von meinem Anruf, aber sie trafen im Laufe des nächsten Tages ein und erhielten von mir ihre Instruktionen.
Ich erinnere mich noch gut an die Tage vor unserer Abreise nach Banda Aceh. Ich hatte die Verantwortung für 27 Soldatinnen und Soldaten, die gegen zahlreiche Krankheiten geimpft werden mussten, bevor wir in das Krisengebiet verlegen konnten. Das Auswärtige Amt hatte uns eindringlich darauf hingewiesen, dass Japanische Enzephalitis, Tollwut und Gelbfieber in der Region weit verbreitet waren und eine ernste Gefahr darstellten. Deshalb hatte ich Oberstabsarzt R. aus seinem Urlaub

zurückgeholt, um sicherzustellen, dass alle den kompletten Impfstatus erhielten. Es war ein anstrengender Prozess, aber wir alle wussten, wie wichtig es war, gut vorbereitet in dieses unbekannte Terrain zu gehen. Als wir endlich alle unsere Impfungen hatten, bekamen wir noch ein Care-Paket mit Malariaprophylaxe in Tablettenform. Ich erinnere mich noch, wie ich mir Sorgen machte, weil ich aufgrund meines Gewichts die doppelte Dosis des Medikaments schlucken musste, um wirklich geschützt zu sein. Zudem erhielten wir Uniformen, die mit einem besonderen Vektorenschutz versehen waren. Doch die eigentliche Vorbereitung auf das, was vor uns lag, begann am nächsten Tag mit einem ausführlichen Briefing durch einen Offizier, der sich bestens mit der Region auskannte. Er erklärte uns die Gefahren, denen wir uns stellen mussten, und warnte uns vor den hohen Temperaturen, die weit über 40 Grad Celsius klettern konnten und uns Europäer körperlich stark fordern würden. Doch das war längst nicht alles. Wir mussten uns auch vor dem Trinkwasser in den Städten in Acht nehmen, weil es durch Menschenleichen und Tierkadaver verseucht war. Zudem gab es die gemeine TseTse- und die Anopheles-Fliege, die beide gefährliche Krankheiten übertrugen, sowie Giftschlangen, Riesenspinnen und andere weniger bekannte, aber nicht minder giftige Tiere. Ich spürte, wie meine Anspannung stieg, aber ich versuchte, ruhig zu bleiben. Schließlich hatte ich schon viele Länder bereist und konnte mich auf einige Erfahrung verlassen.

Der zweite große Ausbildungsblock war noch beunruhigender. Ein Oberstleutnant aus dem Auswärtigen Amt informierte uns über die politische Lage, die wir bei unserer Ankunft in Banda Aceh vorfinden würden. Er berichtete von dem schrecklichen Bürgerkrieg, der seit Jahren in dieser Region tobte. Die indonesische Armee kontrollierte die Ebene und das Meer, während die Guerillagruppen, bekannt als GAM, in den Bergen Zuflucht suchten und unerbittlich gegen die Regierungsgruppen kämpften, um einen unabhängigen Staat zu erreichen. Ich lauschte gebannt, als der Offizier uns mit ernster Miene erklärte, wie gefährlich die Lage war und wie wir uns in der Region verhalten sollten. Auch wenn ich seine Worte aufnahm, so hatte ich dennoch keine Vorstellung davon, was mich wenig später erwarteten würde.

Klar war: Diese Mission war anders. Während ich bei einem weiteren Einsatz auf dem Balkan gewusst hätte, was auf mich zukommt, war ich diesmal ohne jegliche Erfahrung. Was würde uns in diesem unbekannten Land erwarten? Wie würden wir mit den Gefahren umgehen? Unsere Mission war wichtig, aber das Risiko war hoch. Ein unbehagliches Gefühl von Ungewissheit machte sich in mir breit, als ich meine Ausrüstung verpackte. Ich hatte gelernt, dass nur ein dummer oder fauler Soldat friert, hungert, durstig ist oder nass wird. Daher war mein Rucksack prall gefüllt und schwer. Die bevorstehende Reise würde mich vor viele Herausforderungen stellen und ich war bereit, alles zu geben. Unser Team bestand aus insgesamt 18 Kameradinnen und Kameraden aus Weißenfels. Das gesamte Regiment war auf der Stellenbesetzungsliste vertreten und aus jeder Kompanie wurden tapfere Soldatinnen und Soldaten abgestellt. Ich wurde von Oliver H., einem jungen und kompetenten Unteroffizier aus meiner Kompanie, begleitet. Er war äußerst umgänglich, und wir verstanden uns auf Anhieb gut.

Der Flug von Köln nach Bahrain versprach eigentlich nichts Besonderes zu sein. Eine eher unspektakuläre Strecke von etwas mehr als zehn Stunden, die ich mit ein paar Kapiteln in einem Buch und einem kurzen Nickerchen überbrückte. Als die Zeichen zum Anschnallen aufleuchteten und der Kapitän uns mitteilte, dass wir bald in Bahrain landen würden, schlug mein Herz schneller. Ich hatte noch nie zuvor den Nahen Osten besucht und war gespannt auf das, was mich erwarten würde. Schon beim

Anflug auf den Flughafen von Bahrain fiel mir auf, wie sauber und gepflegt alles wirkte. Die Menschen um uns herum waren überaus höflich und interessiert. Wir wurden direkt mit einem zivilen Bus von der Landezone abgeholt und zu einem 5-Sterne-Hotel gebracht. Ein unglaublicher Luxus, den ich so gar nicht erwartet hatte.
Nachdem ich meine Sachen auf dem Zimmer abgelegt hatte, beschloss ich mit Claudia, einer Rettungsassistentin aus dem Regiment, die Gegend um das Hotel zu erkunden. Wir holten uns eine Kleinigkeit bei McDonald's und schlenderten durch die Straßen. Es war eine merkwürdige Mischung aus Vertraut- und Fremdheit. Alles schien anders und doch irgendwie bekannt. Zurück im Hotel wurden wir vom Manager des Mövenpick-Restaurants zu einem Abendessen eingeladen. Ich war begeistert von der Fülle an köstlichen Speisen, die uns serviert wurden. An jedem Tisch stand ein Kellner, der uns jeden Wunsch von den Augen ablas. Es war ein unvergessliches Erlebnis. Allerdings sollte unser Weiterflug nach Banda Aceh bereits um vier Uhr morgens starten. Ich verabschiedete mich daher frühzeitig und legte mich schlafen, um für die bevorstehende Mission ausgeruht zu sein.
Dieser Flug verlief nicht so angenehm. Mein Körper wurde durchgeschüttelt, und das Dröhnen der Triebwerke, als wir landeten, war kaum zu ertragen. Endlich kamen wir zum Stehen und ich spürte, wie mein Herzschlag wieder ruhiger wurde. Als ich aus dem Flugzeug stieg und auf die improvisierte Landebahn blickte, überkam mich ein eiskalter Schauer. Überall lagen Trümmer und Geröll, kein Gebäude war mehr intakt. Die Zerstörungswut des Tsunamis hatte alles, was einst hier war, vernichtet.
Ich war wie gelähmt; das kalte Grauen lief mir über den Rücken. Wie war es möglich, dass eine Naturkatastrophe so viel Leid und Zerstörung verursachen konnte? Ich fühlte mich leer und war sprachlos. Ein Hauptmann aus

Deutschland informierte uns über die aktuelle Lage und teilte uns mit, dass wir mit Bussen in das deutsche Camp verlegt werden würden. Ich machte mich auf den Weg zu meinem Bus und fand einen Platz. Alle um mich herum waren kreidebleich. Der Konvoi aus fünf Fahrzeugen fuhr mit Schrittgeschwindigkeit Richtung Innenstadt. Während der 20-minütigen Fahrt klebte ich förmlich mit meinem Gesicht an der Busscheibe. Überall lagen tote Männer, Frauen und Kinder verstreut herum. Wie die toten Kühe, Schafe, Hunde, Katzen und Pferde waren auch sie von Fliegen übersät. Ein furchtbarer Anblick, der mich innerlich aufwühlte. Am General Hospital trafen wir schließlich auf Kameradinnen und Kameraden vom Kommando Schnelle Einsatzkräfte Sanität (SES). Sie waren bereits seit einigen Tagen vor Ort und hatten ein Luftlanderettungszentrum errichtet und erste Patienten versorgt.

An diesen ersten Tag in Banda Aceh erinnere ich mich noch sehr genau. Die Sonne brannte heiß auf der Haut und ich spürte den Schweiß auf meinem Rücken. Als MSE-Beauftragter war es meine Aufgabe, dabei zu helfen, das Krankenhaus weiter auszubauen und schnellstmöglich betriebsbereit zu machen. Als ich ankam, wurde ein Briefing vom Kompaniechef für den Abend angesetzt. Zuvor führte uns der Kompaniefeldwebel, Stabsfeldwebel Hermann G., zu unseren Zelten und stellte Verpflegung auf den Tisch. Es war eine wohltuende Pause nach der langen Reise. Als pragmatischer Soldat nutzte ich die Zeit, um mich auf mein Feldbett zu legen, mein Moskitonetz darüber zu spannen und meine persönliche Ausrüstung abzulegen. Anschließend erkundete ich das gesamte umliegende Gelände. Das General Hospital war ein riesiger Flachbau. Vor der Naturkatastrophe war es sicherlich kein schlechtes Krankenhaus gewesen. Das provisorische Rettungszentrum, das direkt davor aufgebaut worden war, bestand aus sieben luftgestützten

Zelten, in denen fast alle Notfälle behandelt werden konnten. Unsere Unterkunftszelte standen etwas abseits davon. Ich kannte diese Zelte bereits aus anderen Einsätzen. Das sogenannte Typ II-Zelt war 40 qm groß. Ich teilte mein Zelt mit neun anderen Kameraden. Das Gelände war relativ groß, aber leider waren die meisten Bereiche noch ge- oder versperrt. Die spanischen Pioniersoldaten arbeiteten mit Hochdruck, um immer mehr Fläche schlammfrei zu bekommen. Nachdem ich mein neues Lager erkundet hatte, betrat ich das Verpflegungszelt, um meine Kameraden zu begrüßen und mich vorzustellen. Dort traf ich auf einen Oberfeldwebel des Kommandos SES. Er war der amtierende Materialverantwortliche und froh, seine Verantwortung an mich übergeben zu können. Die Jungs und Mädels hatten wirklich schon sehr viel geleistet und ziemlich viele unschöne Dinge in Banda Aceh gesehen. Sie hatten es verdient, wieder nach Hause zu verlegen. Das Kommando SES ist eine schnelle Eingreifgruppe, die schnellstmöglich in ein Einsatzgebiet verlegen muss, dort die Infrastruktur herstellt und die nachfolgenden Soldaten aufnimmt. Ist dieser Job getan, verlegen viele wieder zurück nach Deutschland und halten sich für weitere Auslandsmissionen materiell und personell fit.

Am ersten Tag ahnten wir noch nicht, was uns bevorstand. Wir waren stolz darauf, Teil eines Teams von fast 100 Personen zu sein, das sich zur Mission „Humanitäre Hilfe Banda Aceh“ aufmachte, um den Menschen in der vom Tsunami verwüsteten Region zu helfen. Es war eine beeindruckende Zusammenstellung von Kräften, die sich aus den fähigsten und erfahrensten Rettungskräften und medizinischen Fachleuten des Landes zusammensetzten. Unter ihnen waren auch wir 18 Kameraden aus Weißenfelds. Wir waren alle bestens ausgebildet, aber nicht auf alles vorbereitet. Als wir uns auf den Weg machten, wussten wir, dass es kein leichter Einsatz werden würde, weil wir uns in einem der am stärksten betroffenen Gebiete befanden. Aber jeder von uns war entschlossen, sein Bestes zu geben, um denjenigen zu helfen, die unsere Hilfe so dringend benötigten. Unterstützt wurden wir von der Besatzung des Einsatzgruppenversorgers der Marine, des gigantischen Schiffes BERLIN. Sie war eine wahre Wunderwaffe und ermöglichte uns, schnell und effektiv zu handeln und dabei alles zur Verfügung zu haben, was wir brauchten.

Als Spezialist für Sanitätsmaterial hatte ich schon mehrfach Herausforderungen gemeistert. Das Material des Kommando SES war mir allerdings fremd. Trotzdem musste ich schnellstmöglich einen Überblick über die gelagerten Güter bekommen. Ich durchsuchte die verschiedensten Lagerstätten, aber es schien ein aussichtsloses Unterfangen zu sein. Die Menge an Material war überwältigend; ich hatte keinerlei Chance, auch nur annähernd zu überblicken, welches Material ich übernehmen sollte. Ich wandte mich schließlich an den Oberfeldwebel, der mir helfend zur Seite stand. Gemeinsam gingen wir zum Materialbewirtschaftungsoffizier (S4), der in einem alten, großen Haus etwa zweihundert Meter vom Lager entfernt untergebracht war. Ich betrat das Gebäude mit einem mulmigen Gefühl. Der S4-Offizier übergab mir einen DIN-A4-Ordner voll mit Listen von Nichtverbrauchsgütern (NVG) und Anlageblättern. Angefangen von Kleinfahrzeugen und Gabelstaplern über Funkgeräte, Zelte und Klimaanlagen bis hin zu Feldbetten, medizinischem Equipment wie Röntgengeräten, Zahnarzt-Equipment, Erste-Hilfe-Schockraum-Ausstattungen und sogar Biertischgarnituren und Alltagswerkzeugen. Die Listen schienen unendlich lang zu sein, und ich spürte eine leichte Überforderung. Ich beschloss, mit den Fahrzeugen zu beginnen, ließ mir vom Oberfeldwebel alle Fahrzeuge zeigen und hakte diese auf meinem Zettel ab. Dann notierte ich die Anzahl der Zelte und warf einen

Blick auf die medizinischen Großgeräte. Ich konnte kaum glauben, dass ich das alles hier übernehmen sollte. Aber ich hatte keine andere Wahl. Schließlich unterschrieb ich den Übernahmevertrag. Damit war ich für alles verantwortlich. Normalerweise wäre ich bei so etwas sorgsamer vorgegangen, aber hier gab es dafür keine Zeit. Die Rettungsaktion musste weitergehen.

Trotz der verheerenden Naturkatastrophe, die über die Stadt hinweggefegt war, stand das Hauptgebäude des General Hospitals noch immer majestätisch da. Die Wände und Mauern waren zwar von Rissen durchzogen, doch immerhin schienen sie noch relativ stabil zu sein. Das spanische Pionier-Team hatte ganze Arbeit geleistet. Dicke Holzbalken stützten jeden Winkel und jede Ecke des Gebäudes. Trotzdem war das gesamte Areal noch immer mit Geröll und Trümmern übersät und von einer 50 cm hohen Schlammschicht bedeckt. Um mich herum wimmelte es von fleißigen einheimischen Helfern, die den Schlamm wegschaufelten und mit Schubkarren beiseiteschafften. Diese tapferen Menschen ließen sich nicht unterkriegen und sorgten mit vereinten Kräften dafür, dass das Krankenhaus wieder aufgebaut werden konnte. Unsere medizinischen Fachkräfte arbeiteten im Rettungszentrum auf Hochtouren und versorgten viele von der Katastrophe betroffene Patienten. Das Land war im Ausnahmezustand; nichts funktionierte mehr wie zuvor. Aber der Anblick des Hauptgebäudes des General Hospitals gab Hoffnung und Zuversicht, dass es möglich war, auch nach einer so verheerenden Naturkatastrophe aufzustehen und neu anzufangen.

Zu meiner Verantwortung für das Material kam eine weitere wichtige Aufgabe – die Wasseraufbereitung. Tagtäglich entnahm ich das Wasser aus einem nahegelegenen Brunnen und ließ es durch eine Osmose-Anlage filtern, bevor ich es in einen 30.000 Liter Tank füllte. Diese Menge reichte nicht nur für die tägliche Körperpflege der

Soldatinnen und Soldaten, sondern auch für die Feldwäscherei. Es war ein hartes Stück Arbeit, aber ich war stolz, dazu beizutragen, dass jeder hier genug sauberes Wasser hatte. Auch die Leistungen der Soldatinnen und Soldaten aus Schwanewede war beeindruckend. Jeder von ihnen war fachlich und menschlich top. Es waren nicht nur Deutsche hier – Soldatinnen und Soldaten aus der ganzen Welt trafen täglich ein, um zu helfen. Ich hatte die Chance, Menschen aus Neuseeland, Japan, Australien und Spanien kennenzulernen. Es war faszinierend zu sehen, wie unterschiedlich jeder Soldat ausgerüstet war und wie Vorgesetzte führten. Aufgrund meiner Sprachkenntnisse in Englisch und Spanisch konnte ich schnell Kameraden aus anderen Nationen kennenlernen. Besonders die Neuseeländer hatten es mir angetan – viele von ihnen waren Maoris und hatten immer gute Laune. Einer von ihnen war Roa, ein 190 cm großer, muskelbepackter Mann mit zahlreichen Tattoos und jederzeit einem lustigen Spruch auf den Lippen. Wir freundeten uns schnell an und trainierten fast täglich zusammen. Diese kleine Auszeit war für mich enorm wichtig – ich konnte abschalten und mich auf mich selbst konzentrieren. Seit Jahren war der Kraftsport ein wichtiger Teil meines Lebens. Unsere selbstgebauten Gewichte waren uns wirklich gut gelungen und die Trainingseinheiten halfen mir sehr dabei, das ganze Elend vor Ort zu ertragen.

Es war ein harter Job, den wir hier hatten. Aber die Freundschaften, die ich hier knüpfen durfte und das Gefühl, Teil einer großen, internationalen Gemeinschaft zu sein, machten unsere Arbeit erträglicher.

Hinter Gittern

Morgens war es für mich Routine geworden, meinen 100 Meter langen Schlauch auszurollen und das eine Ende in den schmutzigen Brunnen fallen zu lassen, um Wasser in meine Wasseraufbereitungsanlage zu pumpen. Dabei erinnerte ich mich an meinen letzten Lehrgang an der Sanitätsakademie in München, wo ich zum Desinfektor ausgebildet wurde. Während des Lehrgangs hatte ich eine Menge über Krankheitserreger, diverse Keime und Bakterien gelernt. Ich wusste danach auch, wie man Klärgruben desinfiziert. Nach Bestehen des Lehrgangs durfte ich mich ‚Staatlich geprüfter Desinfektor' nennen. Ich hätte sogar die Möglichkeit gehabt, eine eigene Schädlingsbekämpfungsfirma zu gründen, aber das kam für mich nicht in Frage. Ich hatte mein Leben der Armee gewidmet, und ich würde meinen Beruf für keinen Job der Welt eintauschen. Zwischenzeitlich war ich zum Berufssoldaten ernannt worden.

Mein Einsatz in Indonesien war der sinnvollste Einsatz, den ich jemals hatte. Natürlich waren die anderen Auslandseinsätze wichtig, aber in ihnen ging alles von irgendwelchen kriegerischen Handlungen aus. Hier war es anders. Die Menschen konnten nichts dafür, dass sie von der schlimmsten Naturkatastrophe der letzten Jahre heimgesucht wurden. Während ich meinen Schlauch wieder einrollte, dachte ich darüber nach, wie dankbar ich war, Soldat zu sein und anderen helfen zu können. Nach meinem Lehrgang in München absolvierte ich eine Schulung bei einer zivilen Wasseraufbereitungsfirma in der Schweiz. Anfangs war ich skeptisch, ob ich jemals von diesem Wissen Gebrauch machen könnte, aber schon bald wurde mir klar, wie wichtig diese Schulung für meine Arbeit als Desinfektor war. Ich erhielt eine spezielle Firmeneinweisung, die nur für mich bestimmt war. Mein Wissen sollte ich als Multiplikator an andere Desinfektoren weitergeben. Dank dieser Schulung hatte ich keinerlei Schwierigkeiten in der Bedienung der Osmoseanlage im Feldlager in Banda Aceh. Innerhalb von nur zwei Stunden konnte das Wasser gefiltert und für die Verwendung freigegeben werden. Danach musste ich die Wasseraufbereitungsanlage reinigen und den Schlauch wieder einrollen.

Oftmals unterstützte ich Arnold, unseren Feldlagerbetriebspionier. Er war für die reibungslose Funktion des Feldlagers verantwortlich und wurde liebevoll unser Hausmeister genannt. Mit seinem kleinen Trupp von zwei Mann hatte er alle Hände voll zu tun. Ich half ihm dabei, die Funktionsfähigkeit des Feldlagers zu überprüfen und kleinere Reparaturen durchzuführen. Dabei lernte ich immer etwas Neues über das System Feldlagerbetrieb dazu. Arnold zeigte mir viele nützliche Tricks, die ich auch in meinen weiteren Einsätzen verwenden konnte. Ich hatte gelernt, dass der Dienstgrad eines Soldaten nicht zählte, sondern nur, was er leistete. Dieser Tipp meines ersten Kompaniechefs hat mich geprägt. Es war mir immer wichtig, meinen unterstellten Soldatinnen und Soldaten niemals das Gefühl zu geben, dass ich alles wüsste und alleine könnte. Ich half auch anderen Soldatinnen und Soldaten bei der Räumung der verschiedenen Stationen im Krankenhaus. Unser Ziel war es, schnellstmöglich mit dem Sanitätsmaterial aus den Zelten in das Krankenhaus umzuziehen. Täglich wurde ein neuer Teil des Krankenhauses gereinigt und nutzbar gemacht.

Als ich in Banda Aceh ankam, wusste ich nicht, was mich erwarten würde. Ich war Teil einer Hilfsmission, die sich zur Aufgabe gemacht hatte, den Menschen vor Ort nach der verheerenden Tsunami-Katastrophe zu helfen. Aber was ich dann erlebt habe, hat mich zutiefst beeindruckt. Die Kameradschaft dort war sensationell gut. Alle waren hoch motiviert und engagiert. Niemand war sich zu schade, irgendwo seine Hände dreckig zu machen. Ob es darum ging, Trinkwasser zu verteilen oder Verletzte zu versorgen – wir alle arbeiteten Hand in Hand und unterstützten uns gegenseitig. Besonders in Erinnerung ist mir das morgendliche Antreten geblieben. Der Einsatzoffizier Hauptmann H. las dabei seine Agenda für den Tag vor und bat um Handzeichen, wer an den Tagesprojekten teilnehmen konnte. Diese Art der Organisation war bemerkenswert effektiv und sorgte dafür, dass alle Aufgaben schnell erledigt wurden. Die Hälfte der Soldatinnen und Soldaten war mit der Realversorgung betraut. Sie versorgten die verletzten Zivilisten. Besonders erinnere ich mich an den Operationstrakt. Er war immer in Betrieb, es gab keine Pause. Die Ärzte und Schwestern arbeiteten Tag und Nacht.

An einem denkwürdigen Tag sollten wir einen Flachbau, der etwas abseits des Haupthauses lag, von Schutt und Gerümpel befreien. Als wir ankamen, waren die spanischen Pioniere bereits da und schoben mit ihren Caterpillar-Radladern den Schutt beiseite, um uns den Weg zum Gebäude zu ebnen. Nachdem das gröbste Material entfernt war, begannen wir, mit Spaten und Schippen die letzten Meter zum Haupteingang zu räumen. Unser Arbeitstrupp an diesem Tag bestand aus fünf Soldaten. Mein Kamerad Holle und ich waren wie immer unzertrennlich. Zusammen schien uns unsere Arbeit irgendwie leichter von der Hand zu gehen. Wir entfernten gerade die restlichen Trümmer, um einen Blick ins Innere des Gebäudes zu werfen. Mit voller Kraft riss ich an einem dicken Holzbalken und konnte mich gerade noch vor einer Drecklawine durch einen kühnen Sprung nach hinten retten. Allerdings konnte ich mich nicht auf den Beinen halten und flog auf meinen Hintern. Der Rest des Trupps machte es mir nach, stolperte und lag auf dem Hosenboden. Wir krümmten uns vor Lachen. Es war ein seltsames Bild: Fünf Soldaten, die auf dem Boden lagen und sich vor Lachen kugelten. Aber es tat gut, sich für einen Moment zu entspannen und die Anstrengungen der letzten

Stunden hinter sich zu lassen. Wir hatten uns das Lachen redlich verdient. Langsam rappelte ich mich wieder auf und blickte genauer auf das Gebäude vor mir. Plötzlich wurde mir der Atem genommen, als ich einen Blick auf das Innere des Hauses warf. Mir wurde schlagartig übel und ich musste mich fast übergeben. Als der widerliche Geruch von verwestem Fleisch in meine Nase drang, schmeckte ich förmlich den Tod auf meiner Zunge. Was ich sah, ließ mich fast den Verstand verlieren. Vor mir hingen Säuglinge in Totenstarre in den vergitterten Fenstern. Die Anblicke von aufgeblähten und zerrissenen kleinen Körpern raubten mir den Atem und mir wurde schwindelig. Ich war auf einen solchen Anblick definitiv nicht vorbereitet. Dieses Erlebnis traf mich mit einer ungeheuren emotionalen Wucht. Bestürzung und Traurigkeit waren gepaart mit absoluter Ohnmacht. Es gelang mir nicht, meine Gefühle unter Kontrolle zu halten. Ich konnte nicht anders als zu weinen und meine Hände vor meine Augen zu halten. Mir war sofort klar, dass mich die Bilder von den kleinen, unschuldigen Opfern noch lange verfolgen würden.

Hauptmann H. brach sofort unsere Arbeit ab. Wir verließen den Schauplatz und zogen uns in das Betreuungszelt zurück, um das Gesehene zu verarbeiten. Mein Mund fühlte sich widerlich an, und ich spülte ihn mit einer ganzen Flasche Wasser aus. Die anderen saßen mit Tränen in den Augen schweigend an der Bierzeltgarnitur. Wie kleine Hunde, die traurig und verängstigt sind, warteten wir darauf, dass jemand uns helfen würde. Schließlich kam eine psychologisch geschulte Ärztin ins Zelt, unser Pfarrer begleitete sie. Seine Ansprache war sehr emotional und seine ruhige Stimme half uns, runter zu kommen. Die Ärztin nahm uns einfach nur in den Arm und drückte uns herzlich. Mir persönlich half dieses pure Mitgefühl enorm. Ich raffte mich schließlich auf und beschloss, den winzigen Körpern den verdienten Frieden zu geben. Mit neuer Kraft und neuem Mut schnappte ich mir Holle und die anderen. Gemeinsam gingen wir wieder zu dem Gebäude. Wir ließen uns Gummihandschuhe und Einmalmundschutz bringen. Ein Doktor gab uns noch Menthol-Salbe, die wir uns unter die Nase schmieren sollten, um den Verwesungsgeruch besser zu verkraften. Die Salbe war scharf und trieb mir wieder Tränen in die Augen. Aber das Menthol übertünchte jeden anderen Geruch. Ich schaute mir das vergitterte Fenster im Detail an und wählte nach wenigen Sekunden einen winzigen Babykörper aus. Behutsam, als wäre das zarte und unschuldige Geschöpf noch am Leben, löste ich den Körper aus dem Fenstergitter. Meine größte Sorge war in diesem Augenblick, Teile des Körpers abzureißen. Letztendlich schaffte ich es und befreite den verwesten, dunkelschwarzen Körper. Das Geschlecht des Babys konnte ich nicht mehr feststellen. Sanft legte ich den leblosen Körper auf einen Leichensack ab. Ein paar Sekunden hielt ich inne und wischte mir die Tränen mit meinen Unterarmen aus den Augen. Kaum konnte ich mir ein Schluchzen verkneifen. In diesem Moment fühlte ich mich einsam und vergaß den Rest um mich herum.

Behutsam packte ich den leblosen Körper in den kalten Leichensack und zog den Reißverschluss zu. Ein Schauer lief mir über den Rücken, als ich spürte, wie sich der winzige Körper unter meinen Händen anfühlte. Die anderen Jungs waren dabei, weitere Leichensäcke aus dem Krankenhaus zu holen. Wir kämpften mit den zu großen Säcken, die wir mehrmals zusammenfalten mussten, um sie überhaupt transportieren zu können. Als wir fertig waren, lagen sie in einem großen Haufen vor uns. Es brach mir das Herz, dass wir die toten Babys so behandeln mussten, aber es gab keine andere Wahl. Holle hatte einen Hubwagen besorgt und wir luden die Säcke darauf. Einheimische LKW brachten die Säcke schließlich zu den Massengräbern. Jedes Mal, wenn ein LKW kam und Säcke einsammelte, fühlte es sich für mich an, als wäre ein kleines Stück Hoffnung mit ihnen verschwunden.

In unseren Feldgottesdiensten versuchte unser evangelischer Militärpfarrer, unsere Seelen zu heilen und uns zu trösten. Doch wie sollte man jemals über etwas hinwegkommen können, das so grausam und unmenschlich war? Ich glaube nicht, dass wir jemals in der Lage sein werden, diese schrecklichen Erlebnisse zu vergessen.

Hassan, unser Sprachmittler, war ein Mann von bescheidener Körpergröße und auffallend schlechten Zähnen. Trotzdem hatte er eine bemerkenswerte Ausstrahlung, die mich sofort in seinen Bann zog. Er beherrschte die englische Sprache perfekt und war ein äußerst liebenswürdiger und höflicher Mensch. Als ich ihn fragte, warum sich die Kinderstation abseits der Klinik befand und warum die Fenster vergittert waren, erzählte er mir eine Geschichte, die mich zutiefst beschäftigte. In Thailand, einem muslimisch geprägten Land, sei es sehr ehrenvoll, viele Kinder zu haben. Aber nicht jeder Frau sei es von Allah vergönnt, Kinder zu bekommen. Deshalb würden viele Säuglinge direkt nach der Geburt aus Krankenhäusern gestohlen. Die Worte von Hassan hallten noch lange in meinen Ohren. Die winzig zarten Körper der Säuglinge waren durch die Flutwelle des Tsunamis aus dem Gebäude herausgespült worden. Wegen der vergitterten Fenster blieben sie darin hängen und starben qualvoll. Die Säuglinge wurden also nicht eingesperrt, sondern geschützt.

In diesem Moment erkannte ich, wie wichtig es war, sich mit anderen Kulturen und Sprachen auseinanderzusetzen. Denn nur so konnten wir die Geschichten hinter den Fakten verstehen und die Komplexität unserer Welt begreifen.

Als relativ gläubiger Mensch habe ich oft darüber nachgedacht, warum gerade ich diese grausamen Erlebnisse haben musste. Immer wieder stellte ich mir diese Frage.

Doch wie so oft im Leben blieb mir eine Antwort verwehrt. Manchmal gibt es einfach Dinge, die man nicht verstehen kann.

Want to die?

Einmal waren wir mit unserem geländegängigen Fahrzeug, dem „San-Wolf", auf dem Weg zu einem Hilfscamp, das von einer internationalen Hilfsorganisation betrieben wurde. Ich war froh, dass ich meinen Buddy Oliver H. als Kraftfahrer an meiner Seite hatte, der über Erfahrung im Linksverkehr verfügte. Unser Tropenmediziner im Range eines Oberstarztes begleitete uns und hatte klare Anweisungen für uns dabei: wir sollten uns einen Überblick über die hygienischen Zustände im dortigen Camp verschaffen und die darin untergebrachten Menschen impfen. Ich bewunderte ihn für seine Fachexpertise in der Tropenmedizin. In den ersten Tagen und Wochen hatte er bereits verschiedene Sammelstationen besucht und den Standard der medizinischen Versorgung verbessert. Das Hilfscamp lag hoch oben in den Bergen, und die Straßen waren holprig. Wir fuhren zunächst nach einer Landkarte. Zwar hatten wir ein GPS-Gerät; dessen Menüsystem war jedoch umständlich und langsam.
Während der Fahrt saß der Oberstarzt im Kofferaufbau unseres Fahrzeugs, um die Umgebung zu beobachten. Ich fragte mich, wie er es aushalten konnte, in einem so engen Raum zu sitzen, und öffnete die Luke und die kleinen Seitenfenster, damit er etwas Luft bekam.
Nach einer 120-minütigen Fahrt erreichten wir endlich das Hilfscamp. Oliver fuhr durch das geöffnete Tor und stellte unser Fahrzeug auf einer geschotterten Stellfläche ab. Der Tropenmediziner stieg aus und vertrat sich erst einmal die Beine, während wir alle einen kräftigen Schluck aus unseren Trinkflaschen nahmen. Danach machten wir uns auf den Weg, um das Camp zu erkunden. Überall waren Zelte in langen Reihen aufgestellt.

Der Wind pfiff durch die endlos erscheinenden Reihen und wirbelte Sand, Plastikmüll und Äste durch die Luft. All dies verfing sich in der schmutzigen Kleidung, die zum Austrocknen vor den Zelten aufgehängt war. Die Lebensbedingungen in dem überfüllten Camp waren wirklich hart. Wenigstens hatten die Menschen den Tsunami überlebt. Trotz meiner eigenen emotionalen Belastung schenkte ich den Menschen ein Lächeln. Schließlich wurden wir vom Leitet des Camps, einem Arzt aus Frankreich, empfangen. Er war im Rahmen von „Ärzte ohne Grenzen" in das Krisengebiet aufgebrochen und leistete hier seinen wertvollen Dienst.
Als wir wieder auf dem Rückweg waren, betätigte Oliver H. die Bremse unseres Fahrzeugs so plötzlich und hart, dass ich nach vorne schleuderte und nur durch den Sicherheitsgurt aufgefangen wurde. Mein Brustkorb schmerzte, mein Hals war zugeschnürt. Doch als ich aus dem Fenster blickte, stockte mir erst recht der Atem. Wir standen mitten in einem illegalen Checkpoint – ein Ort der extremen Gefahr. Vor uns stand ein schweres Maschinengewehr auf einem Jeep, dessen Schütze mit einem gnadenlosen Gesicht direkt auf unsere Windschutzscheibe zielte. In diesem Moment fühlte ich mich völlig ausgeliefert. Ich war ohne Panzer und hatte weder eine schusssichere Weste noch Waffen am Mann. Trotz meiner militärischen Ausbildung fühlte ich mich wie ein kleines Kind, das um sein Leben bangt. Ich hob meine Hände langsam und zeigte den Rebellen meine Handflächen, während mein Herz mit rasendem Tempo schlug und mein Brustkorb zu explodieren drohte. Oliver tat dasselbe und wir vermieden alles, was die Aufmerksamkeit der Rebellen erregen konnte. Doch die Kämpfer der GAM hatten uns längst im Visier. Sie hatten ihre Sturmgewehre auf unser Fahrzeug gerichtet und ließen keine Gnade erkennen.

Ich spürte den Hass in ihren jungen Gesichtern und konnte ihre Wut förmlich greifen. Sie hatten den Checkpoint taktisch klug hinter einer schlecht einsehbaren Kurve errichtet und Nagelbretter auf der Straße platziert, um heranfahrende Autos zum Anhalten zu zwingen. Es waren mindestens 25 Rebellen um uns herum versammelt, und jeder von ihnen schien bereit, uns ohne Vorwarnung zu erschießen. Ich saugte tief Luft ein, um mich zu beruhigen und einen klaren Kopf zu bekommen. Ich wusste nicht, wie ich aus dieser Situation herauskommen sollte, und meine Gedanken rasten. Würden wir diesen Checkpoint lebend verlassen können? Ich hatte keine Ahnung, aber ich wusste eins ganz genau: Ich würde kämpfen.

Banda Aceh war eine Stadt, die von jahrzehntelangen Unruhen und einem blutigen Bürgerkrieg zwischen der Armee und den Rebellen der GAM heimgesucht wurde. Die Armee hatte ihre Kasernen nahe an der Küste eingerichtet. Die GAM dagegen hatten ihre Lager in den Bergen aufgeschlagen. Dann kam der Tsunami. Innerhalb von wenigen Minuten wurde die hier stationierte Streitmacht ausgelöscht, als die riesigen Wellen ihre Kasernen zerstörten. Die GAM hingegen blieben verschont, geschützt durch die Berge. Damit änderte sich das Machtgefüge in nur wenigen Tagen drastisch. Die GAM hatten nun die Kontrolle über die Stadt übernommen. Die Menschen waren gezwungen, sich an die neue Ordnung zu gewöhnen.

Ein junger Mann, nicht älter als 16 Jahre, forderte uns auf Englisch auf, den Motor abzustellen. Plötzlich wurden die Türen unseres Fahrzeugs aufgerissen und Olli verschwand aus meinem Blickfeld. Auch ich wurde mit brutaler Gewalt aus dem Fahrerhaus gezehrt und landete krachend im Staub des Feldweges. Olli stöhnte. Ich konnte nur stotternd das Wort „Please“ hervorbringen. Bevor ich auch nur ein weiteres Wort sagen konnte, traf mich die Schulterstütze einer AK-47 mit voller Wucht in den Magen. Ich krümmte mich vor Schmerzen. Überall um mich herum sah ich Waffenläufe, die auf mein Gesicht gerichtet waren. Der Anführer der Gruppe war ein schmaler junger Mann mit vielen fauligen Zähnen und einem eiskalten Blick. Seine Geringschätzung für uns war spürbar, als er in gebrochenem Englisch mit mir sprach. Ich hatte Angst um mein Leben und wusste nicht, wie ich aus dieser Situation wieder herauskommen sollte.

Oliver H. wurde zeitgleich mit einer Waffe malträtiert und anschließend zu mir rübergeschleppt. Wir saßen beide kniend mit den Händen hinter dem Hinterkopf verschränkt vor unserem San-Wolf. Diese Szene erinnerte mich an so manche Filme. Fertig zur Liquidierung. In diesem Moment betete ich zu Gott, mich und Olli zu verschonen. Der junge Mann verpasste mir einen Schlag in den Nacken und packte mich am Hals. Sein Blick war beängstigend und voller Verachtung für mich. Entsetzt schaute ich ihm in die Augen und fühlte mich hilflos. Er befahl mir, den Kofferraum zu öffnen und wollte wissen, wer wir sind. Ich erklärte ihm, dass wir Sanitäter aus Deutschland waren. Immer wieder versuchte ich, auf die deutsche Flagge an meiner Uniform zu zeigen und wiederholte das Wort „Germany“. Er verstand mich nicht und wurde wütender, schrie mich noch lauter an und fuchtelte wild mit seiner AK-47 vor meinen Augen herum. „Want to die? Want to die?“, brüllte er. Sein Blick ließ kein Erbarmen erkennen und ich wusste, dass es jeden Moment mit mir vorbei sein könnte. Ängstlich schüttelte ich mit dem Kopf und flüsterte nur noch. Was ich genau sagte, weiß ich nicht mehr. Mein kompletter Körper verfiel in eine Schockstarre, mein Herz raste und ich fing an übermäßig zu schwitzen. In Berichten über Menschen, die eine Nahtoderfahrung hatten, las ich, dass sie ihr Leben wie in einem Film vor Augen hatten. Einen derartigen Film sah ich nicht, so wusste ich, dass mein

Tag noch nicht gekommen war. Plötzlich hatte ich eine Idee, wie ich die ganze Situation entspannen konnte.
Ich holte meine Digitalkamera hervor, weil ich den Anführer mit Bildern davon überzeugen wollte, dass wir tatsächlich hier waren, um zu helfen. Erneut bekam ich den Lauf seines Sturmgewehrs in den Magen gerammt und wurde mit Füßen getreten. Dann stieg eine unglaubliche Wut in mir auf, und ich hätte am liebsten alle Rebellen umgebracht. Gott sei Dank war ich jedoch in der Lage, meine Emotionen zu kontrollieren. Mit Mimik und Gestik und den Bildern meiner Kamera konnte ich dem Anführer erklären, weshalb wir hier waren. Dennoch formte der Anführer mit seiner rechten Hand eine imaginäre Pistole und setzte sie mir an den Kopf. Mein Herz raste vor Angst, und ich hatte das Gefühl, dass ich meinen letzten Atemzug gemacht hatte. Aber dann wandte er sich von uns ab und ließ uns gehen.
Als wir im Auto saßen, waren wir beide völlig erschöpft. Oliver hatte eine blutige Lippe, und ich war voller blauer Flecken. Aber das Wichtigste war, dass wir noch am Leben waren. Wir hatten es geschafft, aus dieser schrecklichen Situation zu entkommen, und das war alles, was zählte.

Bulldozer

Nachdem das Rettungszentrum komplett zurückgebaut und in den Recks verstaut war, warteten wir nur noch auf den Befehl, diese auf die BERLIN zu verfrachten. Bis dahin hatte ich nur ein paar kleinere Aufträge, die Wasseraufbereitung und den täglichen Rundgang mit Arnold zu erledigen. Um die Zeit ein wenig zu überbrücken, erlaubte uns Hauptmann H, die Gegend zu erkunden. Wir durften maximal 30 Minuten Fahrtzeit entfernt sein, um rechtzeitig im Lager zu sein, falls man uns brauchen würde. Holle liebte es, mit unserem Stammfahrzeug, dem San-Wolf, rumzufahren. Bei jeder Tour durften wir einen anderen Kameraden mitnehmen. Die Landschaften waren wundervoll und außerhalb der Stadt sah alles friedlich, saftig grün und bezaubernd aus. Gerade bei Sonnenuntergang dachten wir oft für ganz kleine Momente, wir wären im Paradies. Aber der Schrecken ließ uns nie richtig durchatmen. Auf dem Weg zurück zum Ground Zero war wieder dieser allgegenwärtige Fäulnis- und Verwesungsgeruch, der uns blitzschnell in die Realität zurückholte.

Eines Abends sollte ich mich in unserem Feldhospital melden, um Material abzuholen. Ich wunderte mich, denn um diese Uhrzeit (19 Uhr) wurde dort eigentlich nicht mehr gearbeitet. Nichts ahnend machte ich mich zu Fuß auf den Weg. Der diensthabende Chirurg, ein Oberfeldarzt, drückte mir einen großen und schweren Müllsack voll mit menschlichen Amputationen in die Hand und sagte mir, ich solle ihn entsorgen. Das war neu für mich, und so fragte ich ihn, wo ich das bitte erledigen sollte. Er schaute mich verdutzt an und sagte mir, ich solle zu den Massengräbern am Strand fahren. Mit mulmigem Gefühl ging ich zu Oliver H. und fragte ihn, ob er mich zu den Massengräbern fahren würde; allein wollte ich dort nicht hin.

Den Geruch der Massengräber konnte ich schon von weitem wahrnehmen – ein süßlich-scharfer, penetranter Geruch, der mir die Kehle zuschnürte. Als ich aus dem Wagen stieg, umgab mich zudem eine drückende Schwüle, die sich wie ein feuchter Mantel um meinen Körper legte. Der Himmel war von dunklen Wolken verhangen, die drohend über uns hingen, als würden sie jeden Moment ihr Wasser entladen. Ich hatte zuvor von den Massengräbern gehört, aber ich habe nie geglaubt, dass ich eines Tages vor ihnen stehen würde. Es war ein Ort des Grauens. Vor mir erstreckten sich endlose Reihen von Massengräbern, gefüllt mit den Überresten von Tausenden von Menschen, die von der Naturkatastrophe

und später von damit zusammenhängenden Krankheiten dahingerafft worden waren. Ich schritt über das schlammige Gelände. Der Boden war mit Knochen und Kleidungsfetzen bedeckt. In meinem Sack befanden sich mehrere Gliedmaßen, die Verletzten oder Erkrankten abgeschnitten worden waren. Die meisten Amputationen waren übergroße Gliedmaßen von Menschen, die von der Krankheit Elephantitis befallen waren. Ein schauderhafter Anblick, der mich fast um den Verstand brachte. Als ich den Rand eines der Massengräber erreichte, musste ich meinen Atem anhalten. Vor mir erstreckte sich eine riesige Grube, gefüllt mit Leichen, die eng aneinandergedrängt und von denen viele bereits in einem fortgeschrittenen Stadium der Verwesung waren. Ich musste mich abwenden, um mich nicht zu übergeben.
Dabei war die Landschaft um die Gräber atemberaubend schön. Der feine, weiße Sand des Strandes, der sich wie Mehl in meinen Händen anfühlte, erstreckte sich kilometerweit. Das blaue Wasser des Meeres war kristallklar. Der Kontrast zwischen der atemberaubenden Landschaft und den gefüllten Massengräbern war zu viel für mich. Ich fragte mich, wie die Welt so schön und gleichzeitig so grausam sein konnte. In diesem Moment war ich dankbar dafür, dass ich Olli an meiner Seite hatte. Ich wusste, dass ich diese Bilder für den Rest meines Lebens mit mir herumtragen würde. Ich hoffte inständig, dass ich nie wieder einen Ort wie diesen sehen müsste. Das hatte ich mir damals auch im Kosovo gewünscht. Leider war mein Wunsch nicht in Erfüllung gegangen.
Olli und ich hatten uns auf eine schwere Aufgabe eingelassen. Wir waren hier, um zu helfen, aber es war nicht einfach. Die Menge an toten Körpern, die wir jeden Tag sahen, war einfach überwältigend. Wir hatten uns vorgenommen, das Beste aus der Situation zu machen, den Menschen in dieser Krise zu helfen, aber es war schwerer als gedacht. Ich konnte es einfach nicht schaffen, mich an

die Wasserleichen zu gewöhnen, die jeden Tag vor meinen Augen lagen. Der Gestank drang tief in meine Nase ein. Ich hatte das Gefühl, dass er sich in meinem Körper festsetzte und ich ihn nie wieder loswerden würde. Jeden Tag fühlte ich mich müder und ausgelaugter.

Die Hand

Jeden Sonntagmorgen wurden wir mit Musik geweckt. Das Signal zum Antreten. Der Sonntag war ein besonderer Tag für uns, weil wir die aktuellen Fußballergebnisse der deutschen Bundesliga vom Sonnabend davor übermittelt bekamen. Ein kleines Stück Heimat in der Ferne. Ich erinnere mich daran, wie wir alle zusammenkamen, in Reih und Glied, um auf die Ergebnisse zu warten. Es war eine willkommene Abwechslung, die uns half, den Alltag im Einsatz für eine kurze Zeit zu vergessen. Es war ein Moment, der uns zusammenbrachte und uns das Gefühl gab, dass wir nicht alleine waren. Das Datenvolumen war damals sehr teuer und es gab auch nur vereinzelt Computer im Stab. Deshalb war es nicht möglich, für jeden Internet zur Verfügung zu stellen. Aber wir brauchten es auch nicht wirklich. Denn in diesen Momenten waren wir glücklich, einfach nur zusammen zu sein und die Zeit miteinander zu genießen. Wir aßen ein Stück Kuchen oder naschten ein paar Schoko-Bons. Gerade in Auslandseinsätzen sind die Kameradinnen und Kameraden das Allerwichtigste. Denn sie sind es, die uns durch schwere Zeiten tragen und uns in Momenten der Einsamkeit und Verzweiflung Hoffnung geben. Sie sind unsere Familie auf Zeit und wir sind uns alle einig: Ohne sie wäre dieser Einsatz in Banda Aceh kaum zu ertragen gewesen. Die Sonntage waren unsere kleinen Lichtblicke in der Dunkelheit. Sie gaben uns die Kraft, weiterzumachen und nicht aufzugeben. Sie waren das, was uns zusammenhielt und uns zeigte, dass wir trotz allem noch etwas zu feiern hatten. Denn auch wenn wir Tausende von

Kilometern von zu Hause entfernt waren, so hatten wir doch ein kleines Stück Heimat gefunden. Das war mehr wert als alles andere. Dazu gehörte auch der Gottesdienst im Verpflegungszelt. Ich war eigentlich nie ein großer Kirchengänger und hatte auch in früheren Einsätzen das Angebot der Militärseelsorge nie wahrgenommen. Aber in Banda Aceh war alles anders. Die letzten Tage und Wochen hatten mich sehr mitgenommen; ich war dankbar für jede Ablenkung und seelische Stärkung.

Der evangelische Militärpfarrer hatte sich einen kleinen Altar gebaut und begann seine Predigt mit Geschichten aus der Bibel. Ich lauschte aufmerksam und war erstaunt, wie er es schaffte, die alten Schriften in die heutige Zeit zu übertragen. Die Predigt war kurz, aber intensiv. Ich spürte, wie sie mir eine gewisse Kraft und Ruhe gab. Plötzlich wurde die Stille durch einen lauten Schrei unterbrochen. Ich drehte mich um und sah, wie eine unserer Kameradinnen in Panik geriet. Ein verwahrloster Hund spazierte durch unser Lager und hatte eine menschliche Hand im Maul. Der Spieß schaltete schnell und vertrieb den Hund. Der Pfarrer versuchte mit seinen Worten wieder Ruhe in die Gruppe zu bringen. Er erklärte uns, dass Leben und Tod zusammengehören und dass wir uns dessen immer bewusst sein sollten. Seine Worte trafen mich tief und ich spürte, wie sie meine Ängste und Zweifel linderten. Nach dem gemeinsamen Gebet und dem Vater Unser verabschiedete uns der Pfarrer mit seinem Segen. Ich fühlte mich gestärkt. Die Predigt hatte mir gezeigt, dass ich nicht alleine war und dass es in schwierigen Zeiten immer etwas gibt, an das man sich halten kann.

Der Pfarrer setzte sich dafür ein, die Pietät der Toten zu wahren und sicherzustellen, dass die Massengräber nicht frei zugänglich waren. Mein Chef beschloss, die Massengräber vor Tieren zu schützen, indem wir Ameisensäure auf die oberste Schicht der Leichensäcke aufbrachten. Als ausgebildeter Desinfektor musste ich diesen Auftrag ausführen. Gemeinsam mit meinem Kameraden Olli H. mischte ich die Lösung an und schüttete sie in zwei große Desinfektionspumpen, die wir wie Rucksäcke auf unseren Rücken tragen konnten. Wir stellten unser Equipment in unseren San-Wolf und machten uns auf den Weg. Nach wenigen Minuten erreichten wir den Strandabschnitt und bereiteten uns seelisch auf die Aufgabe vor. Zum Eigenschutz zogen wir Blaumänner über unsere Kleidung und trugen Überziehgummistiefel. Diese klebten wir mit Tape oben am Schacht zu, um sicherzustellen, dass nichts von oben in die Stiefel gelangen konnte. Gegenseitig kontrollierten wir unsere Ausrüstung, schmierten uns Menthol-Salbe unter die Nase und legten OP-Masken an. Die Gräber waren voll, manche quollen bereits über. So viele tote Menschen hatte ich noch nie auf einmal gesehen; es kam mir vor wie in einem Zombiefilm. Wir traten in das erste offene Grab und mussten ungefähr 150 cm hineinsteigen. Der erste Schritt war für mich der schlimmste. Mit meinen Stiefeln und meinem Gewicht von über 90 Kg sackte ich ein wenig ein, weil ich Leichen zerquetschte. Das Ekelhafteste daran war das schmatzende Geräusch. Haut und Gewebe fielen unter der Last einfach in sich zusammen. Dann fing ich an, jeden Zentimeter der übereinandergestapelten Leichen zu besprühen. Der Geruch war kaum auszuhalten und das Menthol hielt nicht lange an. Mein Blaumann sog sich mit Sekret der Leichen voll. Ich versuchte, meine Gedanken auszuschalten und mich auf die Arbeit zu konzentrieren. Doch je weiter Olli und ich vorankamen, desto schlimmer wurde es. Leichensäcke platzten auf, und Maden und Ungeziefer krochen heraus. Ich erinnere mich, wie ich meine Atemschutzmaske herunterriss, um zu kotzen. Wir verbrachten Stunden in den Gräbern, bis wir endlich fertig waren. Danach lagen Olli und ich uns in den Armen und weinten.

Wir packten unser Equipment ein und warfen unsere nassen Kleidungsstücke und Gummistiefel in die Gräber. Wir hatten nur unsere Unterhosen an, als wir in unseren Sanitätswagen zum Lager zurückfuhren. Die Hitze war unerträglich, aber wir wussten, dass wir uns bald duschen und frische Kleidung anziehen konnten. Als wir im Lager ankamen, wurden wir von ein paar unserer Kameraden begrüßt. Sie schauten uns kopfschüttelnd an und lachten über unseren Anblick. Olli und ich konnten nicht anders, als auch tief aus dem Herzen zu lachen. Es war, als ob die Last der vergangenen Tage endlich von unseren Schultern genommen worden war. Nach einer ausgiebigen Dusche gingen wir zu unserem Einsatzoffizier und meldeten den erfolgreichen Abschluss unserer Mission. Olli war in dieser Zeit ein wahrer Kamerad und Freund.
Aber als wir zurück nach Deutschland kamen, beschlossen wir beide, den Kontakt abzubrechen. Die Erinnerungen an unsere gemeinsame Zeit in Banda Aceh waren einfach zu schmerzhaft; ein Wiedersehen hätte diese sofort wieder erneuert. Bis heute habe ich nichts von Olli H. gehört, aber ich weiß, dass wir für immer verbunden sein werden. Das Leben ist unvorhersehbar und unberechenbar. Wir können nie wissen, welche Herausforderungen auf uns zukommen oder welche Menschen uns auf unserem Weg begleiten werden. Wichtig ist, dass man sich in schwierigen Zeiten auf Freunde und Kameraden verlassen kann. Olli H. wird für immer ein wichtiger Teil meiner Vergangenheit sein und ich werde ihn niemals vergessen.

Die Kräfte der Natur

Die Massengräber, oh Gott, wie könnte ich das jemals vergessen? Dieser Anblick hatte mich tief in meinem Inneren erschüttert. Die Überreste von hunderten, wenn nicht tausenden von Menschen hatten sich in mir zu einem Berg aus Leid und Verzweiflung aufgetürmt. Selbst das, was ich damals im Kosovo erlebt hatte, erschien mir harmlos im Vergleich zu diesem wahrhaftigen Albtraum. Wie konnte ich damals nur so naiv gewesen sein? Ein Abenteuer hatte ich gesucht und stattdessen die Hölle gefunden. Es gab keinen Weg zurück, mit dieser grausamen Realität musste ich weiterleben. Ich weiß nicht, wie viele Tote ich gesehen habe. Es waren zu viele, als dass ich sie je hätte zählen können. Aber das Schlimmste war das Gefühl der Hilflosigkeit und der Ohnmacht. Ich war gefangen in diesem Albtraum und konnte ihm nicht mehr entkommen. Jeden Tag musste ich gegen meine inneren Dämonen ankämpfen. Doch ich wusste, dass ich nicht aufgeben durfte. Ich musste stark sein, um weiterhin Menschen zu helfen. Nur so konnte ich mir selbst vergeben und mit dem, was ich erlebt hatte, leben.

Wir warteten immer noch auf die Freigabe aus Deutschland, um das Material zu unserem Einsatzgruppenversorger „BERLIN“ zu bringen. Ich stand vor einem alten schwer beschädigten und daher einsturzgefährdeten Backsteingebäude, das plötzlich zu wanken begann. Mein eigener Körper schwankte mit. Ich rieb mir mit beiden Fäusten die Augen, da ich dachte, ich bekäme einen Kreislaufkollaps oder einen Hitzeschlag. Doch es war ein Erdbeben von einer enormen Stärke. Die zerstörerische Gewalt der Mutter Erde ließ riesige Gesteinsbrocken von den umliegenden Gebäuden herabfallen. Die Erde bebte unter unseren Füßen, als ob sie uns verschlucken wollte. Ich sah mich um und sah das blanke Chaos. Trümmer lagen überall verstreut herum, und meine Kollegen fürchteten um ihre Sicherheit. Die drei Minuten, in denen das

Erdbeben wütete, fühlten sich wie eine Ewigkeit an. Wir alle atmeten erleichtert auf, als uns klar war, dass wir das Beben überstanden hatten.
Unser Chef tauchte auf und begann damit, jeden von uns auf seiner Liste abzuhaken. Dabei bemerkten wir, dass alle Kameradinnen und Kameraden, die in einem weiter entfernt gelegenen Stabsgebäude untergebracht waren, fehlten. Unser Spieß befahl mir und Olli, uns einen Überblick zu verschaffen. Wir rannten los, als würde unser Leben davon abhängen. Endlich erreichten wir das Stabsgebäude. Überall lagen zerbrochene Fenster, Tische, Stühle und Bänke, als ob ein Sturm durch das Gebäude gewütet hätte. Die Klimageräte hingen aus den Fenstern. Ich rief laut in das Gebäude hinein in der Hoffnung, ein Lebenszeichen zu erhalten. Es gab jedoch keine Antwort. Wir schrien noch lauter, aber es kam uns so vor, als würden unsere Stimmen von den Trümmern verschluckt werden. Ich spürte, wie sich mein Magen zusammenzog, als ich mir vorstellte, was hier geschehen sein musste.
Plötzlich stand Claudia hinter uns und grinste uns an. Alle hatten es rechtzeitig geschafft, aus dem Gebäude zu kommen und standen etwa 100 Meter entfernt von uns. Nun musste ich ebenfalls grinsen, denn auf diese Idee hätte ich selbst kommen können. Als wir uns auf den Weg zurück zum Spieß machten, um ihm zu berichten, spürte ich eine Welle der Dankbarkeit für mein eigenes Leben und das der Menschen um mich herum.
Es war kein Krieg, kein Kampf auf Leben und Tod, aber die Kräfte der Natur, die ich damals erlebt hatte, waren absolut gigantisch. Auch heute, Jahrzehnte später, durchfährt mich ein kalter Schauer, wenn ich von den Naturkatastrophen in den Nachrichten höre. Sie sind einer dieser Trigger, die mich jedes Mal wieder zurückwerfen in die Erinnerungen an jene Tage in Banda Aceh.

Das Ultimatum

Mittlerweile waren zwei weitere Wochen vergangen, und wir hatten immer noch keinen Termin, wann wir das abzugebende Material auf die BERLIN verladen sollten. Tagtäglich warteten der Transportzug und ich auf die Freigabe. Die meisten Kameradinnen und Kameraden hielten eine kleine Siesta in ihren Zelten. Die Hitze war wieder mal unerträglich und jeder Schritt zu viel war ungesund. Persönlich liebte ich diese Stille im Lager. Keiner sprach, ich hörte keine Motorgeräusche, es herrschte pure Harmonie. Wie jeden Tag lag ich gemeinsam mit Olli im Schatten beim Verpflegungszelt und trank meinen Kaffee. Dies war mittlerweile seit sehr vielen Tage unser alltägliches Ritual geworden. Leicht wegdösend lag ich in der Sonne.

Schlagartig wurde ich aus meinem Halbschlaf gerissen und starrte auf „Gäste", die wir nicht erwartet hatten. Die Männer auf den Ladeflächen von Pick-Ups waren vermummt, trugen aber militärische Uniformen. Auf ihren Schultern waren Abzeichen zu erkennen, die ich zuvor noch nie gesehen hatte. Mit Maschinenpistolen in ihren Händen stürmten sie schließlich auf unsere Zelte zu. Ich hörte Schreie und sah, wie meine Kameraden in Panik aus ihren Zelten rannten. Es herrschte Chaos und ich wusste nicht, was ich tun sollte. Ich blickte zu Olli hinüber, der ebenso überrascht war wie ich. Einer der vermummten Männer kam auf uns zu und bedrohte uns mit seiner Waffe. Ich wusste, dass ich ruhig bleiben musste. Mit zittriger Stimme fragte ich den Mann, was er von uns wollte. Er antwortete nicht, sondern drückte den Lauf seiner Waffe fest gegen meinen Kopf. Mehrere Kameradinnen und Kameraden kamen aus ihren Unterkunftszelten, um zu sehen, was los war. Über dreißig Männer, jeder mit einer Kalaschnikow im Anschlag, nahmen uns ins Visier. Einer nahm seine Maske ab. Olli und ich erkannten sofort den jungen Mann mit den schlechten Zähnen, der uns schon einmal in Todesangst versetzt hatte. Hass loderte in mir auf, als ich ihn sah, aber ich zwang mich, ruhig zu bleiben. Der junge Mann, der als Sprachrohr der Rebellen fungierte, sprach ein schlechtes Englisch und trug abgenutzte militärische Kleidung. Seine Stoppeln und sein fieser Gesichtsausdruck machten ihn noch bedrohlicher. Er verlangte, unseren Kommandeur zu sprechen. Unser Kompaniechef hatte alle Hände voll zu tun, um sich bei den Rebellen für unser Eindringen in ihr Land zu entschuldigen. Der Chef der Rebellen schien damit zufrieden zu sein, aber ich wusste, dass wir uns auf dünnem Eis bewegten und dass jeder falsche Schritt unsere Lage verschlimmern könnte. Als ich mir den Trupp, der vor mir stand, genauer ansah, wurde mir mulmig zumute. Jeder von ihnen trug schwere Waffen. Ich konnte mir gut vorstellen, was sie durchgemacht hatten. Schließlich waren sie seit Jahren in einen blutigen Bürgerkrieg verwickelt.

Die Rebellen sahen uns an, als wären wir ihr schlimmster Feind. Der rettende Einfall zur Deeskalation kam von unserem Oberfeldarzt. Er schlug vor, den Rebellen zu zeigen, was wir im Krankenhaus für die Menschen taten. Dieser Schachzug war erfolgreich. Die Rebellen überzeugten sich davon, dass wir uns nur um Zivilisten kümmerten und nicht um Soldaten – was sie offenbar angenommen hatten. Einige von ihnen unterhielten sich sogar mit Patienten.

Als sie zurückkamen, schlug die Stimmung dennoch um. Der GAM-Boss gab seinen Männern den Befehl zum Aufsitzen. Er nickte unserem Oberfeldarzt zu und gab ihm sogar die Hand. Ich war erstaunt. Doch plötzlich brüllte der Junge grinsend und mit fehlerhaftem Englisch: "In three weeks, you all are death."

Mein Herz schlug bis zum Hals. Was hatte er damit gemeint? War es eine leere Drohung oder doch ernst gemeint? Wir mussten die Deadline ernstnehmen und

arbeiteten Tag und Nacht. Es war eine extreme Belastung für uns alle, körperlich und mental. Letztendlich schafften wir es vor dem Ultimatum der Rebellen, das Einsatzgebiet zu verlassen.
Dieser Einsatz wird für immer in meinem Gedächtnis bleiben. Ich erinnere mich genau an die Tage, an denen ich ununterbrochen gearbeitet habe. Doch trotz der körperlichen und psychischen Belastung fühlte ich mich lebendiger als je zuvor. Der Zusammenhalt unter den Kameraden war herausragend, und ich war dankbar, Teil eines so großartigen Teams zu sein. Die Zusammenarbeit mit den Hilfsorganisationen und den Soldatinnen und Soldaten aus Spanien, Neuseeland, Australien und Japan war unglaublich. Trotz der schrecklichen Ereignisse teilten wir viele positive Erinnerungen. Der Auftrag stand immer im Mittelpunkt und jeder wusste, was zu tun war. Es gab keine Nebenkriegsschauplätze, und wir haben uns gegenseitig unterstützt, wo immer es nötig war. Dieser Einsatz hat mich auf eine Art und Weise geprägt, wie es kein anderer je könnte. Noch heute bekomme ich Gänsehaut, wenn ich an diese Zeit zurückdenke.

Ausgewählt

Die Fahrt vom Flughafen Köln-Bonn nach Weißenfels zog sich endlos hin. Als wir ankamen, war unser Kommandeur vor Ort und würdigte unsere Leistungen. Zurück in meinem Zuhause spürte ich eine Mischung aus Erschöpfung und Erleichterung. Trotz des Zusammenseins mit Familie und Freunden konnte ich die Erinnerungen an den Tsunami nicht abschütteln. Ich hatte mich verändert und brauchte Zeit, um über meine Zukunft nachzudenken. Die Rückkehr zur Kompanie war unspektakulär, das Leben in der Kaserne nahm einfach seinen Lauf. Während meines Erholungsurlaubs erhielt ich einen Anruf meines Chefs, der mich sofort sehen wollte. In Uniform raste ich zur Kaserne. Als ich ankam, war die gesamte Kompanie angetreten. Ich reihte mich schnell ein. Dann kam der Kommandeur. Ich musste mich vor versammelter Truppe bei ihm melden. Danach beförderte er mich zum Hauptfeldwebel und dankte mir für meinen Einsatz. Die Kompanie brach daraufhin in Jubel aus. Sogar Kontrahenten gratulierten mir. Der Tag endete mit Sekt und Bier im Besprechungsraum. Im Alter von gerade einmal 26 Jahren war ich zum Hauptfeldwebel befördert worden.

Mit dem neuen Zugführer Leutnant L. begann eine effektive Zusammenarbeit. Für das bevorstehende Sommerbiwak in Lehnin stellten wir militärische Grundfertigkeiten wie das Marschieren und Schießen in den Vordergrund des Dienstes. Wir kamen gut vorbereitet in Lehnin an, wo wir auch die Medevac-Komponente darstellen sollten. Unser Kommandeur sollte erst am dritten Tag zur Dienstaufsicht vorbeikommen, was uns eine Menge Zeit für weitere Vorbereitungen gab. Als mein Kompaniechef kam, strahlte er und lobte meine Arbeit. Zunächst verstand ich nicht, warum er mir sagte, er würde unsere Zusammenarbeit vermissen. Mit den Worten „Mir folgen“ beendete er das Gespräch. Am Hauptgefechtsstand übergab er mich dem Oberfeldarzt Dr. H., der mir zu meiner Überraschung mitteilte, dass ich für die Offizierausbildung ausgewählt worden war. Überglücklich kehrte ich zu meiner Kompanie zurück und verkündete die Nachricht. Allerdings musste ich noch vor Beendigung des Truppenübungsplatzaufenthaltes nach Weißenfels zurückkehren, um an einer Einführungsveranstaltung in München teilzunehmen. Das Soldatenleben war voller Überraschungen.

Meine Zeit als Offizieranwärter begann 2005 in Faßberg. Ich studierte Betriebswirtschaftslehre mit Schwerpunkt Logistik. Marcel B. und Mirko K. wurden meine engen Freunde. Wir unterstützten uns gegenseitig während des Studiums und spornten uns zu Höchstleistungen an.

Schließlich schloss ich mit der Note ‚gut' ab. Auch auf dem Offizierlehrgang erzielte ich Bestnoten. Privat allerdings lief es nicht so gut. Meine Frau und ich ließen uns scheiden. Als das Studium beendet war, wurde ich durch die Stammdienststelle des Heeres nach Bruchsal versetzt. Dieser Standort lag nicht weit von meiner Heimat Landau in der Pfalz. Nun konnte ich meinen Traum von einer Karriere als Offizier in der Bundeswehr verwirklichen.

Discopause

Am ersten Tag in meiner neuen Stammeinheit meldete ich mich früh morgens bei meinem Kommandeur. Meinen Dienstanzug zierten zahlreiche Medaillen aus meinen Auslandseinsätzen, die neben- und untereinander an meiner Ordensspange befestigt waren. Zum damaligen Zeitpunkt hatte ich bereits vier Einsätze auf dem Balkan und einen Einsatz in Banda Aceh hinter mich gebracht. Ich war mir sicher, dass mein Kommandeur mir dafür Anerkennung zollen würde. Dies war allerdings nicht der Fall. Er forderte mich auf, mich in seinem Büro umzusehen. Überall an den Wänden hingen Auszeichnungen, Urkunden und Fotos der Luftlandetruppe. Die vielen Wimpel und Flaggen ausländischer Fallschirmjäger fielen mir besonders auf. Zu meiner Linken stand eine deckenhohe massive Glasvitrine, in der zahlreiche Coins aufgereiht waren. Mein Blick blieb an einem besonderen Coin in der Mitte der Vitrine hängen. Er trug das Wappen der 1. Luftlandedivision. Darunter lag eine Ehrennadel, auf der der Name meines neuen Kommandeurs eingraviert war. Offensichtlich wurde eine derartige Auszeichnung nur sehr selten verliehen. Ich hatte nicht gewusst, dass er selbst Fallschirmjäger war. Dann begann er lange über Themen wie Mut, Ehrgeiz und Courage zu sprechen. Es war klar, dass ich nur zuhören sollte. Unvergesslich bleibt mir seine Aussage, er könne mir nicht vertrauen, da ich nicht bereit wäre, in den Tod zu springen. Dieser Satz traf mich wie ein Schlag. So etwas hatte ich noch nie zuvor gehört und ich wusste nicht, wie ich darauf reagieren sollte. Scheinbar gab es für meinen Kommandeur nur zwei Arten von Soldaten: Springer und Nichtspringer. Wer kein Springer war, hatte in seiner Welt keinen Wert. Schließlich legte er ein Blatt Papier auf den Tisch. Es war meine Kommandierung zum Fallschirmspringerlehrgang in Altenstadt an der Luftlande- und Lufttransportschule. Nichtbestehen war keine Option. Also packte ich schnell meine Sachen und machte mich auf den Weg. Die Kaserne in Altenstad war mir nicht fremd, da ich dort einige Jahre zuvor den Luftverlade- und Lufttransportlehrgang besucht hatte. Ich wusste, dass die nächsten drei Wochen hart werden würden, aber ich wollte meinem Kommandeur unbedingt beweisen, dass Mut und Einsatzwillen nicht nur mit dem Fallschirmspringen verbunden waren. Nach Ankunft in der Kaserne machte ich mich auf den Weg zum Inspektionsfeldwebel, um mich für den Lehrgang anzumelden. Der Mann staunte nicht schlecht, als er mein Barrett sah – als Angehöriger des Sanitätsdienstes war ich hier wohl eine Seltenheit. Mir war bewusst, dass meine Truppengattung im Inland nicht den besten Ruf hatte, aber die Kameraden, mit denen ich im Einsatz gekämpft hatte, waren immer sehr dankbar, dass sie einen Spezialisten wie mich an ihrer Seite hatten. Ich wusste genau, was ich draufhatte, und wollte mich vor niemandem verstecken. Der Spieß wies mich Oberstabsfeldwebel D. aus dem Hörsaal 13 zu und sagte dann grinsend: „Viel Spaß." Am späten Nachmittag kamen alle Lehrgangsteilnehmer zusammen. Schnell lernte ich, wie die Fallschirmjäger im Alltag tickten. Bei ihnen zählte nicht der Dienstgrad, sondern das, was man leisten konnte. Rechts um, im Laufschritt, Marsch war das erste Kommando. Laufschritt kannte ich bisher nicht. Bei den Fallschirmjägern war es ein ungeschriebenes Gesetz, niemals zu gehen.

Jede Minute wurde als Trainingseinheit genutzt. Der Feldwebel, der uns führte, joggte locker neben uns her und erklärte uns die Kaserne. In Altenstadt gab es auf einem kleinen Hügel eine Burg, in der sich einige Hörsäle, eine militärische Ausstellung, eine Bibliothek und ein Freizeitzentrum befanden. Wir joggten den steilen Anstieg hinauf, um zu erfahren, dass sich in dem großen Gebäude die Bibliothek befand. Direkt darauf ging es wieder bergab zum Sprungturm. Der Sprungturm war ein hoher, massiver Turm, von dem die Lehrgangsteilnehmer ihre Übungssprünge absolvieren mussten. An den Ausgängen in 15 Meter Höhe waren Stahlseile gespannt, an denen man hinunterrutschen konnte. Nachdem wir den Sprungturm besichtigt hatten, liefen wir erneut zur Burg hoch, um die Hörsäle zu sehen. Die Schikane begann schon am ersten Tag.

Der „Rundgang" durch die Kaserne dauerte 90 Minuten, doch es fühlte sich wie eine Ewigkeit an. Wir waren froh, als wir endlich an der Materialausgabestelle anhielten, um unsere Springerhelme zu empfangen. Doch damit nicht genug. Es folgten der Reserveschirm und die Ausrüstung für den Gepäcksprung. Am Ende waren wir alle ziemlich fertig und wollten nur noch unter die Dusche. Die Nacht war kurz, denn um 05.30 Uhr am nächsten Morgen ging es raus zum Frühstück. Dort traf ich Patrick Jay vom KSK in Calw. Er war körperlich topfit und kam, wie auch ich, aus der Gegend von Mannheim. Wir mochten uns auf Anhieb und sprachen den typischen Mannheimer Dialekt untereinander. Wir verbrachten jede Minute zusammen und wurden schnell unzertrennliche Kumpels. Nach dem Frühstück mussten wir in die Sporthalle einrücken und erfuhren zum ersten Mal auf dem Lehrgang, was wirkliche Schmerzen bedeuteten. Ein breiter und topfitter Ausbilder führte eine Kräftigung für unseren Rumpf durch. Das Core und die Nackenmuskulatur seien das Wichtigste an einem austrainierten Athleten, wurde uns gesagt. Bisher hatte ich mich für fit gehalten, doch sehr schnell merkte ich, wo meine Defizite lagen. Diese Trainingseinheit stand jeden Tag auf dem Dienstplan. Schon nach wenigen Tagen bemerkte ich eine deutliche Verbesserung der Muskelpartien. Die anderen Übungen wie Klimmzüge und Situps fielen mir dagegen nicht schwer. Es folgte die erste Stunde am Sprungturm. Davor lernten wir unseren Zugführer Oberstabsfeldwebel D. kennen. Ein großer, drahtiger Mann mit gescheitelter Frisur und glattrasiertem Gesicht trat vor uns. Seine Uniform war krass gebügelt und als Schnürsenkel in seinen Stiefeln trug er Auffangleinen des Fallschirms. Als er die Namen seines Zuges vorlas, war es mucksmäuschenstill. Wir mussten uns mit einem kurzen „Hier, Herr Oberstabsfeldwebel“ melden.

Oberstabsfeldwebel D. war der Inbegriff eines harten Ausbilders. Er schaute uns alle mit einem grimmigen Blick an und musterte jeden haargenau. Plötzlich ruhte sein strenger Blick auf mir. Mit einem arroganten Schmunzeln fragte er mich, wer ich denn sei. Selbstbewusst antwortete ich: „Hier Herr Oberstabsfeldwebel, ich bin Oberfähnrich Vockerodt“. Er wollte wissen, was so einer wie ich hier in seinem Hörsaal zu suchen hätte. Ich erklärte ihm, dass ich Fallschirmspringer werden wollte. Doch irgendwie sah er meine Antwort als Herausforderung an. Ab diesem Zeitpunkt hatte ich kein ruhiges Leben auf dem Lehrgang. Wir mussten uns alle alphabetisch aufstellen und bekamen eine Nummer zugeteilt. Als Vorletzter hatte ich die Springernummer 26. Unser Dienstgrad und unsere Leistungen in der Vergangenheit waren nun völlig egal. Wir alle waren gleich und mussten uns immer nur mit unserer Nummer melden und abmelden.

Die erste Prüfung war der Sprungturm. Bisher gab es in jedem Durchlauf des Lehrgangs einen Soldaten, der diese Prüfung verweigerte und nicht gesprungen war. Der Oberstabsfeldwebel warnte uns davor und sagte, dass jeder nur drei Versuche hätte, um zu springen. Wurde man drei Mal von der Türöffnung zum Zurücktreten befohlen, mussten wir unsere Sachen packen und würden im Anschluss abgelöst werden, um sofort nach Hause zu fahren. Der Druck wurde stärker, und keiner wollte sich die Blöße geben und nicht springen. Teilweise dauerte es sehr lange, bis die einzelnen Kameraden gesprungen sind. Einige wurden zwei Mal zum Zurücktreten befohlen, sprangen aber dann doch. Bisher war jeder gesprungen. Nun war ich an der Reihe. Von oben sah die ganze Sache überhaupt nicht entspannt aus. Mein Kamerad vor mir wurde gerade eingehakt, machte seine drei Schritte und sprang. Ich schuffelte in kleinen Schritten vor zum Ausbilder und begann mit dem Hopp tausend, zweitausend, dreitausend, viertausend... Überprüfe Kappe, halte Umschau. Mein erster Sprung war nicht so spektakulär, wie ich es mir vorgestellt hatte, aber es kostete mich Überwindung.

Nachdem ich mit der Seilrutsche am Ende angekommen war, schnallte ich mich ab, nahm meine Haken in die Hand und rannte zurück zum Ausbilder. „Herr Oberstabsfeldwebel, Nummer 26 melde mich zur Korrektur", sagte ich laut und deutlich. Der Sprung war okay, aber ich musste nochmal hoch. Die meisten Kameraden durften nach dem ersten Sprung ihre Ausrüstung ablegen. Lediglich vier von uns mussten noch einmal hoch. Als ich mich von meinem letzten Sprung erhob und das Adrenalin langsam abebbte, spürte ich, wie meine Rücken- und Nackenmuskulatur sich verkrampfte. Die Mediziner hatten recht – ein Sprung aus dem Turm fühlte sich wie ein kleiner Verkehrsunfall an. Wir waren nur noch zu zweit. Vor mir war ein ängstlicher Obergefreite. Schließlich traute er sich und führte den Mut-Sprung durch. Die Ausbilder hatten Erbarmen mit ihm und ließen ihn ablegen. Doch laut Oberstabsfeldwebel D. musste es bei jedem Ausbildungsabschnitt eine Turmkönigin geben. Die mit Absicht verweiblichte Redewendung hatte zwar keine militärischen Folgen, aber sie zog den Hohn und Spott der Truppe auf sich. Ich musste als Nummer 26 hoch, um meinen vierten Sprung an diesem Tag zu absolvieren und trug somit den Titel der vorläufigen Turmkönigin. Doch dieser Titel änderte sich täglich, denn jeder Ausbildungstag wurde zusammengezählt, bis am Ende des Lehrgangs der Sieger feststand.

Als ich endlich auch ablegen durfte, joggten wir zum nächsten Ausbildungsabschnitt – dem Hänger. Der Hänger war ein Gestell, das einen Fallschirm simulierte. Wir alle hingen in unserem Geschirr in der Luft, es war nicht besonders hoch. Doch keiner konnte sich mit den Füßen abstützen, was diese Position unangenehm machte. Eigentlich dachte ich, dieser Ausbildungsabschnitt würde etwas entspannter sein. Ich hatte mich zu früh gefreut, denn wir simulierten, dass wir in der Luft an unserem Fallschirm hingen und auf Veränderungen reagieren mussten. Eine Veränderung in der Luft könnte beispielsweise sein, dass ein anderer Fallschirmspringer auf uns zukam – eine lebensbedrohliche Situation. In solchen Fällen musste jeder Springer seinen Fallschirm steuern, indem er ihn slippte. Slippen bedeutete, dass man die Fangleinen zum Körper hinzog und die Seite des Fallschirms sich ein wenig neigte und langsam in diese Richtung abdriftete. Dieses Manöver musste jeder Springer beherrschen, um bei Hindernissen wie Bäumen oder Flüssen sicher zu landen. Immer wieder befahl uns der Ausbilder, die Leinen zum Körper zu ziehen, um zu simulieren, in welche Richtung wir slippen sollten. Ich musste mein Körperge-wicht immer wieder nach oben ziehen und halten. Nach und nach wurden kleinere Schikanen eingebaut, wie das Nennen des Geburtsdatums, bevor wir loslassen durften. Die Stunde war heftig und ich merkte, wie meine Kräfte nachließen. Dennoch wusste ich, dass ich niemals aufgeben würde. Ich war hier, um meine Grenzen zu testen und sie zu überwinden. Meine Muskeln brannten, aber ich ignorierte den Schmerz und konzentrierte mich auf meine Atmung.

Als wir uns nach dem Mittagessen auf den Weg zur nächsten Ausbildung machten, wusste ich noch nicht, was mich erwarten würde. Die Rede war vom Landefall – etwas, von dem ich noch nie zuvor gehört hatte. Die ersten Übungen begannen auf einem Platz, der mit einer dicken Schicht aus Sägespäne gepolstert war. Das war einfach. Doch dann wurde es ernst. Wir sollten einen freien Landefall aus drei Metern Höhe machen. Dazu wurden wir in ein Gestell eingehakt. Der Ausbilder hielt ein Seil in der Hand, um das Gestell festzuhalten. Wenn er losließ, stürzten wir drei Meter auf den Boden und mussten einen perfekten Landefall hinlegen. Ich war froh, als ich nach meinem zehnten Landefall endlich eine Pause machen konnte. Gerade hatte ich einen Tee geholt, um mich etwas zu entspannen, als ich eine Stimme in der Ferne hörte. Es war unser Hörsaalleiter, der mich fragte, warum ich nicht übte. Ich wollte gerade antworten, als er mich unterbrach und befahl, noch weitere vier Landefälle zu machen. Ich war genervt, wusste aber, dass ich es schaffen würde. Und ich tat es. Ich war die Landefallprinzessin des Tages – ein Titel, auf den ich nicht stolz war. Und auch am nächsten Morgen war ich alles andere als das. Mein Körper tat weh, und mein Nacken war besonders schlimm. Ich konnte meinen Kopf kaum anheben. Aber ich wollte nicht aufgeben. Zusammen mit meinem Kameraden Patrick ging ich zum Frühstück. Wir waren beide erschöpft und ausgepowert, aber wir hatten uns geschworen, durchzuhalten. Auch die nächsten Wochen waren herausfordernd. Wir hatten viele Theorieunterrichte, aber auch viele Praxisübungen. Der Landefall war immer wieder ein Teil davon und alle waren schon tüchtig angeschlagen. Trotzdem gaben wir nicht auf. Nach drei Wochen war die Bodenausbildung abgeschlossen, und wir hatten alle die Landefallprüfung bestanden. Wir waren erleichtert und stolz auf uns. Um diesen Erfolg zu feiern, rief Patrick laut: „Männer-Diskopause!“ Alle standen auf der Stelle und bewegten sich zu ihrer eigenen Musik im Kopf. Wir tanzten, bewegten unsere Arme und hatten Spaß. Sogar unser strenger und grimmig aussehender Oberstabsfeldwebel musste lächeln. Wir waren eine lustige Truppe, und er hatte noch nie so etwas erlebt. Nach der Belehrung für das Wochenende durften wir wegtreten. Wir hatten es geschafft – zumindest für diese Woche. Das war ein gutes Gefühl.

Als endlich der Sprungdienst anstand, konnte ich die Aufregung in mir kaum bändigen. Schließlich hatte ich so lange darauf hingearbeitet. Die ersten drei Sprünge sollten aus dem Hubschrauber CH-53 durchgeführt werden – bei den Fallschirmjägern bekannt als Hollywoodsprünge. Ich konnte es kaum erwarten, in die Lüfte zu steigen. Bevor wir jedoch zum ersten Sprung ansetzen konnten, mussten wir alle unsere Fallschirme anziehen und jedes einzelne Gurtzeug penibelst prüfen. Schließlich ging es um unser Leben, und wir sollten sicher sein, dass alles perfekt passte. Anschließend übten wir alle Situationen und eventuelle Unfälle in der Luft trocken durch, um bestmöglich vorbereitet zu sein. Zum Ende hin trat unser Oberstabsfeldwebel vor uns und stimmte uns auf den bevorstehenden Sprung ein. Dann war es so weit. Die Maschine landete in geringer Entfernung und meine Gruppe trat langsam Richtung Tür. Ich war in der zweiten Reihe und spürte die Anspannung in meinem Körper. Der Adrenalinschub war unglaublich, ich war bereit für den Sprung meines Lebens. Meine Hände zitterten, als ich mich in die Leine an Bord einhakte und darauf wartete, dass der Hubschrauber abhob und uns auf eine Höhe von 500 Metern brachte. Als die Laderampe geöffnet wurde, standen wir alle hintereinander eingehakt in der Maschine. Mein Herz pochte immer lauter und ich spürte,

wie mein Puls in die Höhe schnellte. Langsam schuffelte ich vor bis zur Laderampe und atmete tief ein. Dann machte ich einen großen Schritt ins Freie. In Sekundenschnelle sauste ich durch die Luft und konnte die Welt von oben betrachten. Es war ein unbeschreibliches Gefühl, als ich mich immer weiter von der Maschine entfernte. 1000, 2000, 3000, 4000 – ich überprüfte meine Kappe und war erleichtert, dass sie da war. Ich hielt Ausschau, doch die Landschaft zog einfach an mir vorbei. Von der Totenstille in der Luft war ich so fasziniert, dass ich rein gar nichts mehr hörte. Mein ganzer Körper hing an einem Schirm und ich sank kontinuierlich Richtung Boden. Ein unglaubliches Gefühl, das ich nie vergessen würde. Als der Boden immer näher kam, bereitete ich mich auf meinen Landefall vor. Ich spürte, wie mein Herz vor Aufregung schneller schlug und meine Hände vor Anspannung zitterten. Doch dann war es endlich soweit und meine Füße berührten den harten Boden. Ich hatte es geschafft – ich hatte meinen ersten Sprung gemeistert und war stolz wie nie zuvor.
Der Moment, auf den ich hingearbeitet hatte, war endlich gekommen. Der Moment, in dem ich mich aus großer Höhe in die Tiefe stürzen würde – und das freiwillig! Der Landefall verlief ohne Probleme, dank meiner perfekten Technik. Ich nutzte meine Schokoladenseite und rollte mich elegant über rechts ab. Am Boden angekommen, musste ich zügig handeln und meinen Schirm zusammenpacken. Es war wichtig, dass ich schnell zurück zum Sammelplatz kam, um mich auf den nächsten Sprung vorzubereiten. Insgesamt waren drei Maschinen unterwegs und es gab keine Zeit, um das eben Erlebte zu verarbeiten. Der Adrenalinkick des ersten Sprungs lag noch in der Luft, als wir uns schon wieder bereitmachten. Der zweite und der dritte Sprung folgten in rascher Folge. Es war ein einzigartiges Erlebnis, aus großer Höhe zu springen und dabei die Welt unter sich vorbeirauschen zu sehen. Ich

war stolz auf mich und meine Kameraden, die genauso wie ich den Mut aufbrachten, sich in die Tiefe zu stürzen. Am Ende des ersten Tages waren wir alle geschafft, aber glücklich. Wir hatten unseren Job erledigt und konnten uns nun zurücklehnen und erzählen, was wir erlebt hatten. Es war ein emotionaler Moment, als jeder von uns seine Geschichte erzählte und wir uns in den Armen lagen. Der nächste Tag jedoch würde noch härter werden. Es war Hektik pur, als wir uns auf die nächste Maschine vorbereiteten. Wir mussten nach Penzing fahren und dort in die Transall einsteigen. Der Sprung aus diesem Flugzeug würde noch schwieriger werden als der erste. Wir würden zeitgleich abspringen müssen und es blieb kaum Zeit, die Auffangleine des Fallschirms an den Absetzer zu übergeben. Aber das war unser Job – alle waren vorbereitet. Die Maschine war voll beladen und wir mussten alle schnell nacheinander abspringen. Wir riefen laut „Straße“ und „Eisenbahn“, um uns zu koordinieren. Wir hakten unseren Haken in die vorgefertigte Leine ein und hofften, dass alles gut gehen würde. Als Automatikspringer hatte ich den Vorteil, dass ich nicht selbst den Fallschirm ziehen musste. Ich war direkt mit der Maschine verbunden und mein Fallschirm würde sich automatisch öffnen.

Als die Tür des Flugzeugs geöffnet wurde, sah ich die atemberaubende Aussicht vor mir. Die Flughöhe betrug 400 Meter und der Wind wehte mir stark um die Ohren, aber ich ließ mich davon nicht einschüchtern. Ich war der ranghöchste Teilnehmer des Lehrgangs und hatte die Ehre, als erster aus der Tür zu springen. Schon spürte ich den Adrenalinkick, als mir der Absetzer auf die Schulter klopfte und ich mich aus der Tür stürzte. Der Wind umgab mich und ich sah die Welt unter mir vorbeiziehen. Ich war frei wie ein Vogel und fühlte mich unbesiegbar. Dann zählte ich laut die Absprungfolge vor, wie ich es in der Bodenausbildung gelernt hatte. Der obligatorische

Blick nach oben zeigte mir, dass auch diesmal die Kappe des Fallschirms zu sehen war. Ich sah andere Springer in der Luft, die sich gegenseitig Kommandos zuriefen. Wir waren alle wie eine große Familie, die ein gemeinsames Ziel hatte. Konzentriert hielt ich Ausschau nach einem sicheren Landeplatz. Ich wollte nicht auf einem Hügel landen. Als ich mich dem Boden näherte, zog ich mit voller Kraft an den Fangleinen meines Fallschirms. Es fühlte sich so leicht an, dass ich zunächst erschrocken war. Aber ich hielt alles unter Kontrolle und konnte meine Flugrichtung nach links lenken. Schließlich landete ich sicher auf dem Boden und war stolz auf mich selbst. Der letzte Sprung mit Gepäck war eine weitere Herausforderung, die ich meistern musste. Ich trug einen Rucksack zwischen meinen Beinen, der mir das Leben schwer machte. Die Maschine war enger als zuvor und ich war im ersten Drittel eingesetzt. Etwa zehn Männer verließen die Maschine vor mir und ich spürte, wie mein Puls in die Höhe schnellte. Der Absprung war ähnlich wie zuvor, ich blieb ruhig und konzentriert. Als ich etwa 20 Meter über dem Boden war, zog ich an der Gepäckleine. Das Gepäck löste sich und fiel ein paar Meter unter mir auf den Boden. Ich führte meinen Landefall fünf Meter daneben durch und es war geschafft. Auch diesen Sprung hatte ich gemeistert und konnte stolz auf mich sein. Schnell sammelte ich meinen Fallschirm ein, nahm meinen Rucksack auf und joggte zum Sammelplatz. Ich war überglücklich und fühlte mich stärker als je zuvor. Es war eine unglaubliche Erfahrung, die ich nie vergessen werde.

Nach fünf erfüllten Sprüngen hatte ich den Lehrgang bestanden und bekam endlich mein wohlverdientes Abzeichen. Die Ausbildung war hart, kostete mich viel Schweiß, Mut und Überwindung, aber es war das alles wert. Ich hatte endlich mein Ziel erreicht. In der restlichen Woche stand noch ein wenig Theorie auf dem Dienstplan. Danach bereiteten wir uns auf die Heimreise

vor. Aber ich konnte nur an das Abzeichen denken, dass ich bald in meinen Händen halten würde. Endlich war der Tag gekommen und ich durfte es vom Kompaniechef persönlich entgegennehmen. Ich war so glücklich und stolz, dass ich die Tränen kaum zurückhalten konnte. Selbst mein Oberstabsfeldwebel, der normalerweise nicht viel sagt, gratulierte mir und freute sich für mich. Es war ein unbeschreibliches Gefühl zu wissen, dass meine harte Arbeit und Entschlossenheit belohnt worden waren. Auch hier bemerkte ich, dass es für die Jungs nur darauf ankam, was du erreicht hattest. Trotz der schwierigen Ausbildung hatte ich es geschafft und war ab jetzt einer von ihnen. Kein Nichtspringer mehr. Ich bin todesmutig aus einem Flugzeug gesprungen. Erst jetzt verstand ich die Aussage meines Kommandeurs, als er sagte: „Für diesen Lehrgang wirst du mir immer dankbar sein.“ Er hatte recht. Ich werde ihm immer dankbar sein, dass er mich dazu ermutigt hat, meine Ängste zu überwinden und meine Träume zu verfolgen.
Ich hatte gelernt, dass man alles erreichen kann, wenn man hart arbeitet und nie aufgibt. Ich hatte gelernt, dass ich viel stärker war, als ich je gedacht hätte. Und ich hatte das Abenteuer meines Lebens erlebt – einen Sprung in die Freiheit.

Sternenglanz

Das Wochenende in Ulm war eine willkommene Abwechslung und gab mir die Gelegenheit, mich endlich ein wenig auszuruhen. Gleichzeitig konnte ich es kaum erwarten, endlich in meiner Stammeinheit als Kompaniechef durchzustarten. Ich hatte so viele Pläne und Ideen im Kopf, dass ich vor Aufregung fast nicht schlafen konnte. Ich wollte meine Einheit motivieren und inspirieren, ich wollte sie zu Höchstleistungen anspornen und sie als Team enger zusammenbringen. Die Vorstellung, meine Soldaten zu einem eingeschworenen Haufen zu formen, erfüllte mich mit Vorfreude und Energie. Ich wusste, dass der Weg dorthin nicht einfach sein würde. Es würde Rückschläge geben und Hindernisse müssten überwunden werden, aber ich wollte mich voll und ganz meiner neuen Rolle als Kompaniechef widmen. Die Zukunft lag vor mir wie ein offenes Buch, und ich freute mich, jede Seite zu füllen. Mit einem Lächeln auf den Lippen und einem Gefühl der Entschlossenheit träumte ich von den Abenteuern, die vor mir lagen.

Als ich vor dem Dienstzimmer meines Kommandeurs stand, spürte ich meinen Herzschlag bis in den Hals pochen. Ich hatte den Lehrgang bestanden und wollte mich voller Stolz zurückmelden. Es war ein bedeutender Moment für mich, doch dieser wurde schnell von der Anspruchshaltung meines Kommandeurs überschattet.

Sein Blick fiel gleich auf meine Uniform. Er bemerkte sofort das Fehlen des Springerabzeichens und stellte mich zur Rede. Von der Begründung, die ich ihm gab, blieb er völlig unbeeindruckt. Er erteilte mir eine weitere, unerbittliche Belehrung. Ich konnte nur denken: "Was für ein Typ ist das nur? Wie sollte ich seinen Ansprüchen jemals genügen?" Ich war froh, dass ich den Lehrgang bestanden hatte, dennoch konnte ich es ihm nicht recht machen. Ich sicherte ihm zu, dass ich das Abzeichen so schnell wie möglich kaufen und an meine Uniform nähen würde. Damit war er fürs Erste besänftigt, aber ich stellte mir die Frage, wie lange dieser Frieden halten würde. Nachdem ich mich abgemeldet hatte, bekam ich den Schlüssel für mein eigenes Dienstzimmer ausgehändigt. Es war klein, fast wie eine Besenkammer, aber es war meins. Ich packte meine Sachen in den Spind und machte mich auf den Weg durch meinen Bereich. Obwohl ich noch nicht zum Offizier befördert worden war, wusste ich, dass ich bald die Verantwortung für meine Kameradinnen und Kameraden übernehmen würde. Nach dem Mittagessen mit ein paar Leuten aus meiner Kompanie

ging ich zurück ins Stabsgebäude, weil ich mich beim Spieß melden sollte. Als ich ankam, erwartete mich die nächste Überraschung: Ein Fernschreiben der übergeordneten Führung aus Bogen hatte angeordnet, dass ich noch am selben Tag auf den nächsten Lehrgang musste. Es war der Personaloffizierlehrgang in Sonthofen. Seit meiner Rückkehr vom Offizierlehrgang in München war meine Zeit in der Stammeinheit knapp. Bald würde ich der Disziplinarvorgesetzte sein. Ich sehnte mich nach Vertrautheit, aber der Befehl zwang mich erneut zu packen. In Sonthofen angekommen, begann der Tag holprig. Glücklicherweise bot die dort ansässige Sportfördergruppe Zugang zu einem erstklassigen Kraftraum. Ich trainierte intensiv, genoss eine erfrischende Dusche und schlief ein, gespannt auf den nächsten Tag. Der Personaloffizierlehrgang wurde von einem erfahrenen Major geleitet. Ich lauschte gebannt und lernte viele neue Leute kennen. Die Themen waren fesselnd, auch wenn der Lehrgang hauptsächlich theoretisch war. Ich lernte viel, aber die Praxis fehlte. Mir war klar: Erfolg im Lehrgang bedeutet nicht automatisch Erfolg als Personaloffizier.
Schon bald wurde ich zum Inspektionschef gerufen. Die Beförderung zum Leutnant stand bevor, ein bedeutsamer Moment für mich und fünf weitere Kameraden aus meinem Lehrgang. Unsere Vorfreude war groß. Die Nachricht, dass wir vor 2000 Soldaten befördert werden sollten, erfüllte mich mit Begeisterung. Ein Moment, der meine militärische Laufbahn verändern würde. Doch neben der Zuversicht spürte ich auch Bammel. Als Feldwebel konnte ich mich in der Masse verstecken, doch als Offizier und Disziplinarvorgesetzter würde das nicht mehr möglich sein. Der Antreteplatz war fantastisch, umgeben von alten Burgmauern und massiven Bäumen. Als die Formation stand, traten wir vor und stellten uns auf. Mein Herz klopfte, der langersehnte Moment der Beförderung war endlich da. Die Anspannung wuchs, als der

stellvertretende Schulkommandeur die Truppe ausrichtete. Minuten vergingen in ungewisser Stille, bis plötzlich Hubschraubergeräusche die Luft erfüllten. Der Generalinspekteur der Bundeswehr, General Schneiderhan, landete überraschend in Sonthofen und trat vor die Formation. Seine klaren Worte stärkten uns. Im Anschluss begann die Beförderung. Nach und nach erhielt jeder Soldat seine Schulterschlaufen auf seine Uniform gesteckt. Als ich an der Reihe war, pochte mein Herz. Der Generalinspekteur der Bundeswehr höchstpersönlich beförderte mich zum Leutnant. Glück und Stolz erfüllten mich. Die Sterne auf meinen Schultern glänzten in der Sonne. Es war ein Moment, den ich nie vergessen würde.

Vergessen

Als frischgebackener Leutnant und Absolvent des Personaloffizierlehrgangs erreichte ich meine Einheit in Bruchsal. Mein Kommandeur begrüßte mich und setzte sofort ein Kompanieantreten an. Während des Antretens wurde meine Vita vorgelesen, inklusive meiner Auslandseinsätze und meiner bisherigen Ausbildung. Dann übergab der Kommandeur mir die Disziplinargewalt. Mein Ziel war es, ein kooperativer, aber fordernder Leader sein.

Es dauerte nicht lange, bis ich eine gewisse Gleichgültigkeit der Angehörigen meiner Kompanie gegenüber militärischen Regeln feststellen musste. Zuvor hatte ich in der Truppe gedient; nun sollte ich ein Sanitätszentrum führen mit Sanitätsbereichen in Heidelberg, Karlsruhe und Bruchsal. Die Gesamtstärke lag bei gut 100 Soldatinnen und Soldaten. Mein Sanitätszentrum gewährleistete nicht nur die Versorgung von 2000 Soldatinnen und Soldaten am Standort, sondern stellte auch deren militärische Ausbildung sicher. Mir war das Beherrschen der militärischen Grundfertigkeiten sehr wichtig. Nur wer fit ist, kann in Gefahrensituationen bestehen.

Als ich unerwartet für einen Einsatz in Afghanistan nominiert wurde, war ich enttäuscht. Der Kommandeur hatte mich auf die Liste gesetzt, und ich sollte in knapp einem Jahr ins Einsatzgebiet verlegen. Dabei hatte mir mein nächster Disziplinarvorgesetzter versichert, dass ich auf Grund meiner zahlreichen Auslandseinsätze vorerst nicht in Betracht gezogen werden würde. Als er die Entscheidung des Kommandeurs jedoch bestätigte, fühlte ich mich betrogen. Meine bisherigen Leistungen schienen vergessen, und ich wurde erneut abkommandiert. Der bevorstehende Einsatz in Afghanistan erforderte eine spezielle Ausbildung, die ich schnell absolvieren musste. Die EAKK-Ausbildung in Feldkirchen war ein spezielles Modul für Afghanistan. Meines Erachtens unterschied sich die Ausbildung nicht wirklich von meinen bisherigen Auslandsvorbereitungen.

5000 Schuss

Meine Aufgaben als Disziplinarvorgesetzter waren zunächst eine spannende Herausforderung gewesen; doch mittlerweile kam mir der Alltag langweilig vor. Die Kompanie lief reibungslos, Beurteilungen waren schnell geschrieben. In ein paar Wochen würde ich nach Afghanistan gehen. Wichtiger war jedoch: Ich hatte meiner Freundin einen Heiratsantrag gemacht, und sie hatte Ja gesagt. Ich war überglücklich. Die Hochzeitsplanung nahm viel Zeit in Anspruch. Ingo und die Jungs aus meiner Kompanie boten ihre Hilfe an, und ich war dankbar für deren Unterstützung. Jan B. wurde mein Trauzeuge. Doch es gab noch ein Problem: die Kirche. Meiner zukünftigen Frau gefiel keine der evangelischen Kirchen. Schließlich fanden wir eine mittelgroße, auf einem Hügel gelegene Kapelle in Bruchsal. Die Aussicht war atemberaubend, die Kirche sehr prunkvoll, aber leider katholisch.

Bei den politischen Weiterbildungen, die ich sehr aufwändig organisierte, gesellte sich unser Militärpfarrer dazu.

Pfarrer Dr. M. strahlte Ruhe und Gelassenheit aus, was ihn unglaublich sympathisch machte. Als der Einsatz in Afghanistan sich im Jahre 2009 immer mehr in einen Krieg verwandelte und Fallschirmjäger aus Zweibrücken im Kampf fielen, musste Pfarrer Dr. M. die Todesnachrichten überbringen. Ich fragte den Pfarrer während einer meiner politischen Weiterbildungen, ob er meine Verlobte und mich trauen könnte. Es wäre ihm eine Ehre, erwiderte er. Auch meine zukünftige Frau war einverstanden, nachdem sie ihn kennengelernt hatte. Sie wollte aber weiterhin gern in der Kapelle auf dem Hügel heiraten. Pfarrer Dr. M. stimmte zu. Was wir nicht wussten: Als Pfarrer in der Militärseelsorge durfte er die Trauung in jedem Gotteshaus durchführen, unabhängig davon, ob dieses evangelisch oder katholisch ist.

Die Hochzeit war der schönste Tag in meinem Leben. Leider musste ich mich wenige Tage später von meiner Frau verabschieden. Unsere Hochzeitsreise auf der AIDA konnte ich nicht antreten, da sich mein Abflugtermin nach Afghanistan nicht verschieben ließ. Stattdessen musste ich in den wenigen gemeinsamen Tage mit meiner Frau viele Dokumente erstellen, darunter einige Vollmachten und auch mein Testament.

Nun ging es also nach Afghanistan, wo ein landesweiter Krieg herrschte. Ich fühlte mich gut vorbereitet; denn in den letzten Monaten hatte ich intensiv auf der Schießbahn mit meinem Mentor Raphael trainiert. Raphael war Personenschützer und Schießlehrer zugleich. Er brachte mir viele neue Techniken bei, weshalb ich mein Trefferbild kontinuierlich verbessern konnte. Insgesamt verschoss ich mehr als 5000 Schuss.

Indirektes Feuer (IDF)

Mit mehr als 1000 Tagen in Kosovo, Albanien, Mazedonien und Banda Aceh war ich ein erfahrener Soldat. Dennoch war ich nicht auf das vorbereitet, was mich Anfang November auf dem luftstrategischen Stützpunkt Termez in Usbekistan erwartete. Diese militärische Basis diente der Bundeswehr als Drehkreuz für Material und Personal. Aus Sicherheitsgründen durfte die deutsche Luftwaffe mit ihren ungeschützten Airbus-Passagierflugzeugen nicht in Mazar e-Sharif landen. Von Termez aus ging es daher mit einer Transall C-160 nach Mazar e-Sharif. Die Luftwaffensoldaten hatten sich das Leben in Termez angenehm gemacht. Die Truppenküche war hervorragend, die Sportmöglichkeiten ausreichend und die sanitätsdienstliche Versorgung wurde durch eine Damage Control Surgery Unit sichergestellt. Zu dieser Zeit hatte ich keine Ahnung, dass ich diese Einheit einmal von innen sehen würde. Als ich in meinem Zelt lag und zu schlafen versuchte, wurde ich von Zweifeln geplagt. Ich war nun kein Friedensstifter mehr, sondern ein Eindringling in einem fremden Land. Auf jeden Soldaten hatten die Taliban ein Kopfgeld ausgesetzt. Ich hoffte, dass ich meine Arbeit als Verbindungsoffizier im Joint Operation Center (JOC) des Regionalkommandos Nord der Internationalen Schutztruppe gut machen würde.

Die Flugabfertigung in Termez funktionierte wie ein Uhrwerk. Die Transall C-160 wartete bereits auf dem Flugfeld. Als wir uns Mazar e-Sharif näherten, gingen die Piloten in einen Sturzflug über. Davon war ich genauso überrascht wie von der butterweichen Landung auf dem Flugfeld des Camps Marmal, in dem das Regionalkommando Nord untergebracht war. Der Flug hatte nur 15 Minuten gedauert. Dennoch fühlte ich mich erschöpft – nicht zuletzt wegen der Zeitverschiebung.

Zügig wurden die Passagiere zum Unterkunftsgebäude gebracht. Diese „Gebäude“ bestanden aus Containern, die mit Sandsäcken beladen waren, um sie vor Steilfeuer zu schützen. Mir selbst wurde jedoch ein Typ II-Zelt ohne Schutz zugewiesen. Eine kleine Mauer aus Sandsäcken, gerade einmal einen Meter hoch, war um das Zelt herum gebaut worden. Für mich sollte es erst am nächsten Tag mit der Übernahme meiner neuen Dienstgeschäfte weitergehen. Daher legte ich mich auf meine Liege und stellte meinen Wecker auf 19 Uhr, um das Abendessen nicht zu verpassen. Im Speisesaal stürzte ich mich auf das Essen wie ein ausgehungerter Löwe. Danach ging ich zurück zu meinem Zelt, wo ich in einen tiefen Schlaf fiel.

Mitten in der Nacht zerriss ein ohrenbetäubendes Geräusch die Stille im Camp Marmal. Dann folgte eine Lautsprecherdurchsage: „IDF Attack, IDF Attack!“ Ich wusste nicht, was ich tun sollte. Da stürmte ein Hauptfeldwebel mit einer Taschenlampe, die er als Stirnband trug, in unser Zelt. Er führte uns im Laufschritt in einen nahegelegenen provisorischen Bunker; denn in unseren Zelten hatten wir keinen Schutz vor feindlichem Feuer. Der Bunker bestand aus Betonröhren, die mir bereits bei meiner Ankunft im Camp Marmal aufgefallen waren. Jetzt befand ich mich in einer dieser dunklen Röhren, umgeben von vielen Kameraden. Ich hatte keine Ahnung, was vor sich ging. Waffen hatten wir noch keine bekommen, uns blieb nichts anderes übrig, als abzuwarten. Wenige Minuten später schlugen zwei Raketen im Feldlager ein. Mein Magen krampfte sich zusammen. Ich war verängstigt, weil ich einen solchen Beschuss bisher noch nicht erlebt hatte. Ein Kamerad, der wohl schon häufiger dort war, sagte mir mit ironischem Unterton: „Herzlich willkommen in der Hölle Afghanistan“.

Meine erste Nacht in Afghanistan war ein wahrer Alptraum. Ich hatte mir das anders vorgestellt. Im Kosovo war es auch gefährlich, aber dort war ich nicht der Feind. Die Menschen hassten sich gegenseitig und wir Soldaten waren da, um zu helfen und die sich streitenden Parteien zu trennen. Hier in Afghanistan schien alles anders zu sein. Wir Soldaten waren der Feind, und das spürte ich in jeder Faser meines Körpers.

Am nächsten Morgen stand ich früh auf und erkundete das Lager. Camp Marmal hatte ich noch nie zuvor gesehen und war beeindruckt von dessen Größe. Beim Frühstück gab es Haferbrei, den ich von diesem Tag an jeden Morgen aß. Danach sollte sich jeder, der neu ankam und im Rang eines Offiziers war, beim Kommandeur vorstellen. Mein Kommandeur war ein älterer Oberstarzt. Als ich mich militärisch korrekt meldete, schauten mich alle anderen ein wenig sonderbar an, dem Kommandeur jedoch gefiel mein Auftreten. Ab diesem Tag war ich einer seiner Lieblinge.

Zum Glück sah ich beim Antreten ein paar bekannte Gesichter. Das war mir sehr wichtig.

Feuertaufe

Im Lager traf ich einen weiteren bekannten Kameraden, Leutnant Dietmar R.. Wir hatten einige Lehrgänge gemeinsam absolviert. Dietmar war etwas älter als ich, hatte lichtes Haar und war von drahtiger Statur. Allerdings sah er erschöpft aus, als ob er nicht genug Schlaf bekommen hätte. Dietmar erzählte mir von der aktuellen Lage im Land und was beim letzten Raketenangriff getroffen worden war. Dabei erwähnte er auch einen Anschlag in der Provinz Kunduz, bei dem einige Soldaten verletzt wurden. Ich war überwältigt von der Komplexität der Lage und den vielen Abkürzungen, die er in seiner Lagebeurteilung benutzt hatte. Afghanistan war eine völlig neue Erfahrung für mich. Dietmar beruhigte mich und sagte, dass ich schon in wenigen Tagen ein alter Hase sein würde.

Mein neues Zuhause bestand aus einer Reihe eng aneinandergereihter Containermodule. Das Holzdach, das vor Steilfeuer schützte, war mit Sandsäcken bedeckt.
Nach dem In-Processing musste ich einen Marathon an Vorträgen und Powerpoint-Präsentationen überstehen. Der Camp Commander wies uns in die Örtlichkeiten des Camps ein; der Truppenarzt erläuterte uns die medizinische Versorgung und die Notfallverfahren; die Militärpolizei erklärte uns die Sicherheitsvorschriften; und der Gesundheitsaufseher gab uns Tipps zur Vorbeugung von Krankheiten. Danach fühlte ich mich wie erschlagen. Glücklicherweise stand mir der Rest des Tages zur freien Verfügung. Ich nutzte die Zeit, um mich bei den wichtigsten Personen im Camp vorzustellen. Dabei traf ich den Kommandeur, den Kompaniechef und die Abteilungsleiter des Stabes. Als Verbindungsoffizier des Joint Operation Center (JOC) arbeitete ich zwar für den JOC-Director; disziplinarisch war ich allerdings dem Kommandeur des Sanitätseinsatzverbandes, Oberstarzt Dr. R., unterstellt. Als Unteroffizier und Feldwebel hatte ich schon viele Auslandseinsätze erlebt, aber nun, als Offizier, war ich auf einer neuen Ebene angekommen und unterstand direkt höheren Stabsoffizieren.
Zum Glück hatte ich mit Oberfeldwebel Steffen W. einen Containerkameraden, auf den ich mich freuen konnte. Wir kannten uns aus der Vorausbildung in Feldkirchen und wussten, dass wir gut zusammenarbeiten würden. Steffen war ein kleiner, drahtiger Kamerad, gerade mal 25 Jahre alt, unglaublich sympathisch und voller Tatendrang. Wir wurden nicht nur gute Kameraden, sondern auch enge Freunde. Heute, Jahre später, denke ich noch oft an diese Zeit zurück und bin dankbar für unsere tiefe Freundschaft, die damals entstanden ist. Es sind immer die engsten Kameraden, mit denen man Seite an Seite kämpft, die einem am Ende des Tages Halt geben.

Erst am nächsten Morgen sollte ich meine Waffen und die dazugehörige Munition empfangen. Hinzu kam noch eine Bristol Schutzweste. Bevor ich im JOC des Regional Command North arbeiten durfte, musste ich meine Sicherheitsstufe überprüfen lassen. Nur so erhielt ich Zutritt zum rot abgesicherten Bereich.
Der Gefechtsstand, in dem ich die nächsten Monate arbeiten sollte, war in Stufen von oben nach unten gebaut. An der Spitze thronte der JOC-Director, Oberst Arne D., gefolgt von seinem Stellvertreter, einem schwedischen Oberstleutnant. Ich nahm meinen Platz in der Mitte des Raumes ein und bemerkte sofort einen amerikanischen Corporal, Jason, der als Verbindungsoffizier des US-amerikanischen Hauptquartiers in Baghram diente. Er war wie ich ein begeisterter MMA-Fan. Schon bald hatten wir einen gemeinsamen Trainingsplan. Vor meinem Arbeitsplatz standen drei riesige Bildschirme. Auf dem mittleren konnten wir den Nato-Chat lesen, so dass wir jederzeit ein aktuelles Lagebild hatten. Der linke zeigte Livebilder der Drohnen, die über die nördlichen Provinzen Afghanistans flogen. Auf dem rechten poppten auf einer digitalen Karte unseres Einsatzgebietes die aktuellen Vorfälle hoch. Meine Aufgabe bestand darin, den JOC-Director über die effektivsten Einsätze zu beraten und die multinational zusammengesetzten Rettungskräfte zu koordinieren. Dazu stand mir mit der Patient Evacuation Coordination Cell (PECC) ein starkes Team zur Seite. Die PECC war die Rettungsleitstelle Afghanistans, über die der komplette Rettungsdienst koordiniert wurde. Sie wurde geführt von einer jungen Ärztin, die zudem den JOC-Director in medizinischen Dingen beriet. Ich war beeindruckt von ihrer Expertise.
Bereits während meiner ersten Nachtschicht als sogenannter Shiftofficer wurde ich voll gefordert; eine Anlernzeit gab es nicht. Deutsche und norwegische Soldaten waren angesprengt worden. Solche Ereignisse wurden als

Troops in Contact (TIC) bezeichnet. Drohnenbilder zeigten uns Liveaufnahmen von den Gefechten. Dann kam der Notruf – ein sogenannter Nineliner. Ich arbeitete eng mit der Ärztin zusammen, um mit den verfügbaren Kräften die Rettungsmaßnahmen zu planen. Der JOC Director entschied schließlich, einen Hubschrauber der Amerikaner, eine Blackhawk, einzusetzen. Wir verfolgten den Hubschrauber in Echtzeit auf unseren Bildschirmen. Es fühlte sich an wie in einem Film. Bereits 90 Minuten später waren die verletzten Kameraden im Krankenhaus unseres Feldlagers medizinisch versorgt. Meine erste Feuertaufe im JOC hatte ich bestanden.

Nach zwei Wochen im JOC fühlte ich mich bereits wie ein alter Hase. Das war gut so; denn die Soldatinnen und Soldaten des Provincial Reconstruction Team (PRT) Kunduz wurden fast täglich mit Panzerfäusten und Handfeuerwaffen oder IEDs angegriffen. Unsere Lagekarte blinkte rot vor zahlreichen Vorfällen. Zum Glück waren unsere Fahrzeuge sehr gut gepanzert. Besonders wichtig war ihr spezieller Unterbodenschutz, der die Energie von Explosionen ableitete. Die Insassen blieben meistens unverletzt, doch die Fahrzeuge waren schwer beschädigt und damit außer Gefecht gesetzt. Kleinere Kämpfe gingen meistens zu unseren Gunsten aus, schwer verletzte Soldaten gab es nicht. Unsere Infanteristen waren hartgesottene und bestens ausgebildete Soldatinnen und Soldaten, die kleinere Verletzungen in der Selbst- und Kameradenhilfe behandelten. Jede Patrouille hatte außerdem einen ausgebildeten Medic dabei, der in der Lage war, auch größere Verletzungen zu behandeln. Wir schickten nur dann einen Rettungshubschrauber, wenn der Medic einen Nineliner meldete.

Weihnachten und Silvester 2009 verliefen ziemlich unspektakulär. Die Taliban hatten keinen Bock mehr, sich bei Eiseskälte mit den internationalen Schutztruppen anzulegen. Afghanistan lag im Winterschlaf.

That's life

Die ersten Tage des neuen Jahres verliefen ruhig. Ich las viele Bücher und ab und zu traf ich mich mit Kameraden zu einem Latte Macchiato im Atrium, unserer Betreuungseinrichtung. Wenn das Wetter es erlaubte, saßen wir im Freien und genossen die ersten Sonnenstrahlen. Die Sonne war für mich schon immer ein wichtiges Lebenselixier. Einige Minuten in der Sonne, und meine Laune besserte sich schlagartig.

Im Feldlager schwankte die Atmosphäre zwischen Anspannung und Frustration. Nicht jeder konnte nachvollziehen, warum bestimmte Befehle erteilt wurden. Meine Gedanken schweiften ab und ich dachte an den Luftangriff in Kunduz, der vor einigen Monaten weltweit für Aufregung gesorgt hatte. Die Meinungen dazu waren geteilt, doch ich selbst war der Ansicht, dass Oberst Klein damals alles richtig gemacht hatte. Mit der Bombardierung der von Taliban entführten Tanklastwagen hatte er vermutlich vielen Soldaten das Leben gerettet.

Eines Tages hatte ich mir vorgenommen, während meiner Schicht die letzten Seiten des Buches Illuminati zu lesen. Wie erwartet verlief der Tag zunächst sehr ruhig. Dies änderte sich schlagartig: Eine Spezialeinheit sollte ein Waffenlager der Taliban in Kunduz hochnehmen. Das JOC füllte sich zusehends; bald waren alle Arbeitsplätze besetzt.

Auf dem rechten Bildschirm im JOC konnte ich Livebilder einer amerikanischen Drohne sehen, die über dem Einsatzort der Spezialeinheit kreiste. Deren Soldaten gaben via Headcam weitere Lagebilder in unser JOC. Gespannt schauten wir zu, als sie die Tür eines Gebäudes sprengten und in einen wilden Schusswechsel gerieten. Auch wenn die Bilder der Headcams unscharf waren, so boten sie uns doch einen Einblick in das brutale Geschehen. Dann ging die Meldung ein, dass ein schwedischer und ein dänischer Militärpolizist sowie ein afghanischer

Polizist in Masar-e Sharif schwer verletzt worden waren. Ein afghanischer Polizist hatte sie hinterrücks mit zahlreichen Schüssen niedergemäht (Innentäterangriff). Von Jetzt auf Gleich hatten wir zwei voneinander getrennte Situationen. Die Ärztin der PECC und ich schlugen dem JOC-Director vor, einen Hubschrauber einzusetzen, um die Verletzten schnellstens in unser Krankenhaus zu bringen. Er entschied jedoch, den BAT auf Radfahrzeugen nach Masar-e Sharif zu entsenden. Unsere Kapazitäten waren begrenzt, und es war nicht klar, wie die Lage in Kunduz sich entwickeln würde.

Die Spezialeinheit in Kunduz stieß unerwarteterweise auf heftige Gegenwehr. Sie forderte Unterstützung an, die schließlich von unseren amerikanischen Verbündeten kam. Im JOC starrten alle Augen gebannt auf das Spektakel in Kunduz. Ich verfolgte auch den Einsatz unseres BAT, der schneller in Masar-e Sharif ankam als erwartet. Nachdem der Notarzt die beiden schwerstverletzten Militärpolizisten und den afghanischen Polizisten stabilisiert hatte, machte er sich auf den Weg zurück in das Lager. Bei solch schweren Verletzungen zählten buchstäblich Sekunden. Immer wieder ging ich in die PECC, um nachzusehen, wo sich der Bewegliche Arzttrupp befand. Währenddessen verschärfte sich die Lage der Spezialeinheit in Kunduz. Deutsche KSK-Soldaten kämpften nun gemeinsam mit amerikanischen Deltas gegen Aufständische. Zu unserem Bedauern gab es keine Livebilder mehr. Entweder hatten die Drohnen einen technischen Ausfall oder jemand wollte nicht, dass wir in Masar-e Sharif etwas sehen konnten. Aus der PECC kam schließlich die erlösende Nachricht, dass der BAT endlich im Lager angekommen war und die Patienten gerade an der Notaufnahme unseres Krankenhauses abgegeben wurden. Als unser BAT-Team sich zum Debriefing mit der Psychologin und dem Militärpfarrer abmeldete, war mir klar, dass die Verletzten kaum Überlebenschancen hatten. Dann

gab es eine Lageinformation aus Kunduz. Die Taliban waren zerschlagen, das Waffenlager wurde gesprengt. Bis auf ein paar Streifschüsse und kleinere Blessuren schien alles glimpflich abgelaufen zu sein. Einerseits war ich darüber erleichtert, andererseits machte mich der Gedanke wütend, dass wir den Hubschrauber nicht nach Masar-e Sharif entsenden durften. Unser JOC-Director sagte dazu nur lapidar: „That‘s life."
Fünf Minuten später stand ich vor unserem Einsatzlazarett. Der BAT stand noch auf dem Parkplatz. Ich schaute in dessen Kofferaufbau. Das Blut der drei Verwundeten stand fünf Zentimeter hoch, ein Rinnsal tropfte aus der hinteren rechten Tür, und auf dem Boden bildete sich eine riesige, dunkelrote Pfütze. Drei junge Soldaten vom Sanitätshygienezug kamen wenig später mit Desinfektionsmitteln sowie mit Wischern und Lappen, um den Kofferaufbau zu reinigen. Ich machte mich auf den Weg zur Anmeldung im Feldlazarett, um Informationen über den Zustand der Verletzten zu bekommen. Alle waren noch immer im Operationssaal. Die Frau Oberfeldwebel versprach mir jedoch, mich umgehend zu informieren, falls sich etwas ergeben sollte. Zurück in der JOC berichtete ich Arne, dem JOC-Director, von dem Grauen, das ich im BAT gesehen hatte. Er wollte unbedingt wissen, wer von seinen Kameraden im OP lag. Einige Minuten später erhielten wir die Namen der angeschossenen Kameraden. Als Arne hörte, um wen es sich handelte, war er völlig niedergeschlagen. Die Skandinavier hatten innerhalb unseres Lagers einen eigenen Compound. Sie kannten sich alle persönlich. Unter den Verletzten war ein guter Freund. Arne wollte alle zehn Minuten ein Update von mir haben. Auch die Schicht von der PECC war am Boden zerstört und konnte nicht verstehen, warum sie keinen Rettungshubschrauber hatte schicken dürfen. Ich redete ihnen gut zu. Die Kameraden waren noch im Operationssaal, und die Ärzte taten ihr Bestes, um ihr Leben

zu retten. Die Feldwebel in der PECC waren vom Fach und wussten, wo der Hase langläuft. Kurz vor Mitternacht erhielt ich den Anruf vom Krankenhaus. Mit gesenktem Kopf ging ich zu Arne und drückte ihm mein tiefstes Mitgefühl aus. Er nickte nur.

Nichts Besonderes zu berichten

Es waren einige Tage vergangen, seitdem unsere Kameraden aus Schweden, Dänemark und Afghanistan den letzten Weg angetreten hatten. Ihre Särge waren militärisch verabschiedet und zurück in ihre Heimat geflogen worden, wo sie in ihren Familiengräbern ihre letzte Ruhe fanden. Solche Tage sind wirklich übel und hinterlassen in jedem von uns eine tiefe Trauer, aber auch ein Gefühl der Verbundenheit. Denn wir alle tragen eine Uniform und sind bereit, für unser Vaterland und den Auftrag zu sterben. Manche mögen das als übertrieben oder gar heroisch empfinden, aber im Grunde ist es die Wahrheit. Es gab immer wieder kleinere Scharmützel im Norden von Afghanistan, die uns in Alarmbereitschaft versetzten, aber mit der Zeit wurde es immer weniger stressig und ich bemerkte, wie ich zunehmend abstumpfte. Doch dann erhielt ich Anfang Februar den Auftrag vom Kommandeur des deutschen Einsatzkontingents, gemeinsam mit einer Ärztin das afghanische Militärhospital zu erkunden. Der Oberstarzt wollte neue Informationen sammeln und herausfinden, inwiefern wir gemeinsam arbeiten könnten. Die junge Stabsärztin war in den letzten Wochen in Afghanistan sehr gereift und hatte bereits einige schwere Entscheidungen treffen müssen, während sie starkem Gegenwind ihrer Vorgesetzten ausgesetzt war. Der Einsatz veränderte uns alle zwangsläufig mit der Zeit und jede Erfahrung war sehr einprägsam und lehrreich.

Ich half meiner Kameradin dabei, ihre Schutzausrüstung anzulegen. Sie war nervös und voller Respekt vor unserer bevorstehenden Mission, ich konnte es ihr nicht verübeln

– ich war selbst aufgeregt. Es war das erste Mal, dass ich das Lager verlassen und in die Stadt fahren würde. Bisher hatte ich nur die Berge in der Ferne betrachten können, aber jetzt würde ich endlich etwas Neues erleben. Um 8 Uhr morgens trafen wir uns mit den deutschen Grenadieren, die an diesem Tag für unsere Sicherheit verantwortlich waren. Der Konvoi wurde von einem älteren Hauptfeldwebel geleitet, der schon oft solche Missionen gefahren hatte. Obwohl er erfahren aussah, hatte er noch nie das afghanische Militärkrankenhaus besucht – unser Ziel für heute. Es lag in der Nähe des amerikanischen Camps „Mike Spann“, wo wir zum Mittagessen halt machen würden. Als wir das Feldlager verließen und in die Stadt fuhren, war das Leben draußen völlig anders. Die Straßen waren voller Einheimischer, und ich sah mich fasziniert um. Bisher hatte ich nur wenige Afghanen kennengelernt, meist nur Arbeiter, die kleinere Aufgaben im Lager erledigten. Frauen war es nicht erlaubt, für das Militär zu arbeiten, und die meisten Menschen konnten kein Englisch sprechen. Der einzige Ort, an dem ich bisher Kontakt mit Einheimischen hatte, war der Lagerbasar, wo sie landestypische Waren wie Seidenschals, Gemälde und Souvenirs zu niedrigen Preisen verkauften. Aber jetzt war ich draußen in der Stadt und konnte die Kultur und die Menschen hautnah erleben.

Die Innenstadt war ein chaotischer Hexenkessel, voller dröhnender Hupen und wütender Flüche. Ich konnte es nicht glauben, aber ich dachte tatsächlich an Ägypten und seine hektischen Straßen. Doch trotz all des Trubels schien der Richtschütze am Maschinengewehr, der uns begleitete, völlig entspannt zu sein – nichts konnte ihn aus der Ruhe bringen. Ich saß auf der rechten Seite des Dingos, meine Ärztin auf dem Beifahrersitz. Ich starrte aus dem Fenster und saugte jeden Eindruck um mich herum auf. Nach einer quälend langen halben Stunde verließen wir endlich den Verkehr und bogen auf einen

holprigen, staubigen Weg ab. Zum Glück blieb das schmutzige Zeug draußen dank der speziellen Klimaanlage des Dingos. Schließlich erreichten wir das afghanische Lager, wo der freundliche Arzt uns mit Tee und Gebäck begrüßte. Er sprach gutes Englisch, nur für alle Fälle war auch ein Dolmetscher dabei. Nach ein paar Minuten führte er uns in sein bescheidenes Zimmer, um uns anschließend das Krankenhaus zu zeigen. Die Ausstattung war katastrophal, es fehlte an allem. Ich notierte es und schoss unzählige Fotos, die ich später dem Oberstarzt in einer PowerPoint-Präsentation zeigen würde. Denn Bilder sagen eben mehr als 1000 Worte.
Das Equipment, das im Krankenhaus zur Verfügung stand, war alles andere als angemessen. Ich hatte den Eindruck, dass alles provisorisch zusammengebastelt worden war. Trotz der verheerenden klinischen Bedingungen hatten sich die Ärzte und Pfleger Mühe gegeben und sich sogar Gedanken bei der Aufteilung der Stationen gemacht. Es war jedoch äußerst verstörend, diese hygienischen Bedingungen in einem offiziellen Militärkrankenhaus zu sehen. Als wir den Schockraum betraten, zeigten sich die Soldaten der afghanischen Armee besonders stolz auf ihre Notfallaufnahme. Was ich sah, war alles andere als beeindruckend. Vereinzelt lagen Kompressen und Verbandsmaterial in den Schubladen herum. Zum Abbinden der Gliedmaßen wurden Plastikschläuche verwendet und zum Nähen der Wunden wiederverwendbare Nadeln. Meine Ärztin und ich waren schockiert. Wir setzten unsere Tour fort und besuchten die verschiedenen Stationen des Krankenhauses. Im Aufwachraum gab es lediglich fünf Holzpritschen, auf denen alte Wolldecken lagen. Die Gänge des gemauerten Gebäudes waren nur spärlich beleuchtet und überall lag ein wenig Staub und Dreck herum. In den Operationsräumen sah es etwas besser aus, aber auch hier war das Equipment veraltet. Die Holztische waren alt, aber zumindest sauber

gestrichen und es gab ein uraltes Beatmungsgerät sowie einen Überwachungsmonitor. In den Regalen waren verschiedene Kisten aus Metall übereinandergestapelt, von denen die meisten einen kyrillischen Schriftzug trugen. Es handelte sich vermutlich um Operationsbestecke aus russischen Beständen. Was mich jedoch am meisten schockierte, war die Tatsache, dass die Ärzte und Pfleger keine medizinische Schutzkleidung trugen. Stabsarzt B. und ich schrieben eifrig unsere Beobachtungen in unsere Taschenbücher. Ich spürte, wie der Zorn in mir hochkochte. Als wir schließlich die Zahnstation besuchten, traf mich der Schlag. Der Zahnarztstuhl erinnerte mich eher an ein Foltergerät aus den SAW-Filmen als an ein medizinisches Instrument. Der Bohrer musste per Fuß angetrieben werden und ich konnte mir nicht einmal im Entferntesten vorstellen, welche Schmerzen die Patienten hier ertragen mussten. Es war einfach nur grauenhaft. Als wir uns schließlich vom Chef des Krankenhauses verabschiedeten, war ich froh, endlich rauszukommen. Doch unser Erkundungstrip war noch nicht vorbei. Wir wollten unbedingt noch den Rettungsdienst der afghanischen Einheiten besichtigen, der einige Kilometer vom Krankenhaus entfernt lag. Unsere infanteristische Begleitung wartete bereits auf dem Parkplatz und wir stiegen ein, um unsere Reise fortzusetzen.

Inmitten der trostlosen Wüste ragten einige heruntergekommene Zelte aus vergangenen Kriegszeiten gegen die Russen empor. Es war schwer zu sagen, wie viele dort standen, da sie alle irgendwie zusammengeflickt waren. Aber trotzdem erfüllten sie ihren Zweck – provisorisch, aber immerhin. Vor den Zelten standen ein paar veraltete Trucks, die einst für den Transport von Verwundeten gedacht waren. Die Soldaten, die hier dienten, waren unheimlich stolz auf ihre Aufgabe, doch ihre mangelhafte Ausbildung war unübersehbar. Stabsarzt B. wandte sich an unseren Dolmetscher und fragte nach der Ausbildung

der einzelnen Soldaten. Ich war verblüfft über die Antwort – die Soldaten wurden einfach irgendwelchen Einheiten zugeteilt, ohne jemals eine ordentliche Ausbildung erhalten zu haben. Mir wurde erst jetzt richtig klar, wie wenig die afghanische Armee ausgebildet war. Ich hatte bisher nur die Todesrate und die Anzahl der Verletzten auf meinem Bildschirm gesehen und mich gewundert, warum so viele Afghanen täglich ihr Leben lassen mussten. Nun ergab alles einen Sinn. Das deutsche Militär war unter anderem in Afghanistan, um die afghanische Armee auszubilden. Einige meiner Kameraden aus dem Studium dienten in solchen Einheiten und hatten mit Schwierigkeiten zu kämpfen. Die sprachliche Distanz und die deutsche Gründlichkeit waren für viele andere Nationen schwer nachzuvollziehen. Stabsarzt B. durchforstete weiter die Gegend und stellte unzählige Fragen. Für mich gab es nichts mehr zu erfragen, da ich bereits alles gesehen hatte und ein äußerst desolates Bild in meinem Kopf entstand. Ich erinnerte mich an das zivile Krankenhaus in Bosnien, das ich einst besichtigt hatte. Im Vergleich dazu war dieses hier in Afghanistan eine reine Katastrophe. Das sagt schon einiges aus.
Es war endlich Zeit, weiterzufahren. Die Infanteristen hatten den ganzen Tag gewartet und ihre Bäuche knurrten vor Hunger. Die Stimmung war geprägt von Langeweile und Frustration, als ich mich zu den Jungs gesellte. Wir unterhielten uns über unsere Erfahrungen in Afghanistan, als plötzlich zwei schwere russische LKW unter ohrenbetäubendem Hupen die Sanitätseinrichtung erreichten. Die Aufregung war spürbar und die Afghanen gerieten in Panik. Ihr Unterführer brüllte Befehle, während die LKW abrupt zum Stehen kamen und eine Wolke aus Staub aufwirbelten. Als sich die Heckklappen der Fahrzeuge öffneten, offenbarte sich ein erschütterndes Bild. Die Ladeflächen waren voll von verletzten Soldaten, die ohne Sicherung auf dem Boden lagen. Einige hatten

verbandähnliche Dinge an ihrem Körper und es sah chaotisch und unkoordiniert aus, als die Sanitäter begannen, die Verletzten von den Ladeflächen zu ziehen. Stabsarzt B. wollte helfen und begann eine Triage durchzuführen. Doch die Afghanen ignorierten sie einfach und folgten ihren eigenen Regeln. Es war frustrierend mitanzusehen, wie die Verletzten vor Schmerzen stöhnten und einige von ihnen sogar starben, weil die medizinische Versorgung nicht ausreichend war. Das Verhalten der Afghanen war für uns alle schockierend. Sie schienen lieber zu sterben, als von einer Frau gerettet zu werden. Diese Erfahrung war erst der Anfang von dem, was wir noch alles sehen würden. Wochen später sollten wir uns mit noch schlimmeren Dingen auseinandersetzen müssen. Doch in diesem Moment blieb uns nur die traurige Erkenntnis, dass das Leben in Afghanistan brutal und unbarmherzig sein konnte.
Wir stiegen in unsere Fahrzeuge und rasten in Richtung des amerikanischen Camps, um uns eine Mittagspause zu gönnen. Schon von Weitem sahen wir das tadellos aufgeräumte Feldlager, das von einer beeindruckenden Sicherheitsvorkehrung bewacht wurde. Die Küche war ein wahres Juwel, wenn auch nicht ganz so üppig wie die in Camp Bondsteel im Kosovo. Doch der Duft von köstlichen Speisen ließ uns das Wasser im Mund zusammenlaufen. Ich schlug mir von den leckeren Gerichten den Bauch voll und konnte nicht widerstehen, mir zum Nachtisch zwei himmlische Macadamianuss-Kekse und einen triple Latte Macchiato mit einem Hauch von Haselnussgeschmack zu genehmigen. Es fühlte sich surreal an, nur wenige Augenblicke zuvor Zeuge des elenden Todes vieler Menschen gewesen zu sein, und nun in einer amerikanischen Küche zu sitzen und sich mit Schlemmereien zu verwöhnen. Nach dem üppigen Mahl fuhren wir zurück ins Camp Marmal, die Rückfahrt war genauso ereignislos wie die Hinfahrt. Innerhalb von nur 40 Minuten erreich-

ten wir unser Ziel und brachten unsere Ausrüstung zurück in unsere Container. Stabsarzt B. und ich machten uns auf den Weg zurück ins JOC bzw. PECC. Unser Oberst aus Dänemark erwartete uns dort und wollte wissen, ob alles reibungslos verlaufen war. Ich antwortete ihm mit einem knappen „Ja" und erklärte, dass es nichts Besonderes zu berichten gab. In meinem Kopf war ich bereits bei meinem bevorstehenden Abendtraining im Fitnessstudio.

Ich konnte es kaum erwarten, mich auszupowern und die Ereignisse des Tages zu vergessen. Mit einer Mischung aus Vorfreude und Anspannung nahm ich danach Platz an meinem Schreibtisch und begann mit meinem Bericht für den Kommandeur. Dieser Bericht sollte erst der Anfang sein. Aufgrund meiner sprachlichen Kenntnisse würde ich bald den Auftrag bekommen, die englischen Vorschriften der Rettungswege zu überarbeiten. Hierzu sollte ich noch viel mehr sehen als nur das Krankenhaus der Afghanen.

Ein Steinwurf entfernt

Plötzlich wurde die Ruhe im Schutzraum von einer ohrenbetäubenden Explosion unterbrochen. Ich spürte die Wucht des Einschlags. Die Rakete war offenbar gut ausgerichtet gewesen. Weitere Detonationen folgten. Unser Treibstofflager flog in die Luft, mehrere Kerosintanks platzten. Nach quälenden Minuten, die sich wie Stunden anfühlten, durften wir unsere Bunker verlassen. Die lagerinterne Feuerwehr war bereits vor Ort. Wir liefen zum JOC, um uns ein Lagebild zu verschaffen. Die Leute von der PECC waren bereits emsig dabei, den Einsatz der Rettungskräfte zu koordinieren. Niemand wusste genau, was passiert war, aber allen war klar, dass wir nur knapp einer Katastrophe entgangen waren. Ein Nineliner ging glücklicherweise nicht bei uns ein. Wir atmeten auf, als die Feuerwehr die Brände unter Kontrolle bekam. Ich konnte kaum glauben, dass trotz der Verwüstungen durch den Raketenbeschuss niemand verletzt worden war.

Der gestrige Raketenangriff war in aller Munde. Mir erschien das nicht nachvollziehbar. Schließlich war ja nichts Schlimmes passiert. Damals erkannte ich noch nicht, dass mein fehlendes Verständnis für die allgemeine Aufregung ein erstes Anzeichen dafür war, dass sich in mir etwas veränderte.

Am nächsten Freitag fuhr ich mit einem Team in ein entlegenes Bergdorf. Zum Team gehörten zwei Nachrichtenoffiziere, ausgebildet in der afghanischen Sprache und der Kunst der Gesprächsführung, Verbindungsoffiziere, Infanteristen zur Sicherung, ein Sprachmittler sowie ein vom Wetter gezeichneter Mann in ziviler Kleidung, der die englische Sprache beherrschte. Neben zwei KSK-Soldaten von der Spezialeinheit Task Force 47 war auch der oberste Haushälter der Einsatzwehrverwaltung mit dabei. Der Haushälter verfügte über das Geld und entschied, welche Aufbauprojekte finanzierbar waren. Die Fahrt ins Gebirge war holprig und unangenehm. Nach zwei Stunden erreichten wir unseren ersten Anlaufpunkt, ein Plateau hoch in den Bergen. Von dort aus mussten wir zu Fuß die letzten Höhenmeter zurücklegen. Im Gänsemarsch marschierten wir einen Trampelpfad hinauf. Nach wenigen Minuten waren einige Teammitglieder außer Atem; wir mussten das Tempo stark verringern. Auch ich bemerkte, dass die Luft hier oben etwas dünner war. Schließlich erreichten wir das Bergdorf. Es bestand aus zwanzig auf einer kahlen Wiese verteilten Häusern. Kinder spielten mit selbstgebastelten Fußbällen und tobten sich beim Fangenspielen aus. Doch auf der rechten Seite des Dorfes standen Bewohner mit ihren Kalaschnikow-Gewehren in der Hand. Sie wirkten nicht sonderlich bedrohlich auf mich; die beiden KSK-Soldaten zeigten sich allerdings angespannt. Ein alter Mann mit einem langen

Bart, offensichtlich der Dorfälteste, trat aus einem der Häuser und begrüßte uns mit den Worten „salam aleikum". Wir erwiderten höflich „aleikum salam". Einer seiner Söhne sprach gut Englisch und begleitete den Zivilisten, den Beamten der Einsatzwehrverwaltung, den Sprachmittler und die beiden Aufklärungsoffiziere in das Haus des Dorfältesten. Wir anderen blieben draußen und behielten die bewaffneten Dorfbewohner im Auge, während die Kinder neugierig um uns herumtollten und es immer wärmer wurde. Das Gespräch innerhalb des Hauses drehte sich um den Bau neuer Brunnen und einer Schule für die Kinder. Im Gegenzug erhofften sich die Nachrichtenoffiziere, Informationen über die Machenschaften der Taliban zu erhalten. Ich selbst nutzte die Zeit, um mit den Soldaten vom KSK zu sprechen. Sie kannten meine Frau, die als Ärztin in Calw arbeitete. Schließlich kam der alte Afghane mit seinen Gesprächspartnern aus dem Haus. Das Gespräch muss gut verlaufen sein, denn er lud uns alle zu einer Zeremonie ein. Es sollte dabei um die Umsetzung der Sharia gehen, wie mir die Nachrichtenoffiziere mitteilten. Sharia kannte ich nur vom Hörensagen. Zumindest wusste ich, dass es um die islamische Religion ging.

Wir folgten einem Mullah zum Ort der Zeremonie. Als wir ankamen, waren dort bereits über hundert Menschen versammelt, darunter auch eine kleine Gruppe von Frauen, deren Augen durch den Stoff ihrer Burkas zu blitzen schienen. Zum ersten Mal sah ich afghanische Frauen und war fasziniert. Der Mullah begann zu sprechen. Außer dem ständigen Wiederholen des Wortes "Allah" verstand ich kein Wort von dem, was er sagte. Unsere Übersetzer machten einen verwirrten Eindruck. Was geschah hier? Inmitten des Gewimmels fiel mir plötzlich eine junge Frau auf, die sich von den anderen abhob. Sie trug ein Kleid in unschuldigem Weiß, das ihre schlanke Figur betonte. Ihr langes, schwarzes Haar war in weichen

Locken bis zu ihren zierlichen Schultern heruntergefallen. Sie war wunderschön, aber ihre Augen waren voller Tränen. Warum wurde sie von den anderen Frauen festgehalten? Warum waren ihre Füße nackt? Schließlich sprach der Mullah uns direkt an. Ich wartete gespannt darauf, dass das Rätsel gleich durch unsere Übersetzer gelöst werden würde und wir endlich herausfinden, was in diesem mysteriösen Dorf vor sich ging.
Zehn Meter entfernt von uns trat ein Mann aus einem Haus, ein Afghane von dünnem Körperbau. Seine Augen waren auf den Boden gerichtet und seine Schultern hingen schwer herunter. Der Mullah ergriff den Arm des Mannes und schrie lauthals, um die Dorfbewohner aufzuheizen. Unsere beiden Übersetzer klärten uns schließlich auf. Der Mann mit dem gesenkten Blick war anscheinend ein Angeklagter, der sich nicht um seine Frau und sein Kind gekümmert hatte. Der Mullah warf der Ehefrau vor, ihren Mann zum Ehebruch getrieben zu haben. Mir war sofort klar, dass die schöne junge Frau damit gemeint war. Daraufhin beschimpften die Dorfbewohner diese als Hure und Tochter einer Hündin. Schließlich wurde der Ehemann gefragt, ob seine Frau eine schlechte Ehefrau sei. Er bejahte dies und beschuldigte sie öffentlich des Ehebruchs. Die Menge um den Mullah herum tobte nun. Nach den Gesetzen des Korans muss eine der Untreue beschuldigte Frau ihre Unschuld beweisen. Die Menschenmenge forderte sie auf, Beweise vorzulegen, doch sie brach unter dem Geschrei der Menge zusammen und schwieg. Offensichtlich war ihr klar, dass sie keine Chance hatte.
Ich stand wie gelähmt da, unfähig zu begreifen, was gerade vor meinen Augen geschah. Die „Gerichtsverhandlung“ war lächerlich und zutiefst ungerecht. Der Mullah jedoch war von ihrer Schuld überzeugt. Er nahm seinen Koran in die linke Hand und küsste mehrfach dessen Buchdeckel. Seine Augen waren geschlossen, als er leise

vor sich hinmurmelte, während die Menge um uns herum zu toben begann. Die Männer lachten und tanzten, als ob sie den Verstand verloren hätten. Als der Mullah das Urteil aussprach, waren wir alle schockiert: Das junge Mädchen wurde zum Tod durch Steinigung verurteilt.

Ich reckte meine Waffe empor, betätigte den Abzug und schoss Feuerstöße in die Luft. Pulverdampf tanzte im grellen Licht, als die Menge aufgeschreckt flüchtete. Meine Augen fixierten die wunderschöne junge Frau. Ein Moment der Stille trat ein, nur unterbrochen vom Flüstern des Windes. Das Mädchen blickte mich mit großen Augen an, dankbar und zugleich verwirrt. Doch nur einen Herzschlag später wurde ich in die Realität zurückgeholt. Ich hatte meine Waffe nicht erhoben und auch keinen Schuss abgefeuert. Die Rettung des wunderschönen Mädchens war eine bloße Wunschvorstellung.

Unser Verbindungsoffizier befahl uns, ruhig zu bleiben und keinen Konflikt mit dem Mullah und den Dorfbewohnern einzugehen.

Auf ein Zeichen des Dorfältesten ergriffen mehrere Dorfbewohnerinnen die junge Frau an den Armen und schleiften sie zu einer Grube, etwa 20 Meter von uns entfernt. Voller Entsetzen begab sie sich in die Grube. Zwei junge Männer griffen zu Schaufeln und Spaten und begannen damit, diese mit Erde zuzuschütten, bis nur noch die Arme und ihr Gesicht mit dem langen schwarzen Haar zu sehen waren. Der Mullah wickelte nun seine Gebetskette um den Koran, streckte seine Hände zum Himmel hinauf und betete zu Allah. Wenig später ließ er theatralisch seine Arme sinken. Der Sohn des Mullahs trat vor und zeichnete einen Kreis auf den Boden. Der Kopf der jungen Frau, der aus der Grube herausragte, war der Mittelpunkt des Kreises. Der Sohn des Mullahs hatte die Ehre, den ersten Stein zu werfen. Er packte einen Golfball-großen Stein und schleuderte ihn auf die junge Frau. Nur knapp verfehlte er ihren Kopf. Er warf einen weiteren Stein, der diesmal ihre linke Schulter traf. Die Männer brüllten vor Begeisterung und jubelten. Ein anderer Mann nahm Anlauf und schleuderte einen großen Stein auf das Opfer, der sie voll traf und ihren Kopf nach hinten riss. Unverzüglich platzte ihre Stirn auf, und ihr Gesicht wurde von Blut überströmt. Nun warfen weitere Männer Steine auf sie. Ein Tennisball-großer Stein traf sie direkt ins Gesicht. Der Todeskampf des Mädchens war schrecklich, und die Gewalttätigkeit der Szene war für viele Zuschauer unerträglich. Die Männer wurden immer wilder und pumpten sich gegenseitig hoch. Die Frauen hielten sich zurück und versuchten, nicht aufzufallen, aber ich konnte ihre leisen Schreie des Entsetzens hören, als die Männer immer brutaler wurden.

Ich sah, wie einer der Männer Anlauf nahm und aus der Nähe einen Stein auf die junge Frau schleuderte. Ihr Körper wurde durch die Wucht des Aufpralls erneut nach hinten gerissen und ihr Gesicht explodierte geradezu. Das Mädchen war nur noch ein Haufen blutiges Fleisch. Ihr weißes Kleid war jetzt vollständig rot. Ihre Kopfhaut war eine blutige Wunde, ihre Augen, Nase und Jochbeine waren zertrümmert, ihr Kiefer gebrochen. Ihr Kopf baumelte grotesk von ihrer Schulter, als ob er nicht zu ihrem Körper gehörte. Der Mullah brüllte plötzlich und die Menge verstummte. Er ging näher an das Mädchen heran, um zu sehen, ob sie noch lebte. Dann nahm er einen großen Stein und hob ihn hoch in die Luft. Die Menge stimmte ein in ihren schrecklichen Ruf: „Allah o akbar! Allah o akbar!“

Ich spürte eine Welle der Übelkeit in mir aufsteigen. Ich konnte nicht mehr. Ich hatte genug von diesem Land und seinen Menschen. Ich wollte einfach nur weg, so weit weg wie möglich.

Als wir Soldaten uns wieder sammelten, wusste ich, dass dieser Vorfall nie in einen offiziellen Bericht aufgenommen werden würde. Ich war entsetzt darüber, dass der

Mullah und die anderen, die an dieser barbarischen Tat beteiligt waren, ungestraft davonkommen sollten. Ich fragte mich, wie viele solcher Ereignisse es noch gegeben hatte, die nie ans Licht der Öffentlichkeit gelangten. Ich erinnerte mich an die Worte meines Hörsaalleiters während meiner Ausbildung zum Offizier: „Manchmal muss man Dinge ertragen, die man nicht ertragen möchte." Ich hätte nie gedacht, wie schlimm das sein kann.
Die Rückfahrt in unser Lager dauerte drei Stunden. Ich war erleichtert, endlich wieder an einem sicheren Ort zu sein; doch ich fühlte mich allein. Von denen, die dieses schreckliche Ereignis miterlebten, traf ich keinen jemals wieder. Wie so oft zuvor musste ich meinen Schmerz und meine Trauer in einem inneren Tresor verschließen. Ich war mittlerweile ein Experte darin. Aber ich fragte mich, wie lange meine inneren Schlösser noch halten würden. Wie lange könnte ich diese schrecklichen Erinnerungen verdrängen, bevor sie mich überwältigen würden?

Captain America

In ganz Afghanistan gab es unzählig viele Anschläge auf die internationale Schutztruppe ISAF. Ich war erleichtert, dass ich im Norden stationiert war. Hier war die Anzahl der Angriffe geringer, auch wenn die Region Kunduz, wo viele mir bekannter Kameraden dienten, ein Hotspot war. Im Joint Operation Center (JOC) konnte ich die Liste aller Vorfälle einsehen. Jedes Mal, wenn eine Meldung über Kunduz aufkam, schlug mein Herz schneller. Die Angst davor, den Namen eines mir bekannten Kameraden zu lesen, quälte mich jeden Tag aufs Neue. In den vergangenen Jahren hatte ich bereits Kameraden verloren, und ich hoffte inständig, dass ich dies nicht noch einmal erleben musste.
Die US-amerikanischen Streitkräfte hatten hohe Verluste zu beklagen, vor allem in Baghram. Unsere Flaggen am Haupttor zum Lager waren fast nur auf Halbmast gehisst

zu dieser Zeit. Es schien fast so, als ob die Taliban es besonders auf sie abgesehen hätten. Vielleicht lag es an ihrem Status als Weltmacht, vielleicht an den Befehlen, die sie umzusetzen hatten. Wir Deutschen hingegen gingen eher deeskalierend vor und versuchten, unseren Auftrag auch ohne militärische Gewaltanwendung zu erfüllen.
Im Unterschied zu den Kämpfen außerhalb der Feldlager war das JOC ein Ort der Ruhe und Ordnung. Hier arbeitete jeder Hand in Hand, ohne großes Aufsehen zu erregen. Die international zusammengesetzte Belegschaft des JOC arbeitete zielgerichteter als ich es von der Bundeswehr kannte. Es gab keine Missverständnisse zwischen den Kameradinnen und Kameraden, keine unnötigen Einmischungen seitens der Vorgesetzten. Unser Direktor Arne D. war ein wahres Vorbild in Sachen Führung. Er ließ uns in Ruhe arbeiten und griff nur ein, wenn es unbedingt sein musste. Ich genoss es, unter ihm zu dienen.
Schnell hatte sich bei mir eine Routine entwickelt. In den vorherigen Missionen war ich fast täglich auf Achse gewesen und hatte viel von den Einsatzgebieten gesehen. Das ruhigere Leben in einem Stab bereitete mir zunehmend Freude. Trotzdem war ich froh, wenn ich Spezialaufträge erhielt und meiner Routine für eine kurze Zeit entkommen konnte. Einmal erhielt ich vom Oberstarzt Dr. R. den Auftrag, eine neue Lagebewertung der sanitätsdienstlichen Versorgung durchzuführen und einen Bericht über die aktuell verfügbaren Kapazitäten zu erstellen. Im Norden Afghanistans gab es mehrere Feldlager, die kleiner waren als das Hauptlager Camp Marmal, aber ebenfalls über eine Sanitätseinrichtung verfügten. Einige besaßen sogar eine kleine chirurgische Versorgungseinheit mit einem Schockbereich. Es war eine interessante Aufgabe, deren Leistungsfähigkeiten zu ermitteln, und ich freute mich darauf.
Um diesen Auftrag zu erfüllen, musste ich fliegen. Die Abflughalle im Camp Marmal war mit einer Fülle von

bequemen Sofas und Sesseln ausgestattet, auf denen sich viele Kameradinnen und Kameraden niedergelassen hatten, die in ihre Heimatländer zurückflogen. Auf kleinen Tischen lag eine Vielzahl von Magazinen und Büchern, die von den Abfliegenden zurückgelassen wurden. In der Mitte der Halle standen Tischkicker, aber niemand schien sich dafür zu interessieren. Am Eingang zur rechten Seite befand sich ein langer Holztresen, an dem ich einchecken musste. Zu meiner großen Überraschung traf ich ein bekanntes Gesicht: Sigfried K. Wir kannten uns aus Studienzeiten, und ich freute mich sehr über das unerwartete Wiedersehen. Nach einer kurzen, herzlichen Begrüßung informierte Siggi mich darüber, dass mein Flug in etwa 30 Minuten losgehen und dass ich gemeinsam mit amerikanischen Soldaten fliegen würde. Ich überprüfte noch einmal meine Ausrüstung, hielt meine Sicherheitsausrüstung bereit, darunter eine schusssichere Weste, Gehörschutz, eine ballistische Schutzbrille und Schießhandschuhe. Dann gesellte ich mich zu den amerikanischen Soldaten und stellte mich persönlich bei jedem einzelnen von ihnen mit Vornamen vor. In ihrer Mitte fühlte ich mich wohl. Seit ich denken kann, habe ich mich zum American Lifestyle hingezogen gefühlt. Meine Oma hatte zwar nicht immer gerne meinen amerikanischen Akzent gehört, aber sie war stolz darauf, dass ich so oft in der englischen Sprache mit ihr kommunizierte. Die US-Jungs waren locker drauf. Ihr Vorgesetzter, Major Matthew, war mir auf Anhieb sehr sympathisch. Wir tauschten ein paar Worte über unsere Familien und unsere gemeinsame Leidenschaft, den Kraftsport, aus. Schließlich sollten wir uns zu unserem zugewiesenen Hubschrauber begeben. Zu meiner Überraschung wurde mein ursprünglicher Flugplan aufgrund von Kapazitätsengpässen geändert. Ich sollte jetzt mit einem russischen Hubschrauber, der MI-8, fliegen. Mir gefiel das überhaupt nicht, denn ich hatte großes Vertrauen in die bewaffneten Gunnies unserer deutschen CH-53 Hubschrauber, die zudem mit einem schweren Maschinengewehr auf der Ladefläche ausgestattet waren. Nun sollten wir mit einer alten russischen Maschine ohne Schutz fliegen.

Als ich den Hubschrauber betrat, spürte ich ein unbehagliches Gefühl in meiner Magengegend. Es war Aberglaube, der mich dazu verleitete, als letzter einzusteigen und mir damit den Platz an der Tür zu sichern. Ich war mir sicher, dass dieser Schritt mein Leben retten würde, falls etwas schiefgehen sollte. Die MI-8 war kein luxuriöser Hubschrauber, sondern eher eng und rustikal. Da beide Sitzreihen voll besetzt waren, gab es war kaum Platz. Wegen unserer Kampfausrüstung hätte kein Grashalm mehr zwischen uns gepasst. Die Piloten begrüßten uns in ihrer typisch schroffen russischen Art und ich spürte, wie sich meine Nervosität langsam steigerte. Ich überprüfte noch einmal meine Waffen, um sicherzustellen, dass sie geladen und gesichert waren. Dann steckte ich meinen Gehörschutz in die Ohren und schloss die Augen. Der Lärm des Hubschraubers machte eine Unterhaltung mit den anderen Soldaten unmöglich. Daher nutzte ich die Gelegenheit, um mich zu entspannen und die Gedanken schweifen zu lassen. Ein Grundsatz, den ich seit meiner Grundausbildung befolgte, lautete: „Iss und schlafe, wann du kannst!"

Als ich mich in den Hubschrauber setzte, ahnte ich nicht, dass dieser Flug einer der dramatischsten meines Lebens werden würde. Die Sonne brannte erbarmungslos auf uns nieder, während wir durch die afghanische Luft schwebten. Der Geruch von Kerosin und Kaffee, der durch die Maschine strömte, war vertraut und beruhigend. Doch schlagartig kippte die Stimmung im Hubschrauber. Wir hatten den Auftrag, die amerikanischen GI's in Kunduz abzusetzen. Alles schien nach Plan zu laufen, bis wir uns nur noch 20 Minuten von unserem Zwischenstopp entfernt befanden. Plötzlich durchzog ein markerschütternder Schrei das Cockpit: Ein russischer Pilot hatte die Taliban entdeckt, die nur wenige Meter unter uns Heckenschützen positioniert hatten. Die Aufständischen schossen auf unser Triebwerk und beschädigten es schwer. Wir waren gezwungen, mitten im Nirgendwo eine Notlandung durchzuführen. Meine Nerven waren zum Zerreißen gespannt. Meine Ausbildung an der Luftlande- und Lufttransportschule in Altenstadt hatte mich auf genau solche Situationen vorbereitet. Instinktiv folgte ich den Anweisungen, die mir drillmäßig eingebläut worden waren. Ich spannte meinen Körper maximal an, vergrub das Gesicht zwischen meinen Beinen und schützte meinen Kopf mit meinen angewinkelten Armen. Ich war bereit für den harten Aufschlag. Der Hubschrauber fing an, gefährlich zu trudeln und verlor rasant an Höhe. Die Maschine war außer Kontrolle geraten. Die Sekunden bis zum Crash fühlten sich an wie eine Ewigkeit. Der Gedanke an eine Notlandung auf feindlichem Gebiet ließ mich erschaudern, doch ich durfte nicht zulassen, dass die Angst mich lähmte. Stattdessen fokussierte ich mich auf das, was ich tun konnte, um zu überleben.

Mit einem ohrenbetäubenden Krachen und heftigen Erschütterungen schlug der Hubschrauber auf den sandigen Boden der Wüste auf. Ich fühlte mich wie bei einem wilden Ritt auf einer Achterbahn, als mein Körper fest in den Sicherheitsgurt gepresst und mein Gesicht von Schweißperlen überflutet wurde. Meine Augen waren weit aufgerissen, während mein Gefechtshelm sich durch meine angespannten Gesichtszüge fester um meinen Schädel drückte. Als der Hubschrauber endlich zum Stillstand kam, blickte ich mich in der Kabine um und sah meinen Kameraden tief in die Augen. Die meisten waren kreidebleich. Zwei von ihnen mussten sich übergeben. Ein schneller Check zeigte mir, dass keiner bis auf kleinere Blessuren ernsthaft verletzt war. Doch dann drang der Geruch von brennendem Kerosin in unsere Nasen.

Ich spürte, wie die Hubschrauberkabine langsam aber sicher heißer wurde und mir die Luft nahm. Zugleich prasselten Kugeln der Taliban auf uns ein. Sie schrien laut und gestikulierten wild. Offensichtlich forderten sie Verstärkung an, um uns in die Knie zu zwingen.
Ich erinnere mich noch genau an diesen Augenblick, als ich mich mit meinem ganzen Körpergewicht gegen die verzogene Hubschraubertür warf. Meine Kampfstiefel schlugen rhythmisch gegen das Metall, als ich immer wieder gegen die Tür trat, als ob es kein Morgen geben würde. Die heiße Luft in der Kabine, gemischt mit dem unangenehmen Geruch von Schweiß und Kerosin, machte mich fast wahnsinnig. Das Adrenalin in meinen Adern stieg mit jedem Schlag meines Herzens weiter an. Das Geräusch der Geschosse, die auf das Gefährt prasselten, ließ das Herz in meinem Brustkorb hämmern. Ich wusste, dass ich in diesem Moment meine Kampftechniken anwenden musste, um zu überleben. Ich durfte nicht aufgeben. Nach weiteren kräftigen Tritten und Schulterstößen gab die Tür endlich nach, ich kämpfte mich aus dem Wrack heraus und wurde sofort von der gnadenlosen Wüstensonne geblendet. Die Hitze der Umgebung traf mich wie eine Wand. Ich musste meine Augen zusammenkneifen, um mich an das blendende Licht zu gewöhnen. Der Anblick, der sich mir bot, ließ mein Herz fast explodieren. Ich ging in Stellung und schaute mich schnell um. Die feindlichen Truppen kamen näher und ich wusste, dass es jetzt um alles ging. Ich atmete tief ein, meine Finger umklammerten fest das Gewehr, bereit für den bevorstehenden Kampf. Ich sah den ersten Feind auf mich zustürmen und zögerte keine Sekunde. Mit großer Geschwindigkeit schoss ich mehrere Male auf ihn, bis er zu Boden fiel. Ich konnte seinen überraschten Gesichtsausdruck sehen, als er realisierte, dass er getroffen war. Ich lag da, das Gewehr in meinen Händen, und starrte auf den leblosen Körper, der vor mir zusammen-

gebrochen war. Meine Augen waren weit aufgerissen, und mein Herz raste wie wild. Es fühlte sich an, als ob es jeden Moment aus meiner Brust springen würde. Ich kämpfte gegen die Panik an und konzentrierte mich darauf, tief und gleichmäßig zu atmen. Einatmen – Ausatmen, Einatmen – Ausatmen.

Die Schüsse peitschten durch die Luft, als wir uns gegen die Angreifer verteidigten. Ich feuerte gezielte Schüsse ab, um sie auf Abstand zu halten. Meine Kameraden kämpften ebenfalls, und ich konnte hören, wie Matthew mir zurief: „Good job dude, good job“. Es gab keine Zeit für Selbstzweifel oder Unsicherheit. Wir mussten uns aufeinander verlassen und zusammenarbeiten, um diese Situation zu meistern. Mein Herz raste wie wild und ich spürte, wie mein Körper von Schweiß überflutet wurde. Aber ich konnte nicht aufhören. Ich durfte nicht aufhören. Ich wusste, dass meine Kameraden auf mich angewiesen waren und dass es unser gemeinsamer Kampf war.

Als die Rauchgranaten explodierten, um die Angreifer einzunebeln, nutzten wir die Chance, um uns neu zu formieren. Wir teilten uns auf und gingen in verschiedene Richtungen, um den Feind besser bekämpfen zu können. Ich entschied mich für die rechte Seite des Hubschraubers, um einen größeren Wirkungsbereich mit meinem G-36 zu haben. Das Adrenalin raste durch meinen Körper, als ich meine Waffe im Anschlag hielt und bereit war, auf jeden Angreifer zu schießen, der mir zu nahe kam. Der Boden bebte, als immer mehr Feinde auf uns zustürmten. Ich richtete mein Gewehr auf den nächsten Gegner und drückte den Abzug. Die Kugel durchschlug seine Brust und er fiel zu Boden. Ein weiterer Feind trat an seine Stelle und ich feuerte erneut. Mein Körper arbeitete im Autopilot-Modus und ich warf mich von einer Bedrohung zur nächsten. Matthew übernahm das Kommando und sorgte dafür, dass die beiden unbewaffneten

Piloten aus dem Gefahrenbereich gebracht wurden. Ein Sergeant handelte blitzschnell und brachte die Piloten zurück in das Innere des Hubschraubers. Ich schaute bewundernd auf meine Kameraden. Jeder von uns wusste genau, was zu tun war, und wir arbeiteten wie eine eingespielte Maschine. Plötzlich hörten wir, wie Matthew via Smartphone Kontakt zu seinem Hauptquartier aufnahm. Es war eine dringende Angelegenheit, ich spürte, wie sich meine Nackenhaare aufstellten. Es gab eine Drohne vom Typ Predator in unserem Gebiet, und wir würden in wenigen Sekunden Livebilder zur Verfügung gestellt bekommen. Die JOC in Mazar e- Sharif analysierte die Livebilder in Windeseile und informierte uns über die Bedrohungen am Boden. Wir wussten, dass wir weiterkämpfen mussten, und ich spürte, wie ich innerlich bereit war, alles zu tun, um diesen Tag zu überleben.

Unsere Lage war mehr als aussichtslos. Die Taliban waren uns an Anzahl, Erfahrung und Ausrüstung überlegen. Wir hatten viel zu wenig Munition, um uns gegen einen Großangriff zu verteidigen. Alle wussten, dass auf jeden Soldaten in Afghanistan ein Kopfgeld ausgesetzt war und die Taliban alles tun würden, um uns zu töten und die Belohnung zu kassieren. Das Wissen darum ließ mir einen Schauer über den Rücken laufen. Die Bilder von verstümmelten Körpern ermordeter Soldaten, die ich irgendwo in Filmen gesehen hatte, tauchten vor meinem inneren Auge auf. Ein unglaublicher Hass auf die Angreifer machte sich in mir breit. Sollte ich sterben, würde ich so viele von ihnen wie möglich mitnehmen. Ich würde nicht kampflos aufgeben. Mein Puls schlug höher, als ich unsere verzweifelte Lage erkannte. Vor uns standen mehr als hundert Taliban-Kämpfer und wir hatten kaum genug Soldaten und Munition, um gegen sie anzutreten. Es war eine beschissen schlechte Situation und es war klar, dass wir in ernsthaften Schwierigkeiten steckten.

Die Taliban näherten sich uns unaufhaltsam, ihre Waffen bereit, um uns zu attackieren. Eine weitere Welle der Angreifer musste abgewehrt werden. Unsere Köpfe waren gesenkt, während wir uns auf den Ansturm vorbereiteten. Jeder Atemzug fühlte sich wie der letzte an, und ich fragte mich, ob ich jemals meine Familie wiedersehen würde. Ich dachte immer, dass in einer solchen Situation meine Gedanken zu den schönen Erlebnissen und den Menschen, die ich liebe, wandern würden. Aber stattdessen spürte ich eine unbändige Kraft und ein Vertrauen in meine Ausbildung und Fähigkeiten. Wir erhielten die Nachricht von der JOC, dass wir noch mindestens 30 Minuten durchhalten mussten, bevor die Spezialeinheit Task Force 47 zur Evakuierung eintreffen würde. 30 Minuten Kampf gegen die Taliban klangen wie eine Ewigkeit. Ich überprüfte meine Munition und stellte fest, dass ich nur noch 65 Schuss hatte. Zwei volle Magazine und ein bisschen was im aktuellen Magazin. Dazu kam meine Backup-Waffe, die P-8, mit 30 Schuss. Ich musste äußerst sparsam mit meiner Munition umgehen und nur auf sichere Ziele schießen. Das Magazin mit den übrig gebliebenen fünf Schuss steckte ich als eiserne Reserve in meine IDZ-Weste. In diesem Moment fühlte ich mich wie Captain America. Ich hatte das Gefühl, unsterblich zu sein und besser als der Rest. Ich erinnerte mich an das harte Training auf der Schießbahn mit Rafael von der Militärpolizei. Er hatte mich vor fast unlösbare Aufgaben gestellt, aber durch dieses Training fühlte ich mich vorbereitet auf jede Herausforderung. Das Vertrauen in meine Ausbildung und mein Lebensmut ließen mich auf ein höheres Level steigen. Ich war fokussiert darauf, es den Taliban zu zeigen.

Die Geräusche der Kämpfe brachen plötzlich aus. Als der dichte Nebel der Rauchgranaten sich verzogen hatte, tauchten erneut schwarz vermummte Angreifer aus den Sanddünen auf und rannten auf uns zu. Die Luft war erfüllt vom ohrenbetäubenden Krachen der Gewehrsalven, die ununterbrochen auf die Taliban gerichtet waren, die sich in Scharen näherten. Der MG-Schütze, dessen Gesicht von Anstrengung und Entschlossenheit gezeichnet war, entfesselte eine regelrechte Hölle auf die Angreifer und riss sie buchstäblich auseinander. Überall um uns herum lagen Leichen und Verwundete, blutüberströmt und entstellt. Ich konnte den Anblick kaum ertragen. Die Kameraden, die sich um die Verwundeten kümmerten, kämpften um ihr Leben, während ich meinen Blick starr auf die Taliban richtete. Plötzlich tauchte ein junger Aufständischer wenige Meter vor mir auf, ich reagierte blitzschnell und schoss ihm zwei gezielte Treffer in den Oberkörper. Seine Augenlider flatterten und sein Kopf fiel vorüber, während er auf seine Wunden starrte. Einen Moment lang stand er noch aufrecht, aber dann wankte er und fiel schließlich vor mir zu Boden.

Während ich mich auf die rechte Seite des Hubschraubers konzentrierte und mit Einzelfeuer anstürmende Taliban bekämpfte, fühlte ich mich gezwungen, sie kampfunfähig zu machen. Ich erinnerte mich an meine Ausbildung mit den Infanteristen, Rafael und dem KSK, als ich das Prinzip Body-Body-Head lernte. Zuerst musste man zwei schnelle Schüsse auf den Oberkörper abgeben und dann einen gezielten Präzisionsschuss auf den Kopf folgen lassen. Aber leider klappte das in einem realen Gefecht nicht so gut wie auf der Schießbahn. Die Kugeln, die auf mich abgefeuert wurden, waren echt und das machte alles viel schwieriger. Der Klang der Schüsse und der Schreie der Verwundeten durchdrangen meine Ohren, aber ich durfte mich nicht ablenken lassen. Wir kämpften weiterhin gegen kleinere Gruppen oder draufgängerische Einzelschützen der Taliban. Es war ein harter Kampf, denn die Taliban schienen von Drogen und Aufputschmitteln befeuert zu sein, die sie fast unbesiegbar schienen ließen. Ich brauchte fast immer drei oder vier Schüsse mit meinem G-36, um sie niederzustrecken. Ich erinnere mich an einen etwas untersetzten Taliban, der erst ein paar Meter vor mir zu Boden fiel, nachdem ich ihm acht Treffer in den Oberkörper schoss. Es war ein beängstigendes Gefühl, zu wissen, dass ich in diesem Moment das Leben eines anderen Menschen in meiner Hand hatte. Aber mir blieb keine Wahl, ich musste kämpfen, um zu überleben. Jedes Mal, wenn ich einen Feind traf und er zusammenbrach, nutzte ich diese Momente, um Atem zu holen und mich zu sammeln. Aber meine Hoffnung schwand mit jeder Minute, die verging. Ich spürte, wie sich meine Hände um das Gewehr krampften und meine Finger taub wurden. Schweißtropfen liefen mir über die Stirn und ich kämpfte gegen den Drang an, einfach aufzugeben und mich dem Schicksal zu ergeben. Die Kämpfe hatten bereits viele Minuten gedauert; dieses Gefecht schien niemals zu enden. Als ich nur noch fünf Schüsse übrig hatte, hörte ich plötzlich das schrille Pfeifen eines Panzerfaustgeschosses. Ich wusste, dass dies der Moment war, in dem alles zu Ende gehen konnte. Dann sah ich, wie der RPG-Schütze, ein junger Kämpfer mit einem fast kindlichen Gesicht, in dem Moment tödlich getroffen wurde, als er seine Waffe abfeuerte. Die Rakete flog über meinem Kopf durch die Luft. Ich spürte, wie sich ein Schauer über meinen Rücken ausbreitete, weil mir klar war, dass ich diesen Beschuss nicht überlebt hätte. Nun konnte ich meine Fassung nicht mehr bewahren. Tränen liefen mir über die Wangen und ich fiel auf die Knie. Die Kämpfe tobten noch immer um mich herum, aber in diesem Moment stand für mich alles still. Meine Gedanken wanderten zu meiner Familie, zu meinem Zuhause, zu all den Dingen, die ich liebte und die ich vielleicht niemals wiedersehen würde. Ich dachte, dass ich das Ende des Krieges nicht erleben würde. Aber ich wusste auch, dass ich in diesem Kampf ums Überleben nicht allein war. Ich hatte Kameraden, die für mich kämpften und die für mich starben. Mein Magazin war leer. Ich zog meine P8 und hielt sie zitternd in meinen Händen. Meine Augen suchten verzweifelt nach den Angreifern, die immer noch im Hintergrund lauerten. Ich wusste nicht, wie viele von ihnen noch kommen würden, aber dass ich kämpfen würde, bis mein letzter Atemzug verbraucht war.

Ich holte tief Luft und stand wieder auf, bereit für den nächsten Kampf, für den nächsten Feind, für den nächsten Moment der Wahrheit. Niemals würde ich aufgeben. Die Kugeln pfiffen mir um die Ohren und ich spürte, wie meine Kräfte schwanden. Ich wollte nicht aufgeben. Denn in diesem Moment wurde mir klar, dass ich mehr als nur eine Waffe in meinen Händen hielt. Ich vertraute meinem Mut und meiner Entschlossenheit, die mich bis zu diesem Punkt gebracht hatten. Trotz Todesangst würde ich weiterkämpfen, bis die letzte Patrone verschossen war.

Plötzlich hörte ich das unverkennbare Wummern der Chinook-Transporthubschrauber. Als sie nahe genug herangekommen waren, feuerten deren Bordmaschinenkanonen mehrere Salven. FRRRRZZZTT, FRRRRZZZTT. Ich erinnerte mich an die dummen Witze aus meiner Grundausbildung, als wir uns über den Krieg lustig gemacht hatten. Aber jetzt, inmitten des Geschehens, konnte ich nicht anders als zuzugeben, dass der Sound wirklich beeindruckend war. „Krieg ist die Hölle, nur der Sound ist geil“, hieß es damals. Wie dumm dieser Spruch doch war. Aber in diesem Moment, während ich auf dem Wüstenboden kniete und das Kriegsgeräusch um mich herum vernahm, klang es für mich fast göttlich. Dann sah ich, wie eine Spezialeinheit an Seilen abgesetzt wurde und ich wusste, dass sie unsere Rettung sein würden. Diese Elitekämpfer sorgten mit ihrer überlegenen Feuerkraft und ihren hervorragenden Schießfertigkeiten innerhalb kürzester Zeit für Ruhe und Sicherheit. Ich kniete immer noch wie angewurzelt auf dem Boden, die P8 im Anschlag, und konnte mein Glück nicht fassen. Ich hatte überlebt und wusste, dass ich jetzt mehr als je zuvor leben wollte. Der Schrecken des Krieges hatte mich verändert; nie wieder würde ich der gleiche sein. Aber jetzt, in diesem Moment, fühlte ich mich unbesiegbar.

Nach gefühlt stundenlangen Kämpfen konnte ich endlich tief durchatmen. Doch die Erleichterung währte nur kurz, als plötzlich zwölf Kommandosoldaten auf uns zukamen. Ihre Waffen zielten auf uns, und sie forderten uns laut und bestimmend auf, unsere Waffen niederzulegen. Verwirrt und geschockt wusste ich zunächst nicht, was los war. Schließlich war ich nicht der Feind, sondern ein Kamerad. Langsam und mit zittrigen Händen steckte ich meine Pistole zurück in mein Blackhawk-Holster, während ich mein leergeschossenes Gewehr vorsichtig in den Sand ablegte. Die Kommandosoldaten befolgten ihr Protokoll mit eiskalter Präzision, und forderten uns auf, die Hände hinter den Kopf zu legen und still zu bleiben. Sie strahlten eine beeindruckende Ruhe und Professionalität aus, während sie jeden von uns einzeln durchsuchten und nach unseren persönlichen Identifikationsnummern fragten. In diesem Moment wurde mir klar, dass ich zu Beginn des Einsatzes meine Identifikationsnummer aufschreiben musste. Ich erinnerte mich an die vierstellige Nummer 4625 und die beiden englischen Sätze über meine Kindheit, meine Lieblingsfarbe und mein erstes Haustier, die ich damals notiert hatte. Diese Informationen wurden zur Identifizierung im Falle einer PR (Personnel Recovery) benötigt, um sicherzustellen, dass sich niemand als Soldat ausgeben konnte, der es nicht war. Mit zitternder Stimme nannte ich meine Nummer, gefolgt von den amerikanischen Soldaten. Nachdem wir durch unsere Gefechtsstände identifiziert worden waren, wurden wir von der maskierten Task Force 47 an Bord der Chinooks gebracht. In der Maschine herrschte absolute

Stille. Ich saß neben zwei Amerikanern, die von einem Paramedic des KSK behandelt wurden. Sie hatten Treffer abbekommen und wurden mit Tourniquets versorgt. Währenddessen kämpfte ich gegen meine eigenen Emotionen an. Meine Augen wurden glasig, aber ich unterdrückte meine Tränen. Ich schwor mir, nie wieder eine Träne zu vergießen.

Während des Fluges fühlte ich mich vollkommen erschöpft und innerlich leer. Zu meiner großen Überraschung hatte ich keinen Kratzer abbekommen. Mein Körper war äußerlich unversehrt, aber innerlich fühlte ich mich wie ein Wrack. Der Einsatz hatte seine Spuren hinterlassen und ich wusste, dass ich Zeit brauchte, um mich zu erholen. Aber für den Moment war ich erleichtert, dass ich überlebt hatte und mit meinen Kameraden zurückkehren konnte.

Auf dem Airfield in Mazar-e Sharif nahm mich mein Kompaniefeldwebel in Empfang. Ich konnte mich kaum auf den Beinen halten. Wie in Trance aß ich ein paar Kekse, bevor ich mich auf den Weg zu meinem Container machte. Ich musste mich ablenken, also begann ich damit, meine persönliche Ausrüstung zu reinigen. Plötzlich erschien einer unserer Ärzte, um mich zu untersuchen. Ich blieb äußerlich ruhig, aber innerlich war ich noch immer aufgewühlt. Mein Herzschlag war erhöht und das Adrenalin pulsierte durch meinen Körper. Ich schloss meine Augen und versuchte, die Bilder des Gefechts aus meinem Kopf zu bekommen. Ich sah, wie meine Kugeln meine Feinde durchbohrten und ihr Blut auf den Boden spritzte. Ihre Gesichter hatten sich in mein Gedächtnis eingebrannt; ich konnte sie nicht mehr abschütteln. Irgendwann gelang es mir doch noch, die Erinnerungen an diesen furchtbaren Tag tief in mir zu begraben. Doch ich wusste, dass sie eines Tages zurückkommen würden, um mich zu quälen.

Auch im Nachhinein konnte ich kaum glauben, dass ich noch am Leben war. Ich hatte eine Notlandung überlebt, mich gegen die Taliban verteidigt und sie im Gefecht bekämpft. Aber ich spürte, wie sich etwas in mir veränderte – ich war nicht mehr derselbe Mensch wie vor diesem Ereignis.

Am seidenen Faden

Der stetige Wandel in der Bundeswehr machte nicht vor den Auslandseinsätzen halt. Auch nicht in dem sehr gefährlichen Afghanistan. Die gesamte Führungsstruktur und Zusammensetzung der Kontingente wurden radikal verändert. Glücklicherweise war mein Auslandseinsatz fast vorüber. Ich hatte aber noch einen besonderen Auftrag zu erfüllen: Ich sollte die aktuellen Rettungswege auf Optimierungen hin untersuchen und meine Ergebnisse in einem Bericht festhalten. Dazu wurde ich einem Fallschirmjägerzug zugeteilt, der ebenfalls Erkundungsaufträge durchzuführen hatte. Die Infanteristen lernte ich am Abend vor dem Abflug kennen. Meine körperliche Statur und mein Fallschirmspringerabzeichen sorgten dafür, dass ich schnell akzeptiert wurde. Doch ich wusste, dass ich mich erst beweisen musste, bevor ich das volle Vertrauen der Soldaten gewinnen könnte.

Unsere erste Station war der gefährliche Unruhedistrikt Char Darah in der Provinz Kunduz. Dort sollte ich die Evakuierungsmöglichkeiten für verwundete Soldaten mit Hubschraubern oder Landfahrzeugen erkunden. Aus meiner Zeit im JOC kannte ich den Distrikt nur zu gut; er hatte mir in der Vergangenheit bereits einige schlaflose Nächte bereitet. Hier waren erst kürzlich drei deutsche Soldaten in einem brutalen Hinterhalt getötet worden. Auch mein guter Bekannter, Oberstabsarzt Dr. Thomas Broer, hatte dort sein Leben lassen müssen. Zum Glück hatte ich einen erfahrenen Infanteristen, Hauptfeldwebel

Z., an meiner Seite. Sein Erscheinungsbild mag zunächst nicht dem typischen Fallschirmjäger-Klischee entsprechen. Aber in schwierigen Situationen behielt er stets die Ruhe. Ich hatte großen Respekt vor ihm und seiner Führungsstärke. In einer Welt voller Unsicherheiten war er ein Anker, an dem man sich festhalten konnte.

Die Soldaten des Fallschirmjägerzuges bildeten eine elitäre Einheit. Sie waren Krieger. Kein Hindernis war ihnen zu groß, kein Auftrag zu gefährlich. Sie hatten ein Ziel vor Augen: den Auftrag erfüllen und, wenn nötig, den Feind zu besiegen.

Der erste Tag in der Provinz Kunduz begann früh am Morgen. Nach einer klaren Einweisung des Zugführers inspizierten wir unsere Waffensysteme und überprüften unsere persönliche Ausrüstung. Mein taktischer Rucksack war mit Erste Hilfe-Sets, Rauchbomben und Munition gefüllt, meine Waffen hatte ich jederzeit griffbereit. Ich fühlte mich wie ein Soldat in einem Hollywood-Blockbuster, bereit für den großen Showdown. In mehreren Dingos verließen wir das Feldlager Kunduz in Richtung Juliet 92 – ein Codewort für eine wichtige Brücke im Distrikt, die reparaturbedürftig war und von den Infanteristen auf selbstgebastelte Sprengsätze untersucht werden sollte. Dort angekommen, befahl der Zugführer, den Bereich vor der Brücke zu sichern.

Als ein EOD-Trupp mit der Brückeninspektion begann, trug ich mit zur Absicherung im südlichen Bereich der Brücke bei. Wir erwarteten geradezu einen Angriff der Aufständischen. Jeder Mann in der Gruppe wusste genau, was zu tun war. Es gab weder Nervosität noch überflüssige Bewegungen. Nur professionelles, emotionsloses Handeln. Trotz der extremen Hitze war ich hochkonzentriert und voller Adrenalin. Ich war froh, dass ich hier sein durfte und meine Fähigkeiten unter Beweis stellen konnte.

Ich sah, wie der zweite Dingo am ersten vorbeikroch und schließlich auf Schritttempo abbremste, um zur Brücke zu gelangen. Unsere Fahrzeuge waren mit effektiven Jammern ausgestattet, die uns vor Anschlägen mit ferngesteuerten Sprengsätzen schützten, indem sie Funksignale in einem bestimmten Radius blockierten. Links vom abgesessenen MG-Schützen parkte ein weiterer, ebenfalls mit einem Jammer ausgestatteter Dingo. Ein Hauptfeldwebel des EOD-Trupps untersuchte die Brücke soweit möglich. Ich hatte seit meinen Einsätzen auf dem Balkan größten Respekt vor Kampfmittelbeseitigern. Ich konnte mir nicht einmal ansatzweise vorstellen, unter welch unermesslichem Druck und ständiger Todesangst diese Jungs arbeiteten. Doch heute schien alles glatt zu laufen: Nach einigen Minuten meldete der Spezialist, dass die Brücke frei von Sprengsätzen und befahrbar sei. Ich stand etwa 50 Meter entfernt und sicherte meinen zugewiesenen Bereich. Der Auftrag war erledigt und Hauptfeldwebel Z. gab das Handzeichen zum Abrücken. Wir hatten an diesem Tag noch weitere wichtige Punkte auf unserer Agenda und wollten schnell weiterfahren. Doch plötzlich wurde die trügerische Ruhe von einem ohrenbetäubenden Knall zerstört. Die Brücke explodierte in tausend Stücke und wurde förmlich dem Erdboden gleichgemacht.

Obwohl ich einen großen Abstand zur Brücke hatte, traf mich die Wucht der Detonation mit voller Kraft. Für einen kurzen Moment war ich völlig benommen und orientierungslos. Der strahlend helle Tag wurde augenblicklich von einer tiefen Dunkelheit verschluckt. Durch den aufgewirbelten Staub konnte ich kaum noch meine Hand vor Augen erkennen. Mein Gesicht war mit einer dicken Staubschicht bedeckt. Ich zog meinen Ärmel hoch und versuchte, den Staub von meinem Gesicht zu wischen – vergeblich. Schnell griff ich zu meinem Trinkhalm und spuckte das Wasser aus meinem Camel- Bag in meine

Hände, um meine Augen von dem schmutzigen Staub zu befreien. Das musste ich mehrmals wiederholen, bis ich wieder einigermaßen sehen konnte.

Als ich mich umsah, bemerkte ich, dass alles um uns herum einfach weggeblasen worden war. Selbst Sträucher, die gut 25 Meter entfernt wuchsen, wurden zerstört. Kleine Flammen züngelten noch zwischen verbrannten Überresten. Hören konnte ich allerdings nichts, außer einem dumpfen, schmerzhaften Pfeifen, das sich tief in die Synapsen meines Gehirns hineinbohrte. Mein Kopf war am Platzen. Aber ich wusste, dass ich jetzt einen kühlen Kopf bewahren musste, denn jede Sekunde zählte. Ich gab die Lage über Funk an das JOC durch und bat um medizinische Unterstützung, weil es mehrere Verletzte gegeben hatte. Mit schnellen Schritten holte ich meinen Rettungsrucksack aus dem Dingo. Ich beeilte mich, zum MG-Schützen zu kommen, der bewusstlos am Boden lag und aus einer tiefen Wunde am Kopf blutete. Hauptfeldwebel Z. war durch die Explosion einige Meter durch die Luft geschleudert worden und schrie wie ein schwer verletztes Tier. Blitzschnell begann ich, die Wunde des MG-Schützen zu behandeln. Ich säuberte die Verletzung und stopfte Quikclot hinein, um die Blutung zu stoppen. Dann legte ich einen Druckverband an und überprüfte ihn auf weitere Verletzungen. Glücklicherweise war er augenscheinlich bis auf die Wunde am Kopf unverletzt. Ich legte ihn in die stabile Seitenlage und machte mich dann daran, Hauptfeldwebel Z. zu behandeln. Er lag nun apathisch auf dem Rücken. Er hatte eine schwere Verletzung im Rückenbereich. Es war wichtig, dass er sich nicht bewegte, um weitere Schäden zu vermeiden. Ich benötigte dringend medizinische Verstärkung, wusste allerdings nicht, wann diese eintreffen würde. Ich hatte nicht das richtige Equipment dabei, um ihn zu stabilisieren oder zu fixieren, aber ich wusste, dass ich alles tun musste, um ihn am Leben zu halten.

Hauptfeldwebel Z. musste schnellstmöglich operiert werden, um eine dauerhafte Querschnittslähmung zu vermeiden. Für den Transport benötigte er eine spezialisierte Ausrüstung. Ein Kamerad hatte bereits den Prewarning an die JOC abgegeben, aber wegen der unklaren Feindlage durften wir keinen Hubschrauber anfordern. Ich befahl den Dingo-Besatzungen, die unmittelbare Umgebung zu sichern. Durch den Funker ließ ich zwei Nineliner an die PECC melden, während ich rechts neben Hauptfeldwebel Z. kniete und ihm seinen Fentanyl-Lolli in den Mund steckte, um seine Schmerzen zu lindern und ihn ruhig zu stellen. Sein gelegentliches Aufbäumen vor Schmerz machte mir Sorgen. Außerdem zog ich mit Hilfe eines Kameraden den verletzten MG-Schützen näher zu uns heran, um seine Vitalzeichen ständig kontrollieren zu können. Als die Dingos eine Wagenburg bauten, lichtete sich allmählich der Staub, der durch die schwere Explosion aufgewirbelt worden war. Doch plötzlich schlugen Kugeln um uns herum ein. Der typische Sound automatischer Kalaschnikow-Gewehre durchzog die kurze Stille nach der Explosion. Die Dingos erwiderten das Feuer sofort mit ihren auf dem Dach montierten schweren Maschinengewehren MG3, Kaliber 7,62 × 51 mm. Der Fallschirmjägerzug ging unverzüglich in Stellung und schwärmte aus, um den Feind zu bekämpfen, der sich schnell aus allen Himmelsrichtungen näherte. Insgesamt müssen es mehr als 100 Taliban-Kämpfer gewesen sein, die auf uns zustürmten.

Nach dem Prinzip „Every Soldier is a Rifleman first“ beteiligte ich mich am Kampf gegen den Feind. Zwischendurch vergewisserte ich mich, dass Hauptfeldwebel Z. und der MG-Schütze gut versorgt waren. Die Situation war äußerst gefährlich, aber ich blieb abgebrüht und behielt einen kühlen Kopf. Wegen meiner vielen Einsätze waren meine Emotionen mittlerweile abgestumpft. Ich fühlte mich unbesiegbar, selbst in den gefährlichsten

Gefechtssituationen. Mein Gewehr, das G-36, war mein treuer Begleiter. Die Aufständischen sah ich durch das präzise Visier meines Gewehrs. Mit gezielten Doppelschüssen tötete ich die Feinde, wie ich es bei den Spezialkräften gelernt hatte – nach dem Body-Head-Prinzip. Zwei schnelle Schüsse auf den Körper und der finale Schuss in den Kopf. Da mein Munitionsverbrauch hoch war, nahm ich die Magazine aus der IDZ-Weste von Hauptfeldwebel Z.. Ich führte neue Magazine in meine Waffe ein und schoss ohne Unterbrechung. Zum Glück hatten wir eine hervorragende Stellung hinter unseren Fahrzeugen. Die MG-Schützen feuerten aus ihren Dingos, und die abgesessenen Fallschirmjäger kämpften heldenhaft. Plötzlich kam die Meldung vom Funker, dass der angeforderte BAT nicht kommen konnte. Stattdessen sollte ein amerikanischer Hubschrauber aus Mazar e-Sharif in unserer Nähe landen. Doch die Landezone war noch umkämpft, so dass der Hubschrauber warten musste. Die Intensität des Gefechtes nahm zu. Zwei feindliche RPG-Schützen wurden durch unser schweres Maschinengewehr zerfetzt, aber auch die Taliban nutzten ihre vollautomatischen Waffen und Panzerfäuste. Doch wir gaben nicht auf. Wir kämpften mit aller Kraft und Leidenschaft. Wir fühlten uns wie geborene Kämpfer und würden uns dem Feind bis zum bitteren Ende entgegenstellen.

Die Luft vibrierte vor Spannung und das Adrenalin pumpte durch meine Adern. In diesem Moment war ich mehr Maschine als Mensch, vollkommen emotionslos, aber gleichzeitig äußerst fokussiert und zielstrebig. Jeder Handgriff saß perfekt und ich fühlte mich wie ein Teil eines Uhrwerks, das unermüdlich weiterarbeitete, egal wie gefährlich die Situation war. Die Kugeln prasselten auf uns nieder wie Regentropfen auf eine Fensterscheibe, aber ich blieb ruhig und konzentriert. Immer wieder wechselte ich zwischen dem Gefechtsmodus und dem Medical Modus.

Den verletzt am Boden liegenden Kameraden lief die Zeit davon. Die Aufständischen wurden mutiger und rückten immer weiter vor. Der stellvertretende Zugführer war im ständigen Kontakt mit seinem Kompaniechef, auch die Verstärkung war schon auf dem Weg. Sie sollte in Kürze eintreffen. Einer der MG-Schützen in einem Dingo hatte eine Störung an seiner Waffe und krabbelte auf das Dach seines Fahrzeugs, um diese zu beheben. Ich dachte mir nur, dass dieser Typ echt Eier besitzen würde. So gut es ging gaben wir unserem Kameraden Feuerschutz. Für die Taliban musste er ein gutes Ziel abgegeben haben, denn immer mehr schossen sich auf ihn ein. Schließlich erhielt er mehrere Treffer von Aufständischen, die bereits bis auf dreißig Meter an uns herangerückt waren. Ich zögerte keine Sekunde und stürmte los, um ihm zu helfen. Ich kroch auf allen Vieren durch den Sand, die Hitze der Wüste brannte auf meiner Haut und der Staub kitzelte in meiner Nase. Aber ich ließ mich nicht ablenken, ich hatte nur ein Ziel vor Augen: meinen Kameraden zu retten. Als ich schließlich bei ihm ankam, sah ich, dass er schwer verletzt war. Ich tat alles, um sein Leben zu retten. Zuerst riss ich ihn mit unmenschlicher Kraft vom Dach des Dingos. Ich konnte meinen Blick nicht von dem Verletzten abwenden, der wie ein Zombie aussah, sein Gesicht war ausdruckslos und leer. Seine Uniform war durchtränkt mit Blut und Schmutz und er sah aus wie eine Gestalt aus einer anderen Welt. Aber ich hatte keine Zeit, mich davon ablenken zu lassen, ich musste mich auf die Wunden konzentrieren, die sein Leben bedrohten. Ich hatte das Gefühl, dass jede Sekunde zählte, dass ich nicht nur einen Kameraden retten musste, sondern auch ein Stück von mir selbst.

Ich nahm mehrere Tampons aus meiner Tasche und presste sie tief in die Einschusslöcher. Darüber drückte ich mit aller Kraft Quikclot. Ich fühlte das warme Blut auf meinen Händen, doch ich ließ mich davon nicht abschrecken. Ich musste jetzt für meinen Kameraden da sein. Die Situation war höllisch, die Luft war erfüllt von Schüssen und Explosionen. Ich hatte einen Tunnelblick und konzentrierte mich nur auf die Aufgabe. Meine Hände arbeiteten schnell und präzise, trotz des Blutes, das an meinen Handschuhen klebte. Jeder Schuss, der knapp an mir vorbeizischte, spornte mich nur noch mehr an. Unsere Lage war jedoch alles andere als gut. Ein Kamerad mit mehreren Schussverletzungen hatte sehr viel Blut verloren, ein bewusstloser Kamerad litt vermutlich an inneren Verletzungen, und ein weiterer lag mit einem schweren Wirbelsäulentrauma danieder. Ihr Leben hing am seidenen Faden.

Offensichtlich hatte die Eingreifreserve mein Gebet erhört. Mit einer beeindruckenden Armada von gepanzerten Fahrzeugen erschien sie wie ein rettender Engel auf dem Schlachtfeld und griff die Taliban aus zwei Richtungen an. Währenddessen näherten sich die beiden Hubschrauber. Der zur Sicherung eingesetzte Hubschrauber feuerte unerbittlich auf die Taliban am Boden, was sie in die Flucht trieb. Daraufhin wiesen wir der Besatzung des Rettungshubschraubers eine Landezone zu, indem wir eine rote Rauchgranate zündeten. Nachdem der Rettungshubschrauber gelandet war, stieg der Paramedic aus, um mir beim Transport des schwerstverletzten Soldaten zu helfen. Mit einer unglaublichen Geschwindigkeit packten wir die Trage und trugen den verwundeten Soldaten in den Hubschrauber. Der zweite Paramedic legte ihm sofort einen Zugang an und pumpte ihm Blutersatz in die Venen. Dann kümmerten wir uns um Hauptfeldwebel Z, aber der Transport von ihm erforderte äußerste Vorsicht. Nachdem wir ihn behutsam auf ein Spineboard gelegt und mit mehreren Gurten fixiert hatten, zog der Paramedic an seinem Hals, während ich ihm ein Stifneck anlegte, um seine Halswirbelsäule zu stützen. Schließlich brachten wir auch ihn in den Hubschrauber. Der MG-Schütze hielt sich trotz seiner Verbrennungen tapfer und war wieder bei Bewusstsein. Wir luden auch ihn in den Hubschrauber und dankten unseren amerikanischen Helfern für ihre Unterstützung.

Wir packten alles zusammen und verlegten gemeinsam mit der Eingreifreserve in das Feldlager Kunduz. Der Triumph des Tages war unser Sieg über die Taliban, aber auch die Erkenntnis, dass wir uns als Soldaten im Krieg, zusammen mit unseren Verbündeten, aufeinander verlassen können und dass unser Glaube an unsere Mission uns am Ende zum Erfolg führen wird.

Zwei Tage darauf erschütterte die durchdringende Stimme des Talibansprechers Sabihullah Mudschahed die ohrenbetäubende Stille in der Luft. Drei unserer mutigen Soldaten wurden getötet und weitere zwei verwundet. Doch wir waren keine Weicheier, wir ließen uns nicht von Emotionen überwältigen. An diesem Tag hatten wir keine Toten zu betrauern, aber wir waren bereit für alles, was das Schicksal uns vorgab. Die drei verwundeten Soldaten waren inzwischen wieder auf den Beinen und kämpften sich durch ihre Schmerzen. In den folgenden Tagen passierte nichts mehr, aber das bedeutete nicht, dass wir uns ausruhen konnten. Ich nahm an einigen weiteren Patrouillen teil und verbrachte viel Zeit mit meinem Kameraden Enrico. Er hatte in der Vergangenheit viel durchgemacht, und obwohl er versuchte, stark zu bleiben, konnte ich erkennen, dass er innerlich litt. Mit jedem Jahr, das verging, wurde er trauriger und verschlossener. Schließlich entschied er sich dazu, die Bundeswehr zu verlassen, aber nicht bevor ich ihn zum Hauptfeldwebel befördern konnte. Wir haben heute kaum mehr Kontakt, aber ich hoffe, dass er eines Tages den Frieden finden wird, den er so sehr verdient. Mein Aufenthalt in Afghanistan war intensiv, ich werde die Erfahrungen, die ich dort gemacht habe, nie vergessen. Auf dem gleichen Weg, den ich gekommen war, kehrte ich nach Deutschland zurück und hoffte, dass ich eines Tages wieder in dieses Land zurückkehren würde, um meine Kameraden erneut zu unterstützen.

Kosovo Part IV

Diesmal gab es keinerlei Anzeichen von emotionalem Aufruhr nach meiner Rückkehr aus Afghanistan. Der Dienst verlief routinemäßig, ohne größere Zwischenfälle. Im Laufe der Zeit verfeinerte ich meine Führungsfähigkeiten und fühlte mich immer sicherer in meiner Rolle als Chef und Disziplinarvorgesetzter. Die tägliche Fahrt nach Hause war für mich zu einem angenehmen Ritual geworden. Obwohl ich zwei Stunden im Auto verbrachte, nutzte ich diese Zeit, um abzuschalten, aber auch, um nachzudenken. Enrico M. hatte sich vor einem Jahr zu mir nach Bruchsal versetzen lassen. Er wollte immer noch Berufssoldat werden, was aber trotz meiner Unterstützung nicht glückte. Seine Motivation war bis zum letzten Dienstag hoch. Er half mir dabei, die gesamte Einheit durch die Prüfung nach §78 der Bundeshaushaltsordnung zu führen. Buchungstechnisch und in Bezug auf die materielle Einsatzbereitschaft waren wir zu 100 Prozent sicher.

Im Februar 2012 wurde Enrico zum Hauptfeldwebel befördert und angemessen verabschiedet. Ich vermisste ihn, da wir in den letzten Jahren so viel Zeit miteinander verbracht hatten, aber das Leben musste weitergehen. Ich selbst begann, mich auf meinen nächsten Auslandseinsatz vorzubereiten, denn ich wusste, dass das Personalamt meine Freiwilligenbewerbung nicht vergessen hatte und mich immer dann einsetzen würde, wenn ich gebraucht wurde. Als Soldat gehörten Auslandseinsätze inzwischen zum typischen Leben dazu und ich war bereit, meinen Auftrag zu erfüllen, wo auch immer und wann auch immer.

Der nächste Einsatz war etwas ganz Spezielles für mich, denn meine Ehefrau sollte ebenfalls mit mir verlegen. Zuerst war ich überhaupt nicht begeistert gewesen, da ich sie nicht den dort herrschenden Gefahren aussetzen wollte. Doch als ich das Ziel erfuhr, war ich mehr als beruhigt. Es ging mal wieder auf den Balkan. Im Jahre 2011 war der Kosovoeinsatz ein vergessener Einsatz gewesen. Alle Schlagzeilen richteten sich ausschließlich auf Afghanistan. Doch auch im Kosovo verrichteten Soldatinnen und Soldaten der Bundeswehr ihren Job und erledigten diszipliniert ihre Aufträge. Allerdings war die Minenlage immer noch kritisch und Unruhen konnten leicht entstehen. Vor einigen Jahren hatte ich am eigenen Leib erfahren müssen, wie schnell die Stimmung der Menschen im Kosovo kippen konnte. Ich selbst sollte als Chief PECC sicherzustellen, dass Verletzte schnell und sicher evakuiert wurden. Meine Frau war für eine andere Kompanie eingeplant.

Während ich meine Frau zum Flughafen brachte, spürte ich eine Mischung aus Aufregung und Tapferkeit in ihr – eine Kombination, die mir nur zu gut bekannt war. Schließlich erinnerte ich mich noch genau an meine eigenen Gefühle vor meinem allerersten Auslandseinsatz. Als ich dann allein zu Hause war, wurde es still. Zu still. Ich bin nicht der Typ, der den ganzen Tag rumhängt, also kniete ich mich voll in meinen Job rein. Ich wollte sicherstellen, dass meine Kompanie ordnungsgemäß übergeben wurde und dass mein Nachfolger einen reibungslosen Einstieg hatte. Denn zwischenzeitlich hatte ich eine Versetzung nach Ulm erhalten. Nachdem ich die Beurteilungen für mein Personal geschrieben hatte, musste ich mich von meinen Kameraden verabschieden, was mir sehr schwerfiel. Als ich durch die Gänge lief, spürte ich einen Hauch von Wehmut, aber auch von Respekt und

Wertschätzung. Ich schüttelte die Hände meiner Kameradinnen und Kameraden und hörte mir ihre Worte der Anerkennung und des Dankes an. Ich wusste, dass ich einen guten Job gemacht hatte, und es fühlte sich gut an zu wissen, dass meine Arbeit geschätzt wurde. Meine Verwendung als Kompaniechef war nun Vergangenheit.
Drei Tage später landete ich in Pristina. Im dortigen Hauptquartier war ich beeindruckt von der Vielfalt der Nationen, die dort mittlerweile vertreten waren. Dann ging es weiter mit dem Bus nach Prizren. Die Veränderungen seit meinem letzten Einsatz im Jahr 2004 waren enorm. Mit den Missionen von damals war dieser Einsatz definitiv nicht zu vergleichen. Es gab fast keine Vorfälle, und die Einheimischen waren uns freundlich gesinnt. Es war eine angenehme Abwechslung zu den Anschlägen und Bedrohungen, die ich in Afghanistan erlebt hatte. Und meine Frau hatte sich bereits gut eingelebt.
Zur Absicherung der Wahlen wurde die NATO Response Force (NRF), eine schnelle Eingreiftruppe, in den Kosovo verlegt. Dies hatte enorme Auswirkungen auf das Leben im Feldlager. Das Schlafen in Einzelunterkünften war nur noch eine ferne Erinnerung an vergangene Zeiten. Die Freizeiteinrichtungen, die einst zur Entspannung dienten, waren nun völlig überfüllt, so dass Betreuungszeiten eingeführt wurden. Beim Mittagessen musste man in einer langen Schlange anstehen. Für viele war dies ein absolutes Desaster. Die Wahlen wurden dann wie geplant durchgeführt.
Auch wenn mein vierter Einsatz im Kosovo der ruhigste und langweiligste in meiner Bundeswehrkarriere war, so konnte ich doch so viele positive Erlebnisse sammeln, dass ich diesen Einsatz nicht missen möchte. Das Positivste war, dass meine Ehefrau täglich an meiner Seite war. Zusammen haben wir zwölf Quadratmeter bewohnt. Diese gemeinsame Zeit hat uns noch mehr

zusammengeschweißt. Wir wussten ab diesem Zeitpunkt, dass wir eine Familie gründen wollten.
Meine Frau und ich freuten uns auf unsere Rückkehr nach Hause. Am vorletzten Tag wurde mir noch die Einsatzmedaille des Kosovo in Gold verliehen. Eine Auszeichnung, auf die ich sehr stolz bin. Insgesamt hatte ich mehr als zwei Jahre auf dem Balkan verbracht.

2+4

In der beschaulichen Umgebung des Lazarettregiments 42 in Ulm fand ich meine neue Heimat, wo ich den Dienstposten des Materialbewirtschaftungsoffiziers (S4) innehatte. Kurzerhand war ich aus der Kompanie in den Stab versetzt worden. Als das Verteidigungsministerium die Schließung unserer Liegenschaft und die Verlegung des Regiments nach Dornstadt verkündete, wurde mir die Verantwortung für den reibungslosen Ablauf des Umzugs übertragen. Die Versetzung von Oberleutnant Michael N. als Sicherheitsoffizier (S2) brachte frischen Wind in unseren Stab. Ein brillanter Analyst, der mir schnell zu einem verlässlichen Partner wurde. Wir teilten nicht nur den Dienst, sondern auch eine Fahrgemeinschaft und schmiedeten eine enge Freundschaft. Als unser neuer Kommandeur, Oberfeldarzt Dr. W., im Dezember von einer Einsatzbesprechung zurückkehrte, war unser Schicksal besiegelt. Im kommenden Jahr mussten in Afghanistan mehrere Dienstposten durch unser Regiment besetzt werden. Und ausgerechnet zwei davon, der des S2 und der des S4, waren vakant. Für Michael und mich gab es kein Entkommen – der Einsatzbefehl war unausweichlich. Während ich bereits Erfahrungen aus früheren Einsätzen mitbrachte und wusste, was uns erwarten würde, war Michael noch unsicher und voller Aufregung. Sein Talent lag in der Analyse von komplexen Situationen, aber die Realität des Soldatenlebens war ihm noch fremd.

Cheat day

In Afghanistan standen die Präsidentschaftswahlen an. Die ohnehin angespannte Lage wurde dadurch noch brisanter. Zwar hatten die Warlords der alten Garde längst das Feld geräumt, doch ihre Nachfolger waren keineswegs friedlicher oder weniger skrupellos. Mit brutaler Entschlossenheit und fanatischem Eifer kämpften sie um die Macht. Ich selbst hatte mich nach all den Jahren der Gewalt und des Leids von der Politik abgewandt und mich auf mein Überleben konzentriert. Doch mit Michael als Mitbewohner in unserem Container änderte sich meine Einstellung zur Politik. Seine Leidenschaft und Expertise für die politischen Machenschaften in Afghanistan fesselten mich. Nun interessierte ich mich brennend für die bevorstehenden Wahlen. Der Name Abdullah Abdullah fiel immer wieder, wenn es um den aussichtsreichsten Kandidaten für das Präsidentenamt ging. Doch in Afghanistan konnte sich alles von einer Sekunde auf die andere ändern.

Als ich meine Arbeit als S4-Offizier des Sanitätseinsatzverbandes in Afghanistan begann, konnte ich noch nicht ahnen, wie sehr sich meine Einstellungen im Laufe der Zeit verändern würden. Die ersten Tage waren noch von einer gewissen Ruhe geprägt, doch je länger ich im Einsatz war, desto mehr nahm der Stresspegel zu. Zu meinen Aufgaben gehörte die Rückführung des Materials. Es war eine Mammutaufgabe, denn das deutsche Einsatzkontingent musste von knapp 3000 Soldatinnen und Soldaten auf ungefähr 900 reduziert werden. Das bedeutete zwangsläufig, dass eine Unmenge an Material nach Deutschland gebracht werden musste. Das war längst nicht alles. Da auch die Betreuungsstärke abnahm, mussten viele Einrichtungen abgebaut werden. Den Soldatinnen und Soldaten wurden damit ihre letzten Ausweichmöglichkeiten zur Erholung und Entspannung genommen.

Doch nicht nur unsere Arbeitsbedingungen änderten sich von Tag zu Tag, auch die politische Lage im Land verschärfte sich rapide. Die Unruhen nahmen zu, und wir waren gezwungen, uns mit immer schwierigeren Situationen auseinanderzusetzen. Die Kombination aus ansteigendem Stress und steigender Unsicherheit machte den Einsatz zu einer wahren Herausforderung. In diesen Momenten wurde mir bewusst, dass der Krieg bei mir nicht nur physisch, sondern auch psychisch seine Spuren hinterlassen hatte. Ich fühlte mich abgestumpft, aber ich wusste, dass ich meine Aufgabe erfüllen musste. Ich war gezwungen, über meine Grenzen hinaus zu gehen, meine Emotionen zu kontrollieren und meine Kräfte zu bündeln. Geholfen hat mir der Stolz darauf, Führer eines Teams zu sein, das sich den Herausforderungen mit Entschlossenheit und Durchhaltevermögen stellte.
Michael, unser geschätzter S2, präsentierte täglich eine akribisch ausgearbeitete Lage Afghanistans. Die visuelle Darstellung der täglichen IED-Explosionen und der zahlreichen kleineren Gefechte in der vergangenen Woche war erschreckend. Als im Stab eingesetzter S4 konnte ich jedoch nur durch das Lesen der Berichte davon erfahren. In früheren Einsätzen hatte mich die Realität des Krieges mehr tangiert, aber zu diesem Zeitpunkt kümmerte es mich nicht besonders – ich war abgestumpft und arbeitete meine Aufträge ab. Doch als ich tiefer in die Lage eintauchte, wuchs mein Interesse. Die Komplexität der kriegerischen Ereignisse, die auf den ersten Blick unlösbar erscheinenden Probleme und das unerbittliche Tempo des Krieges faszinierten mich. Ich begann, die Berichte sehr aufmerksam zu lesen, um die kleinsten Details zu erfassen und die Zusammenhänge besser zu verstehen. Meine Fähigkeit, komplexe Informationen verständlich wiederzugeben, verbesserte sich, und ich konnte die Lageberichte für meinen unterstellten Bereich klarer und prägnanter gestalten. So wusste auch mein

Team ständig, was wirklich vor den schützenden Mauern unseres Feldlagers vorging.
Redeployment. So hieß das Projekt, das enorme Koordination erforderte, aber auch eine Chance für mich war, mich als junger Oberleutnant zu beweisen. Ich war nicht abgestumpft, sondern geradezu begeistert von der Möglichkeit, etwas Bedeutendes zu tun. Ich war selbstbewusst genug, um meine Meinung vor den Stabsoffizieren und dem Projektoffizier, Oberst B., zu äußern und Vorschläge einzubringen, auch wenn ich den niedrigsten Dienstgrad innehatte. Immer war ich bereit, meine Fähigkeiten und Kenntnisse in die Arbeit einzubringen und Verantwortung zu übernehmen. Dabei konnte ich mich auf mein Team verlassen, besonders auf Armin, der unseren Laden im Griff hatte. Mit ihm an meiner Seite war ich in der Lage, uns nach außen hin zu vertreten und souverän aufzutreten.
Gleich zu Beginn des Kontingentes musste die Vertrauenspersonenwahl durchgeführt werden. Jede Kompanie hatte die Aufgabe, einen Offizier, einen Feldwebel sowie einen Mannschaftssoldaten als Vertrauenspersonen zu bestimmen. Michael schlug mich als Kandidaten für die Offiziere vor. Ich wurde gewählt und hatte nun die Ehre, als Repräsentant meines Verbandes an einer erneuten Wahl zum Sprecher aller Vertrauenspersonen teilzunehmen. Auch hier wurde ich mit großer Mehrheit gewählt. Von diesem Zeitpunkt an war ich verpflichtet, meinen Verband in jeglicher Hinsicht nach außen hin zu vertreten. Dieses Amt erfüllte mich mit Freude und befähigte mich, gewisse Vorhaben durchzusetzen.
Mein Leben als Logistischer Offizier und Sprecher des Verbandes war ein einziger Rausch. Ich war dienstlich so ausgelastet, dass ich kaum noch Zeit für mich selbst hatte. Trotzdem wollte ich meine Fitness nicht vernachlässigen und ging jeden Tag mit meinem Freund Michael ins Gym. Schon bald zeigte sich, dass er ein wahres Talent für Sport

und Fitness hatte. Mit seiner Genetik legte er kontinuierlich an Muskelkraft zu. Für mich war der Einsatz eine Art fünfmonatiges Trainingslager. Doch das allein reichte nicht aus, um meinen Körper in Topform zu halten. Ich musste auch auf meine Ernährung achten. Glücklicherweise hatte das Feldlager, in dem wir uns befanden, drei verschiedene Küchen zur Auswahl. Zwei davon waren amerikanisch, eine war deutsch. Die deutsche Küche besuchte ich nur zweimal – beide Male auf Anweisung meines Kommandeurs. Denn in den amerikanischen Küchen gab es eine Vielzahl an leckeren Speisen, denen ich einfach nicht widerstehen konnte. Anfangs fiel es mir schwer, auf die fettigen Leckereien zu verzichten. Doch dann erfand Michael den „Cheat Day" und alles änderte sich. Jeden achten Tag durften wir uns in der Küche so richtig austoben und uns alle Köstlichkeiten gönnen, die wir uns sonst verkniffen hatten. Es war ein wahrer Genuss, an diesem besonderen Tag alles zu essen, was wir wollten. Wenn die amerikanische Küche mittwochs „Chicken Wings Day" hatte, konnte ich den verschiedenen Panaden und Saucen einfach nicht widerstehen. Freitags gab es saftige T-Bone-Steaks, die so groß waren, dass ich sie kaum alleine schaffte. Dank farbiger Linien auf dem Boden der Küche wusste ich genau, welche Mahlzeit ich wählen sollte, um meine Kalorien- und Fettzufuhr im Auge zu behalten. Insgesamt waren meine Aufträge voller Herausforderungen, aber dank des täglichen Trainings und unserer „Cheat Days" fühlte ich mich stets ausgeglichen und zufrieden.

Ich hatte mich vollkommen an das Lagerleben gewöhnt. Anstatt mich nach Patrouillen im Freien zu sehnen, genoss ich nun den strukturierten Alltag. Die Tage verflogen im Handumdrehen, und ich kämpfte damit, alles auf meiner endlosen To-Do-Liste zu erledigen. Ich reservierte mir täglich eine Auszeit für Sport und Selbstfürsorge, während der Rest des Tages mit Aufsicht,

Besprechungen und Büroarbeit gefüllt war. Unser Verband war für die sanitäre Versorgung aller Soldatinnen und Soldaten im Einsatz verantwortlich und betrieb das größte Einsatzlazarett der Region – die Role 2+ Einrichtung, die nach dem gefallenen Stabsarzt Dr. Thomas Broer benannt wurde. Jedes Mal, wenn ich vor dem Eingang stand und das Schild betrachtete, wurde ich von Erinnerungen überflutet – Erinnerungen an eine Zeit, die ich am liebsten vergessen würde. Das Krankenhaus war eine hochmoderne Einrichtung mit zahlreichen Fachgebieten, die von qualifizierten Ärzten besetzt waren. Wir hatten einen exzellenten Ruf und waren bekannt dafür, dass wir jedem, der unsere Hilfe benötigte, die bestmögliche Versorgung bieten konnten.

Als ich in Bosnien das erste Mal mit der Herausforderung konfrontiert wurde, Material vom Auslandseinsatz zurück nach Deutschland zu bringen, fühlte ich mich ein wenig überfordert. Doch je mehr ich mich mit der Thematik auseinandersetzte, desto selbstbewusster wurde ich in meiner Entscheidungsfindung. Die russischen Frachtmaschinen, die für die Materialrückführung zur Verfügung standen, waren allerdings äußerst teuer. Wir mussten also sorgfältig planen, welches Material unbedingt zurückzuführen war und welches vor Ort vernichtet werden konnte. Als ausgebildeter Sanitätsdienstoffizier Material konnte ich bei vielen Artikeln selbst entscheiden, ob sie ausgesondert und vernichtet werden sollten. Für die teuren Gerätschaften war jedoch ein Oberstapotheker vom Einsatzführungskommando zuständig. Zusammen mit meinem Kollegen Armin erstellte ich detaillierte Listen, um zu ermitteln, welche Gegenstände noch in Deutschland benötigt wurden. Diese Listen wurden dem Oberstapotheker übergeben, der uns grünes Licht für die weitere Arbeit gab. Dieser Schritt war Gold wert. So konnten wir kontinuierlich unsere Arbeit verrichten und im zugeteilten Zeitfenster der übergeordneten Führung bleiben.

Bald merkten wir, dass das Lager langsam aber sicher immer leerer wurde. Als Krankenhaus hatten wir jedoch auch eine Unmenge an Verbrauchsmaterial, das nicht mehr gebraucht wurde und nicht zurück nach Deutschland transportiert werden konnte. Wir beschlossen, dieses überschüssige Material der afghanischen Armee zu übergeben, damit sie damit ihr eigenes Krankenhaus ausstatten konnte. Ich dachte mir, dass sich die Zustände in deren Einrichtungen seit meinem letzten Besuch bestimmt noch nicht verbessert hatten. Die afghanischen Soldaten waren überglücklich und dankbar für alles, was wir ihnen zur Verfügung stellten. Für uns war es ein gutes Gefühl zu wissen, dass wir dazu beigetragen hatten, das Leben der Menschen vor Ort ein wenig erträglicher zu gestalten. Und wer weiß, vielleicht konnten wir mit unserer Handlung sogar das Leben von Patienten retten.

Upgrade

2014 stand die Weltmeisterschaft in Brasilien an – ein Ereignis, das ich auf keinen Fall verpassen wollte. Als großer Fußballfan war es mein Ziel, so viele Spiele wie möglich zu sehen. Doch das war nicht immer einfach, besonders nicht im Einsatz in Afghanistan. Der Grund dafür waren nicht nur unvorhersehbare Ereignisse, sondern auch die hohe dienstliche Belastung im Routinebetrieb sowie die Anstoßzeiten der Spiele. Schließlich waren wir in Afghanistan sieben Stunden voraus. Trotzdem schaffte ich es, das Eröffnungsspiel der deutschen Nationalmannschaft gegen Portugal zu schauen. Als CR7-Fan war ich natürlich hin- und hergerissen, aber wenn es um die deutsche Nationalmannschaft ging, war ich mit ganzem Herzen Patriot. Mit viel Einsatz und Kreativität organisierte ich ein Event für meine Kameradinnen und Kameraden, um das Spiel gemeinsam zu erleben. Wir spannten ein riesiges Tarnnetz auf und stellten viele Biertische auf, um eine gemütliche Atmosphäre zu schaffen. Der Spieß der

Klinikkompanie besorgte einen Beamer und wir bauten eine gigantische Leinwand auf.
Nach dem Spiel hatte der Kommandeur, Oberstarzt Dr. H., ein Antreten angeordnet. So etwas fand nur selten statt – höchstens zwei- bis dreimal pro Einsatz. Diesmal sollten Belobigungen ausgesprochen werden. Als Sprecher der Vertrauenspersonen hatte ich diese im Vorfeld abgesegnet. Obwohl ich kein Vetorecht hatte, war es eine nette Geste meines Vorgesetzten, mich um Rat zu fragen. Unsere Beziehung war geprägt von gegenseitigem Respekt und einer enormen Portion Empathie. Als der Kommandeur mir mitteilte, dass er drei Kompaniefeldwebeln seiner unterstellten Verbände einen Commanders Coin überreichen wollte, freute ich mich für die drei Kameraden. Besonders erfreulich war, dass auch Nicole eine Auszeichnung erhalten sollte. Ich hatte bereits im Jahr 2010 mit ihr in Afghanistan gedient und wusste, dass sie eine äußerst talentierte und kompetente Kameradin war.
Als ich mich in die Formation einreihte, spürte ich die Freude, die in der Luft lag. Deutschland hatte das Auftaktspiel gegen Portugal gewonnen. Auch der stellvertretende Kommandeur, der die angetretene Truppe an den Kommandeur melden sollte, war in bester Stimmung. Michael und ich standen ziemlich weit hinten in der Formation, wo wir uns nicht so steifhalten mussten wie die Soldaten in der ersten Reihe. Der Kommandeur begann seine Ansprache und bedankte sich für die bisher gezeigten Leistungen seiner Untergebenen. Er teilte uns Statistiken mit und war sichtlich stolz auf seinen Verband. Oberstarzt Dr. H. war ein charismatischer Führer und ein aufrichtiger Mensch. Seine blitzschnellen Entscheidungen und sein pragmatischer Führungsstil imponierten mir zutiefst. Anders als viele andere Vorgesetzte ging er nicht ins Mikromanagement und vertraute seinen Fachleuten. Er ließ seinen Soldaten die Freiheit, ihre Arbeit eigenverantwortlich zu erledigen. Ich hatte schon zu viele

Vorgesetzte erlebt, die sich in jede Kleinigkeit einmischten und damit unnötige Belastungen schufen. Bei Oberstarzt Dr. H. war dies jedoch niemals der Fall. Sein Führungsstil war wie für mich gemacht, und ich konnte mich voll und ganz auf meine Aufgaben konzentrieren. Mir war allerdings bewusst, dass er nicht für jeden geeignet war. Einige meiner Kameradinnen und Kameraden bevorzugten detaillierte Befehle. Doch für mich war klar: Mit einem solchen Vorgesetzten an meiner Seite konnte ich Berge versetzen und alle Herausforderungen meistern, die das Leben als Soldat mit sich brachte.

Michael N. stand gelangweilt neben mir in der letzten Antretereihe und gähnte, als hätte er die Nacht durchgemacht. Sein Gesicht wirkte müde und leer. Oberstarzt Dr. H sprach mit kräftiger Stimme. Ich lauschte seinen Ausführungen aufmerksam. Plötzlich befahl der Kommandeur Michael, nach vorne zu treten. Michael riss die Augen auf und schaute mich erschrocken an. Ich zog ihm noch die Uniform zurecht und sagte ihm, dass er sich ordentlich melden sollte. Tage zuvor hatte Michael gehofft, bald zum Hauptmann befördert zu werden, während mir klar war, dass ich noch einige Monate warten musste. Tatsächlich war es nun soweit. Michael sollte Blick zur Front nehmen. Der Kommandeur und sein Stellvertreter legten ihm die Schulterklappen an und schlugen ihm auf die Schultern als Zeichen für seine Beförderung zum Hauptmann. Michael konnte sein Grinsen gar nicht mehr abstellen, so stolz war er auf seinen neuen Dienstgrad. Nachdem er sich beim Kommandeur abgemeldet hatte, reihte er sich in die Formation ein, so dass ich ihn als nächster zur Beförderung zum Hauptmann gratulieren konnte.

Dann übergab der Kommandeur den drei Kompaniefeldwebeln vor der Front ihre Commander‘s Coins. Ich war sehr erfreut zu sehen, wie gut diese Auszeichnungen ankamen. Gemeinsam mit meinem Kameraden Armin

hatte ich dem Kommandeur etwa 100 Stück besorgt, damit er diese auch an Angehörige anderer Truppenteile vergeben konnte. Insbesondere bei den amerikanischen Soldatinnen und Soldaten war es guter Brauch, sich gegenseitig Coins zu schenken.
Oberstarzt Dr. H. hatte soeben seine abschließenden Worte gesprochen und bereitete sich darauf vor, den internen Schlachtruf anzustimmen, als plötzlich der S1-Offizier, Oberleutnant G., sich näherte und dem Kommandeur eine Mappe überreichte. Die Soldatinnen und Soldaten des Verbands schauten gebannt in Richtung Kommandeur. Dieser grinste breit und erklärte, dass er fast das Wichtigste an diesem Tag vergessen hätte. Als mein Name über den Antreteplatz hallte, spürte ich, wie mein Herz vor Aufregung schneller schlug. Ein Hauch von Nervosität stieg in mir auf, als ich mich auf den Weg zum Kommandeur machte. Meine Gedanken rasten und ich stellte mir vor, wie es wäre, wenn ich auch zum Hauptmann befördert werden würde. Als ich mich vor dem Kommandeur aufstellte und mit stolzer Brust salutierte, betrachtete er mich mit einem anerkennenden Blick und sprach einige lobende Worte über mich. Dann verkündete er feierlich: „Im Namen der Bundesrepublik Deutschland ernenne ich den Oberleutnant V. zum Hauptmann!“ Große Freude durchströmte mich, als mir die Schulterklappen mit den silbernen Sternen aufgesetzt wurden. Der ganze Verband jubelte und ich fühlte mich wie auf Wolken schwebend. Mein Verstand war aufgekratzt und mein Herz voller Stolz, als ich den Schlachtruf des Verbands anstimmte. Ich hatte es geschafft! Ich war zum Hauptmann befördert worden.
Als ich an jenem sonnigen Tag meine Uniform betrachtete und meine Schulterklappen sah, konnte ich mein Glück kaum fassen. Die drei Sterne auf meiner Schulter und meiner Uniform gaben mir ein Gefühl von Stolz und Zufriedenheit. Ich hatte mich immer durchgebissen, auch

wenn die Umstände noch so schwierig waren. Meine Auslandseinsätze hatten mich an Orte gebracht, die ich mir niemals hätte träumen lassen, und ich hatte Dinge erlebt, die meine Vorstellungskraft überstiegen. Ich erinnere mich noch an die schier endlosen Tage und Nächte, die ich in den Wüsten und Wäldern dieser Welt verbracht habe. Die Geräusche und Gerüche, die ich erlebt habe, sind unvergesslich. Aber ich war nie allein. Meine Kameraden und ich haben uns gegenseitig unterstützt und gestärkt, und wir haben gemeinsam jede Herausforderung gemeistert.

Michael und ich bedankten uns bei unserem Kommandeur für die gelungene Überraschung und auch bei Goldi, unserem S1-Offizier, der alles so perfekt eingefädelt hatte. Die Beförderungsurkunden waren bereits seit Tagen im Stab angekommen, doch Goldi hatte es geschafft, dass wir beide gleichzeitig befördert wurden und das auch noch bei einem wunderschönen Event.

Early bird

Ein ohrenbetäubendes Geräusch unterbrach meinen Tiefschlaf und riss mich aus meinen Träumen. In diesem Moment fühlte ich mich wie gelähmt, unfähig, klar zu denken oder mich zu orientieren. Die Luft im Container war schwülwarm und stickig, als ich mich aufsetzte und mich umschaute. Mit weit aufgerissenen Augen betrachtete ich meine Umgebung. Mein bester Kumpel Michael lag ebenfalls in seinem Bett und starrte mich verständnislos an. Langsam rappelte ich mich auf, öffnete das Fenster und sog die frische Luft tief in meine Lungen. Ein Blick auf meine Uhr bestätigte mir, dass es kurz vor vier Uhr morgens war. In anderen Containern herrschte bereits reges Treiben, als ich mich entschloss, mein Bett provisorisch zu machen und meine Uniform anzuziehen. Auf dem Weg zum Toilettencontainer hörte ich die Durchsagen aus den Lautsprechern: „IDF ATTACK –

IDF ATTACK“. Ich spürte, wie meine Pulsfrequenz stieg und mein Herz anfing zu rasen. Als ich zu meinem Container zurückkehrte, war Michael immer noch im Bett. Der Raketenangriff schien ihn nicht sonderlich zu beunruhigen. Mir dagegen war klar, dass ich für den Rest der Nacht kein Auge mehr zu tun würde. Das Schlafen fiel mir zunehmend schwerer, weil meine Träume mich nicht in Ruhe ließen. Sie waren zu real. Besonders die Erinnerungen an die Naturkatastrophe in Banda Aceh quälten mich noch immer.
Ich saß noch eine Weile auf meinem Bett und wartete, bis endlich die Entwarnung durch die Lautsprecher im Camp verkündet wurde. Danach verspürte ich einen kleinen Hunger. Seit Beginn des Einsatzes aß ich fast jede Mahlzeit im Speisesaal der Amerikaner, aber um diese frühe Morgenstunde war ich noch nie dort gewesen. Dennoch machte ich mich auf den Weg zur 15 Minuten entfernt gelegenen USDFAC. Die Kühle der Dunkelheit umhüllte mich wie eine unsichtbare Rüstung; ich fühlte mich unbesiegbar. Als ich die Küche betrat, atmete ich tief den Geruch von Kaffee und frischen Brötchen ein. Ich bestellte mir ein herzhaftes Frühstück und setzte mich an einen Tisch. In größter Ruhe genoss ich jeden Bissen meines herzhaften Omeletts, das perfekt mit Schinken und Käse gefüllt war. Die Truppenküche war fast leer. Normalerweise würden hier eine Menge Soldaten frühstücken und sich auf den bevorstehenden Tag vorbereiten. Aber heute herrschte eine seltsame Stille. Die einzigen Geräusche kamen von den Leinwänden, auf denen die NBA-Finals liefen. Das Frühstück war genau das, was ich brauchte, um gestärkt in den Tag zu gehen. Ich spürte, wie mein Körper mit jedem Bissen an Energie gewann. Der doppelte Espresso gab mir den extra Kick. Er schärfte meine Sinne und erhöhte meine Konzentration. Ich mochte die Stille und das Alleinsein. Es störte mich nicht, in der Gesellschaft von Kameradinnen und

Kameraden zu sein, aber ich habe es nie besonders gemocht. In all meinen Auslandseinsätzen hatte ich eine oder zwei Bezugspersonen, mit denen ich meine freie Zeit verbrachte. Zu anderen war ich höflich, eine persönliche Bindung bin ich allerdings nicht eingegangen. Bisweilen wurde mir Arroganz nachgesagt, was aber nicht der Fall ist. Die Menschen, die mich etwas besser kennen, wissen das. Mit diesem Verhalten bin ich in zahlreichen Auslandseinsätzen, auf Lehrgängen und bei Versetzungen innerhalb Deutschlands gut zurechtkommen. Deshalb wollte ich daran auch nichts ändern. Meine Gedanken schweiften ab, als ich das Early Bird- Frühstück beendete. Ich legte mein Tablett an dem dafür vorgesehenen Ort ab und marschierte zu meinem Bürocontainer.
Früher mussten wir bei einem Raketenangriff möglichst schnell in Schutzbunker rennen. Nun sollten wir in unseren Sheltern ausharren, bis der Alarm aufgehoben wurde. Denn diese schützten uns durch mehrere Schichten von übereinandergestapelten Sandsäcken vor Steilfeuer. Soweit ich weiß, hat es nie einen direkten Treffer der Taliban auf unsere Unterkunftsbereiche in Mazar-e Sharif gegeben. Dennoch zeigte deren Taktik der Zermürbung ihre Wirkung. Wir verloren das Gefühl von Sicherheit; die Angst war allgegenwärtig. Zwar sagte niemand, er habe Angst, weil dies als Schwäche ausgelegt werden konnte. Doch im Innersten wusste jeder, dass es auch mal einen Volltreffer geben könnte.
„Abgestumpft, selbstbewusst und voller Adrenalin“ – so fühlt man sich als Soldat inmitten des Krieges. Bei jedem Alarm mussten wir bis zur Entwarnung in Deckung bleiben. Für die Apache-Kampfhubschrauber der amerikanischen Streitkräfte war ein Alarm allerdings ein Einsatzbefehl. Die Kampfhubschrauber stiegen schnell auf, um die Abschussstelle zu lokalisieren und den Feind zu bekämpfen. Dies war jedoch nicht einfach. Die Taliban waren geschickt und tarnten ihre Waffenarsenale perfekt. Die

Landschaft in Afghanistan war gespickt mit Altbeständen von Waffen, Munition und Raketen aus der Zeit der russischen Intervention. Die Taliban mögen keine Hightech-Ausrüstung besessen haben, aber sie waren Meister im Improvisieren. Ein lehmiger Boden, ein Tonkrug, eine Zündschnur und etwas Wasser genügten ihnen, um uns in Angst und Schrecken zu versetzen. Sie legten den Zündmechanismus auf einem Korken in das Wasser des Tonkrugs. Wenn das Wasser verdunstete war, bekam der Zündmechanismus Kontakt mit dem Gegenmechanismus am Boden und die tödliche Rakete wurde gezündet. Wenn dies geschah, waren die Taliban längst weg. Daher hatten die Amerikaner auch nie einen Taliban auf frischer Tat erwischt.

Ich selbst habe viele Raketenangriffe erlebt. Ein Schutzengel hatte mich und meine Mitstreiter jedes Mal verschont. Bis auf einen gefährlichen Blindgänger in der Truppenküche und ein paar Treffern in unbewohnten Arealen des Feldlagers war bisher zum Glück nichts Schlimmeres in Mazar passiert.

Der nächste Auslandseinsatz war geschafft. Die Rückführung des Materials verlief nach Zeitplan. Der Sanitätseinsatzverband Afghanistan wurde erfolgreich aufgelöst, das Angehörigen des neuen Kontingents bezogen die ihnen zugewiesenen Container. Ich verabschiedete mich von meinen Kameraden mit einem festen Händedruck und einem vertrauensvollen Blick. Ich war stolz auf alle, die mit mir mehrere Monate in Afghanistan verbracht hatten. Meine Aufgabe war erledigt. In wenigen Tagen würde ich kein S4-Offizier mehr sein, sondern als Chef eine Kompanie in meinem Lazarettregiment in Deutschland übernehmen.

Meine Kompanie trug die Verantwortung für den Aufbau und den Betrieb des Rettungszentrums des Regiments. Die Schwerpunkte in der Erziehung und Ausbildung legte ich auf den verantwortungsbewussten Umgang mit

Material, auf die medizinische Ausbildung der fachlichen Abteilungen und die Förderung der Selbstdisziplin. Die Leistungssteigerungen in meiner Kompanie beeindruckten mich zutiefst. Personalwechsel gab es häufig, aber die Integration der Neuen verlief meist reibungslos. Vor allem der schnelle Aufbau des Rettungszentrums war herausfordernd. Mit Motivation und Teamgeist konnten wir zahlreiche Vorgesetzte, die zur Dienstaufsicht kamen, von unserer Leistungsfähigkeit überzeugen. Am Ende meiner Zeit als Chef zog ich eine positive Bilanz. Auch über meine Führungskompetenzen. Ich ging in das zweite Glied zurück und übernahm die Rolle des Kompanieeinsatzoffiziers.

Innerlich zerrissen

Im Jahr 2015 entsandte mich mein Kommandeur in einen neuen Einsatz nach Usbekistan. In Termez, das unmittelbar an der afghanischen Grenze liegt, betrieb die Bundeswehr über viele Jahre einen luftstrategischen Stützpunkt. Hier waren etwa 250-300 Soldatinnen und Soldaten der Luftwaffe stationiert, die den Flugbetrieb zwischen Deutschland und Afghanistan sicherstellten. In Termez befand sich ebenfalls eine Sanitätseinheit mit einer Menge an Material und hochwertigem medizinischem Equipment. Als ich den Befehl zur Verlegung erhielt, stand ich vor einem inneren Konflikt, der mich fast zerriss. Einerseits wollte ich meinem Vaterland dienen und meinen Auftrag erfüllen, andererseits war ich zutiefst erschöpft und hatte genug von den Auslandseinsätzen. Diese hatten Spuren in meiner Seele und in meiner Gefühlswelt hinterlassen. Ich fühlte mich innerlich leer. Trotzdem konnte ich meinen Ehrgeiz nie bremsen. Ich wusste, dass mein Kommandeur mich aufgrund meiner Erfahrungen und Expertise für diesen Job ausgewählt hatte. Ich war zweifellos einer der bestausgebildeten Sanitätsoffiziere im Süden Deutschlands. Zu diesem

Zeitpunkt hatte ich bereits mehr Auslandseinsatztage auf dem Buckel als alle anderen Offiziere in meinem Verband zusammen. Und ein neuer Einsatz bot mir die Möglichkeiten, meine Führungskompetenzen weiter zu steigern.
Als ich mich von meiner Frau und meinen beiden Kindern verabschiedete, überkam mich nicht nur ein Gefühl der Trauer, sondern auch der Angst. Ich wusste, wie schwer es für meine Familie sein würde, mich für längere Zeit zu entbehren, und ich hatte große Sorge, dass sich meine Tochter erneut vor mir fürchten würde, wenn ich zurückkam und sie in den Arm nehmen wollte. Zum Glück hatte ich ein gutes Team an meiner Seite. Die Soldaten, die mich begleiteten, waren von mir handverlesen. Ich kannte sie alle persönlich und hatte sie aufgrund ihres Ausbildungsstandes und ihres Charakters ausgewählt. Ich war mir sicher, dass wir gemeinsam unsere Aufgaben erfüllen konnten.
Wir verlegten zum Militärflughafen Köln-Warn, stiegen dort in eine amerikanische Maschine und landeten sieben Stunden später in Termez. Dort fokussierte ich mich voll und ganz auf meinen Auftrag. Es gelang mir, meine inneren Konflikte beiseite zu schieben und mich auf das zu konzentrieren, was getan werden musste. Meine Mannschaft vertraute mir und ich vertraute ihnen, gemeinsam arbeiteten wir daran, unsere Mission erfolgreich abzuschließen. Es gab viel zu tun. Wir mussten die medizinische Einheit auflösen und den anderen Truppenteilen helfen, den Stützpunkt abzubauen. Es war eine enorme logistische Herausforderung, die viel Planung und Organisation erforderte.

Mikado

Die zahlreichen Einsätze in Krisengebieten hatten mich gelehrt, meine Emotionen zu kontrollieren und selbst in den gefährlichsten Situationen einen kühlen Kopf zu bewahren. Mein Selbstbewusstsein war in dieser Hinsicht unerschütterlich und ich war fest entschlossen, meinen Auftrag in Termez erfolgreich abzuschließen. Ich setzte mich mit den Vorschriften auseinander und durchforstete sämtliche Anweisungen, die in irgendeiner Weise mit dem Abbau und Betrieb eines Feldlagers zu tun hatten. Dabei recherchierte ich im Internet, sprach mit anderen Soldaten aus Deutschland und kontaktierte sogar Experten der übergeordneten Führung auf diesem Gebiet. Am Ende hatte ich einen umfassenden Plan entwickelt, den ich mit meinen handverlesenen Soldaten umsetzen konnte. Nach wenigen Tagen arbeiteten wir wie eine gut geölte Maschine. Die anderen Einheiten waren erstaunt über diese Effizienz und kamen zu uns, um sich Ratschläge zu holen.

Trotz meines enormen Wissens gab es immer wieder Unklarheiten, wenn es um Nischen- und Spezialmaterialien ging.

Die Zusammenarbeit mit dem Einsatzführungskommando und dem Bundesamt für Materialbewirtschaftung waren eine besondere Herausforderung. Häufig musste ich selbständig Entscheidungen treffen. Nicht selten ging es dabei um mehrere Hunderttausend Euro an Materialwert. Die Liste mit den Materialien, die ich aussondern durfte, war umfangreich und detailliert. Jeder einzelne Gegenstand wurde aufgeführt und mit seinem Wert versehen. Ich war froh, dass ich die Unterstützung meines Teams hatte, um diese Aufgabe zu bewältigen. Gemeinsam sorgten wir dafür, dass die Materialien sauber und effizient verpackt und auf dem schnellsten Weg nach Mazar-e Sharif gebracht wurden.

Als Leiter des Redeployments für den Sanitätsdienst musste ich mehrmals in der Woche nach Afghanistan fliegen. Teures Sanitätsmaterial musste entweder zur Rücklieferung nach Deutschland in die Materialschleuse oder zum Aussonderungsplatz in Mazar-e Sharif gebracht werden. Auf den Flügen nahm ich immer einen anderen Soldaten aus meinem Team mit. Einmal war es Hulk, dessen athletische Figur und immense Kraft mich immer wieder beeindruckt hatten. Seine Fähigkeiten als ausgebildeter Rettungssanitäter und Kraftfahrer BCE waren von unschätzbarem Wert, aber das Wichtigste war, dass ich ihm vertraute. Wir beide bereiteten uns in unserer Unterkunft in Termez akribisch vor. Hulk war sichtlich aufgeregt, denn es war sein erster Flug mit der russischen MI-08, die nicht den deutschen Sicherheitsstandards entsprach. Als der Hubschrauber schließlich landete, trug Hulk die beiden Kisten mit Beatmungsgeräten, die wir dem Sanitätseinsatzverband zur Instandhaltung überbringen wollten. Der Zustand des Hubschraubers bereitete uns Sorgen. Überall waren Teile mit Draht und Klebeband befestigt worden. Meine Absicht, Hulk mit einem breiten Grinsen zu ermutigen, funktionierte nicht. Die Anspannung in seinen Augen war nicht zu übersehen. Ich dagegen hatte bereits so viel gesehen und erlebt, dass ich gelassen blieb. Was könnte ich auch ändern? Manche Kameraden beschrieben mich als einen abgestumpften Typen, was ich natürlich anders sah. Ich blickte auf den Soldaten vor mir und musste unwillkürlich an seinen Spitznamen denken – Hulk. Ein passender Name für einen Mann, der wie eine körperliche Maschine wirkte. Schon in seinen jungen Jahren war er ein erfolgreicher Bodybuilder. Seine Muskeln waren wie Berge, die sich unter seiner Haut abzeichneten. Trotz seiner körperlichen Größe strahlte er eine gewisse Leichtigkeit aus. Sein Gesicht war braungebrannt, sein Lächeln schelmisch, das mich irgendwie ansteckte. Ich wusste, dass ich mich auf

Hulk verlassen konnte, wenn es darauf ankam. Er war ein harter Arbeiter und nahm seine Aufgaben stets ernst. Gleichzeitig hatte er auch eine sehr menschliche Seite, die er nicht versteckte.
Mit einem kräftigen Ruck zog ich Hulk zu mir heran, umarmte ihn fest, flüsterte ihm zu „Sei keine Pussy" und gab ihm den Vortritt. Wir befestigten die beiden Kisten unter den Sitzbänken, steckten uns Gehörschutz in die Ohren und nahmen Platz. Der Hubschrauber hob langsam ab und stieg auf. Die Route von Termez nach Mazar-e Sharif war etwa 20 Minuten lang, doch der heikle Punkt lag direkt hinter der Grenze. Hier lauerten häufig Aufständische, die Hubschrauber als Zielübungen nutzten. Während Piloten der Bundeswehr mit ihren Maschinen immer sehr tief flogen, war dies bei der MI-08 nicht so einfach. Damit wurde sie ein relativ leichtes Ziel. Aus eigener Erfahrung wusste ich um die Gefahren, die uns auf dieser Strecke drohten.
Während des Fluges genoss ich die atemberaubende Aussicht auf die endlose Weite der Wüste mit dem majestätischen Marmal-Gebirge im Hintergrund. Plötzlich schrie der Pilot: „Blyad!". Klong – Klong – Klong machte es an der Kabine des Hubschraubers. Hulk wurde kreidebleich und seine Knie schlotterten vor Angst. Ich brüllte ihn an, er solle Ruhe bewahren. Der Hubschrauber verlor langsam aber stetig an Höhe. Doch zum Glück behielt der russische Pilot die Ruhe und trudelte langsam herab. Die Notlandung war ganz sanft. Ich riss Hulk an seiner Jacke und schleifte ihn mit nach draußen, um die Lage zu checken. Zügig lief ich um den Hubschrauber, das Gewehr G-36 im Anschlag, und suchte die Umgebung nach Feinden ab. Weit und breit war niemand zu sehen. Hulk befahl ich dann, die andere Seite Richtung Mazar-e Sharif zu beobachten. Die Piloten hatten bereits Funkverbindung aufgenommen. Ein militärischer Hubschrauber, der gerade auf dem Weg nach Mazar-e Sharif war, sollte

umgeleitet werden. Aus meinem Rucksack zog ich eine rote Rauchgranate, damit wir auf uns aufmerksam machen konnten. Feindliche Kräfte waren drei bis vier Kilometer von uns entfernt. Sie würden sich sicherlich nicht die Mühe machen, zu uns zu marschieren und uns anzugreifen. Nach wenigen Minuten kamen zwei CH-53 Hubschrauber der Bundeswehr, Sie gabelten uns beide auf und flogen weiter in das Feldlager nach Mazar-e Sharif. Was mit dem defekten Hubschrauber passierte, juckte mich nicht sonderlich. Da Hulk immer noch sehr verstört war, entschloss ich mich, ihn auf seiner Unterkunftsstube zu lassen und meinen Auftrag im Feldlager allein zu erledigen.

Als ich die beiden Sanitätsgeräte in der sanitätsdienstlichen Geräteinstandhaltung ablieferte, empfing mich der Duft von Desinfektionsmitteln und medizinischem Equipment. Die Feldwebel dort waren sehr geschickt und bauten das gesamte Innenleben aus, um ihr Ersatzteillager damit zu füllen. Die Hülle und das nicht benötigte Material setzten sie wieder zusammen. Ich war beeindruckt von ihrem Können. Als ich mich auf den Weg zum Aussonderungsplatz machte, begleiteten mich die beiden Feldwebel. Dort traf ich auf einen mir bekannten Stabsunteroffizier der Standortverwaltung. Als ziviler Mitarbeiter bekam er im Einsatz einen temporären Dienstgrad entsprechend seiner Gehaltsstufe. Er schaute sich das Gerät kurz an und gab mir meinen benötigten Aussonderungsstempel, so dass ich es sofort ausbuchen konnte. Meine Aufgabenliste war damit um einen Punkt kürzer.

Danach befahl mir der logistische Stabsoffizier, noch heute zum Krankenhaus der afghanischen Streitkräfte zu fahren, um Materialnummern unseres zu entsorgenden Inventars zu prüfen. Bei der Bundeswehr ist es enorm wichtig, alle Buchungen im SAP-System korrekt abzuwickeln. Nach jedem Auslandseinsatz stehen die Prüfer der

Bundeshaushaltsordnung vor der Tür und drehen alles auf links.
Das Movement Coordination Center hatte mich auf einen Norwegischen Konvoi gebucht, der mehrmals in der Woche zum Camp Mike Spann fuhr. In diesem ehemals amerikanischen Camp war jetzt das Krankenhaus der Afghanischen Armee eingerichtet worden. Obwohl ich diese Strecke in meinen zurückliegenden Auslandseinsätzen in Afghanistan kannte, stieg meine Nervosität. Doch ich konnte mich auf meine Erfahrung verlassen und versuchte, ruhig zu bleiben. Zudem hatte ich meine Waffen und ausreichend Munition dabei. Die Kälte des Metalls in meinen Händen beruhigte mich. Ich würde meine Waffen benutzen, falls es notwendig werden sollte.
Als ich den gepanzerten Wagen betrat, spürte ich die schwere Last meiner Ausrüstung auf den Schultern, aber auch ein Kribbeln der Vorfreude auf die bevorstehende Mission in meiner Magengegend. Die Maschinengewehre der Schützen waren bereits auf ihre Drehringlafetten montiert und glänzten im Sonnenlicht. Die Fahrer checkten noch ein letztes Mal ihre Fahrzeuge, während ich den Gehörschutz in meine Ohren drückte und die ballistische Schutzbrille aufsetzte. Die G-36 lag schwer in meiner Hand. Ich überprüfte das Magazin und lud das Gewehr fertig, bevor ich meine MP-7 umhängte und auch diese Waffe bereit machte. Meine schusssichere Weste drückte fest gegen meinen Körper, aber ich fühlte mich sicher und geschützt. Die norwegischen Kameraden um mich herum sprachen in fließendem Englisch und machten einen professionellen Eindruck. Der Konvoi-Führer, ein Hauptfeldwebel der Infanterie, stellte mich kurz den drei Besatzungen der gepanzerten Fahrzeuge vor. Als er meine schusssichere Weste mit dem kleinen roten Kreuz darauf bemerkte, fragte er mich, ob ich ein Medic sei. Anschließend erklärte er mir meine Rolle während der Fahrt im Konvoi. Unsere Stimmung war gut, als wir die

Marschbereitschaft herstellten. Die Soldaten wussten genau, was zu tun war, und jeder von uns führte seine Aufgaben konzentriert aus. Die Landschaft zog an mir vorbei und ich fühlte, wie ich mich in meine Mission vertiefte. Während der Fahrt konnte ich die Schönheit der Natur bewundern, obwohl ich wusste, dass jederzeit etwas Unerwartetes passieren konnte. Nach wenigen Minuten erreichten wir Mazar-e Sharif. Die Stadt war unberechenbar und launisch. Mal war sie leer und verlassen, und dann wieder überfüllt mit Menschen. An diesem Tag war das Verkehrsaufkommen hoch und das Durchkommen auf den Straßen verlief zähflüssig. Um uns herum tobte der Lärm der Stadt – ein ohrenbetäubendes Durcheinander aus Hupen, Schreien und Motorgeräuschen. Die schusssicheren Scheiben unserer Fahrzeuge dämpften den Lärm auf angenehme Weise.

Jahre voller Erlebnisse in Kriegsgebieten hatten meine Sinne geschärft und gleichzeitig meine Empfindungen abgestumpft. Als wir bei einem Verkehrsunfall unsere Fahrzeuge verlassen mussten, schlug mein Herz dennoch schneller. Ich spürte den Adrenalinkick, als ich mein Gewehr vor mir hielt. Ich prüfte den mir zugewiesenen Radius auf verdächtige Bewegungen und mögliche Gefahren, blickte auf die nahen Häuser und stellte beruhigt fest, dass sowohl deren Fenster als auch Türen geschlossen waren. Meine Erfahrung und mein Training ermöglichten es mir, den antrainierten 5/25er Check-in wenigen Augenblicken durchzuführen. Meine Stimme klang ruhig und konzentriert, als ich die Lagemeldung „Ready“ an meine Kameraden weitergab.

Ich sah, dass der Konvoi-Führer von einer wütenden Menge umringt war. Die aufgebrachten Afghanen ließen ihrem Unmut freien Lauf. Doch der Hauptfeldwebel behielt einen kühlen Kopf. Trotz des Chaos und der Aufregung blieb er gelassen und versuchte, die Situation zu deeskalieren. Die Kollision von drei Autos hatte nicht nur die Insassen, sondern auch zahlreiche Schaulustige auf den Plan gerufen, die nun nach einem Schuldigen suchten. Das Hupkonzert der im Stau befindlichen Autos verstärkte meine Nervosität. Als sich immer mehr Schaulustige um uns herum drängten, spürte ich, wie meine Alarmglocken immer lauter schrillten. Obwohl mir niemand direkt unfreundlich oder aufsässig gegenübertrat, spürte ich deutlich die Bedrohung. Mein Puls beschleunigte sich und Schweiß tropfte mir von der Stirn. Auch meine Kameraden waren nervös und diskutierten hektisch darüber, was wir tun sollten. Der norwegische Hauptfeldwebel forderte die Fahrer der kollidierten Autos auf, die Straße zu räumen. Wir Soldaten machten den Schaulustigen deutlich, dass sie Abstand halten sollten. Unsere Kraftfahrer bewegten die gepanzerten Fahrzeuge langsam nach außen, um die volle Breite der Straße auszunutzen und zu blockieren. Die Richtschützen bewegten ständig ihre Maschinengewehre von links nach rechts, um den Afghanen zu zeigen, wer hier das Sagen hatte. Dank des Manövers der Kraftfahrer waren die Schaulustigen hinter uns aus der Sicherheitszone und wir konnten uns voll und ganz auf das Geschehen vor uns konzentrieren. Links und rechts der Straße erstreckten sich Häuserreihen, aus denen keine Gefahr zu erwarten war. Halbrechts von meiner Position befand sich ein kleiner Händler mit unzähligen Holzkisten, auf denen Obst und Gemüse aufgereiht waren. Dahinter lag eine kleine, nicht einsehbare Freifläche. Von dort erwartete ich keine Gefahr. Schließlich befahl der Hauptfeldwebel, die Straße zu räumen. Wir bildeten zwei Menschenketten, um die Einheimischen zurückzudrängen. Keiner von uns wollte Waffengewalt anwenden. Ich hakte mich bei zwei Kameraden ein und presste mein G-36-Gewehr mit der Magazinseite gegen meine schusssichere Weste, während ich langsam auf die Menschenansammlung zulief. Zu meiner Verblüffung drehten sich die Afghanen unverzüglich um, kehrten uns den Rücken zu und entfernten sich ohne weitere Diskussionen.

Plötzlich, wie aus dem Nichts, hörte ich das knatternde Geräusch einer voll automatischen Waffe. Gleich danach feuerten die Maschinengewehre der gepanzerten Fahrzeuge mehrere Salven ab. Ich wurde getroffen und kippte wie nach einem Hieb mit einem Schlaghammer nach hinten über. Meine Lungen rangen verzweifelt nach Sauerstoff. Doch vergeblich. Ich lag auf dem Rücken, nach Luft japsend und spürte warmes Blut an meinem Hals und in meinem Gesicht. Ich wischte instinktiv meine Augen sauber, um etwas sehen zu können. In Panik suchte ich die Eintrittswunde der Geschosse, die mich getroffen hatten. Plötzlich spürte ich, wie jemand mich am Kragen meiner schusssicheren Weste packte und mit voller Wucht ein paar Meter nach hinten zu den Fahrzeugen zog.

Orientierungslosigkeit, Panikgefühl und Atemnot kennzeichneten meinen Zustand. In der Deckung angekommen, bekam ich eine harte Ohrfeige verpasst, die mich unverzüglich wieder klar denken ließ. Mein Kamerad riss mir meine schusssichere Weste vom Oberkörper. Endlich konnte ich Luft in meine Lungen saugen. Förmlich jede kleinste Faser und Zelle meines Körpers lechzte nach diesem Lebenselixier. Wegen meiner heftigen Atmung musste ich würgen. Der rostähnliche Geschmack von warmem Blut in meinem Mund war ekelerregend. Es war aber zum Glück nicht mein eigenes Blut.

„Medic, Medic!“, brüllte einer meiner Kameraden und starrte mich mit weit aufgerissenen Augen an. Mein Adrenalinspiegel war konstant hoch. Ich übernahm die Kontrolle über meinen Körper und scannte die Szenerie ab. Zwei meiner Kameraden lagen regungslos am Boden, während der Rest von uns den Feind im Schach hielt. Mein Körper schmerzte bei jeder Bewegung, aber ich konnte es nicht zulassen, dass der Schmerz mich lähmte.

Ich rannte zum verletzten Kameraden auf der linken Seite. Seine Halsarterie pulsierte heftig und Blut spritzte aus ihm heraus wie aus einem Springbrunnen. Ich griff nach meiner medizinischen Notfalltasche, die ich immer am Gürtel trug, und holte das Quicklot-Pulver heraus. Ich drückte es tief in die Wunde, um die Blutung zu stoppen. Anschließend packte ich eine Handvoll Kompressen drauf und befahl einem Sicherungssoldaten, mit aller Kraft seine Hände auf die Wunde zu drücken. Sein Leben hing an einem seidenen Faden. Ich wusste genau, was zu tun war, und führte meine Aufgabe emotionslos, aber entschlossen aus. Mein selbstbewusstes Auftreten sorgte dafür, dass meine Kameraden mir vertrauten. Ich durfte keine Zeit verlieren. Das Überleben meiner Kameraden hing von meinem schnellen Handeln ab. Meine eigenen Schmerzen mussten warten. Mein einziger Fokus lag auf der Rettung meiner Kameraden.

Als ich den nächsten Soldaten erreichte, zeigte er deutliche Symptome eines Schocks. Blitzschnell streifte ich seine Gliedmaßen ab, um zu prüfen, wo er Schussverletzungen hatte. Meine Hände trieften vor Blut, als ich endlich die Einschusswunde entdeckte. Ich war schockiert, als ich feststellte, dass eine Kugel die Leistenarterie getroffen hatte. Verzweifelt suchte ich nach der verfluchten Arterie. Da das umliegende Gewebe zerstört war, konnte ich sie nicht finden. Ich griff nach Quicklot, meinem treuen Helfer in der Not, und versuchte, die Blutung zu stoppen. Der Kamerad schrie nun vor Schmerzen. Schnell drückte ich ihm einen Fentanyllutscher in den Mund und binnen Sekunden beruhigte er sich. Er verfiel in eine Scheißegal-Haltung, was mir half, effektiv zu arbeiten. Ich war gestresst, doch mein Training als Sanitäter hatte mich auf solche Situationen vorbereitet. Jedes Jahr hatte ich meine Weiterbildungen durchgeführt, um auf dem neuesten Stand zu sein. Während ich die Blutung stillte, teilte ich dem Hauptfeldwebel mit, was er der

Rettungsleitstelle melden sollte. Er setzte einen Nineliner ab und forderte einen Rettungshubschrauber an.
Immer wieder blickte ich mich zu dem Kameraden mit der Halsverletzung um. In diesem Moment war ich mehr als nur ein Soldat, ich war ein Medic. Ich war derjenige, der das Leben von Kameraden in seinen Händen hielt. Und ich wusste, dass ich dieser Verantwortung gerecht werden musste. Verzweiflung breitete sich in mir aus, als ich realisierte, dass ich vielleicht beide Soldaten verlieren würde. Doch ich ließ mich nicht unterkriegen. Ich hatte die Mission, sie am Leben zu erhalten. Da gab es keine Zeit für Gefühle. Ich fokussierte mich auf meine Aufgabe und kämpfte weiter. Nachdem ich meinen Patienten versorgt hatte, sagte ich einem norwegischen Soldaten, er solle bei ihm bleiben, mit ihm sprechen, regelmäßig den Puls überprüfen und mir jede Änderung melden. Vorsichtshalber legte ich den verletzten Soldaten in eine stabile Seitenlage.
Erneut wandte ich mich dem Soldaten mit der Halsverletzung zu. Sein Körper lag reglos da, sein Puls war nicht mehr zu spüren. Ich riss ihm sein Combat Shirt auf und versetzte ihm einen kräftigen Schlag auf seine Herzregion. Doch er zeigte keine Reaktion. Ich suchte seinen Rippenbogen, presste beide Hände auf seine Herzregion und fing an zu pumpen. 30 schnelle und kräftige Stöße. Meine Muskeln brannten und mein Atem wurde immer schneller. Aber ich gab nicht auf. Ich pumpte und blies und pumpte und blies, immer wieder. Mein Blick war starr auf den Brustkorb des Kameraden gerichtet. Die ersten Rippen gaben nach, zerbrachen wie dünne Mikado-Stäbchen. Ich pumpte weiter, mein Herz raste. Der Schweiß lief mir in Strömen über das Gesicht, während ich weiterhin hartnäckig auf das Herz des Soldaten drückte. Mein Körper wollte nicht mehr, doch ich ignorierte es und machte weiter. Ich hatte gelernt, mich von der Erschöpfung nicht unterkriegen zu lassen. Die

Grausamkeiten um mich herum tangierten mich nicht. Doch das bedeutete nicht, dass ich mein Mitgefühl verloren hatte. Im Gegenteil, es trieb mich an, weiterzukämpfen, um mehr Leben zu retten.
Der Hauptfeldwebel sah mir meine Erschöpfung an und übernahm die Herzdruckmassage. Ich wechselte wieder zu dem anderen schwerstverwundeten. Seine Haut war blass und kalt. Er befand sich in einem totalen Schockzustand. Sein Körper hatte durch den enormen Blutverlust das Blut nur noch in die lebenswichtigen Organe zentralisiert und den Rest einfach unterversorgt. Sein Atem ging flach und unregelmäßig, während sein Gesicht immer blasser wurde. Es war das allerletzte Aufbäumen im Kampf gegen den Tod. Mein Kamerad kniete vor ihm und legte dessen Beine auf seine Schultern, um seinen Körper in eine Position zu bringen, in der mehr Blut in Richtung Herz und Gehirn fließen konnte. Wir kämpften gemeinsam, um sein Leben zu retten, doch es schien aussichtslos. Mein ganzer Körper schrie förmlich nach einer Pause. Doch dafür war keine Zeit. Jede Sekunde war von Bedeutung. Ich verstand nicht, warum sein Zustand immer schlechter wurde. Die Blutung war doch gestillt, und er hatte keine weiteren Verletzungen. Wahrscheinlich hatte die Kugel im Inneren seines Körpers verheerende Schäden verursacht.
Immer wieder führten wir die Herzdruckmassage durch. 30-2. 30-2. 30-2. Wir kämpften unermüdlich weiter, trotz der Erschöpfung, die uns langsam zu übermannen drohte. Ich sah in die Augen des Hauptfeldwebels und erkannte, dass auch er kurz vor dem Zusammenbruch stand. Ich schaute auf meine Uhr und sah, dass wir noch weitere zehn Minuten auf den Hubschrauber warten mussten. Ich spürte, wie meine Hände blau wurden und mein Körper nach Luft rang, aber ich gab nicht auf, bis endlich das Rotorgeräusch des Hubschraubers in der Ferne zu hören war.

Als die verletzten Soldaten ausgeflogen waren und die Straße leer war, saßen wir schweigend auf unseren Fahrzeugen. Wir zweifelten an uns selbst, an der Mission und sogar an unseren Armeen. Ich fühlte mich leer und hilflos, meine eigenen Schmerzen waren kaum zu ertragen. Unser Kampfgeist war gebrochen, wir waren am Ende, körperlich und mental.
Wir fuhren zurück ins Camp Marmal, was alles andere als ein Triumphzug war. Im Feldlazarett wurden wir komplett durchgecheckt. Die Ärzte und Krankenschwestern untersuchten uns umfassend. Ich erhielt zwei Zugänge und bekam Infusionen. Meine Haut auf Bauch und Brust schimmerte in den verschiedensten Farben. Das Hämatom sah so heftig aus, dass es mir fast den Atem verschlug. Glücklicherweise waren nur meine Rippen auf der rechten Seite angebrochen. Meine schusssichere Weste hatte also ihren Zweck erfüllt. Eine junge und einfühlsame Assistenzärztin legte mir eine Bandage um meine Hämatome und verabreichte mir eine Menge Schmerzmittel. Doch die Wunden, die mir am meisten zusetzten, waren die seelischen. Die Gedanken an meine norwegischen Kameraden ließen mich nicht los. Ich wusste, dass die Ärzte in den anderen Operationssälen kämpften, um ihr Leben zu retten. Ich selbst konnte nichts tun außer zu beten und zu hoffen. Ich bettelte förmlich um Informationen über den Zustand der Kameraden und wartete ungeduldig darauf, dass sich die Tür des Operationssaals öffnete und die Ärzte heraustraten.
Als ich die Nachricht über ihren Tod erhielt, konnte ich meine Emotionen nicht mehr im Zaum halten. Die Trauer und die Verzweiflung über den Verlust meiner Kameraden überwältigten mich. Ich fühlte mich offen und leer, als ob ich einen Teil von mir verloren hätte. Die Gedanken an den blutigen Kampf und den Angriff des Täters quälten mich weiterhin und ich konnte einfach nicht abschalten. Es war, als ob ein schwerer, dunkler

Schleier über mir hing. Jeder Gedanke und jede Bewegung fühlten sich mühsam an, als ob ich durch dickes, zähes Schlammwasser waten würde. Ich konnte keine klaren Gedanken mehr fassen und fühlte mich, als ob ich in einem tiefen, dunklen Loch feststecken würde. Die Ermittlungen der Militärpolizei empfand ich als eine unerträgliche Last auf meinen Schultern. Der ermittelnde Offizier saß an meinem Krankenbett und schilderte mir detailgetreu den tragischen Vorfall, der das Leben meiner Kameraden genommen hatte. Seine Worte hallten in meinem Kopf wider und brachten Erinnerungen zurück, die ich lieber vergessen hätte. Die Zeugenbefragung brachte die traurige Wahrheit über den Anschlag ans Licht. Der Täter war schnell und geschickt gewesen und hatte uns überrascht.

Mein Körper zitterte vor Angst und Unbehagen, als ich die grausamen Details hörte. Der Lärm, das Chaos und das Leiden, alles kam mir wieder in den Sinn. Meine Gedanken waren bei meinen gefallenen Kameraden. Ich konnte die Bilder nicht ausblenden, wie sie vor meinen Augen starben. Warum hatte ich überlebt, während sie ihr Leben lassen mussten? Ich fühlte mich traurig und verloren in einem Meer von Schuldgefühlen und Trauer. Meine Gedanken konnte ich nicht mehr kontrollieren; ich war gefangen in einem emotionalen Wirbelsturm. Wut erfüllte mich – auf die Welt, auf die Kriegsmaschinerie, auf den Tod, der uns immer wieder umgab. Aber noch mehr war ich traurig. Traurig über den Verlust von Kameraden, traurig über die Aussichtslosigkeit unserer Mission und traurig über das Gefühl, dass wir nichts mehr tun konnten, um zu helfen.

Der diensthabende Krankenpfleger holte die Truppenpsychologin und die Stationsärztin. Beide Frauen betraten das Zimmer mit verständnisvollen Mienen. Es kam mir so vor, als würden sie mich umarmen. Verzweifelt fragte ich die Ärztin, was ich falsch gemacht hatte. Ihre

Worte beruhigten mich nur ein wenig. „Sie haben alles richtig gemacht und ihr Bestes gegeben, aber die beiden hatten nie wirklich eine Chance gehabt“, sagte sie mitfühlend. Endlich erklärte sie mir, woran sie gestorben waren, und ich begriff, dass ich nichts hätte tun können, um sie zu retten. Der eine Kamerad verlor so schnell Blut durch den Halstreffer, dass selbst ein Arzt und das beste medizinische Equipment ihm nur eine geringe Überlebenschance gegeben hätten. Der andere Kamerad starb langsam an inneren Blutungen. Fast vier Liter Blut hatten sich in seinem Becken angesammelt. Auch wenn es mich erleichterte, dass ich keine Schuld trug, ließ mich die Tatsache, dass zwei junge Menschen gestorben waren, weiterhin traurig und wütend zurück. Nach einem kurzen Gespräch mit der Psychologin bat ich darum, allein zu sein. Am späten Abend kam mein Kamerad Hulk vorbei. Wir redeten über belanglose Dinge, was mir aber half. Es war wichtig zu wissen, dass ich nicht wirklich allein war.

Als ich das Feldlazarett verließ, fühlte ich mich abgestumpfter als je zuvor. Obwohl meine Seele tief verwundet war, nahm ich meinen Auftrag wieder auf und flog zurück nach Usbekistan. Doch zuvor wollte ich mich noch von den gefallenen Soldaten verabschieden. Im Kühlcontainer lagen die beiden Kameraden in schwarzen Leichensäcken, ihre Gesichter bleich. Ich trat näher, berührte ihre Schultern und wünschte ihnen Frieden. Ich spürte, wie sich in mir etwas veränderte. Dann verließ ich den Container, ohne zurückzublicken. Als ich in Usbekistan ankam, stellten mir Kameraden viele Fragen. Ich wollte meinen Schmerz nicht mit anderen teilen und wich den meisten Fragen aus. Ich tat einfach nur cool. Hulk spielte mit, um unseren Mythos aufrechtzuerhalten, unbesiegbar zu sein. Aber in Wahrheit litt ich in jeder Nacht unter schlimmen Träumen. Meine Seele war gestorben, doch ich hoffte darauf, dass sie eines Tages wieder lebendig werden würde.

Dies war zweifellos eine der intensivsten Situationen, die ich jemals durchstehen musste. Während ich meinen Auftrag erfüllte, verbarg ich meine Not vor den anderen. Schließlich wollte ich keine Schwäche zeigen. Aber innerlich war ich nur noch ein Häufchen Elend. Vor drei Tagen fühlte ich mich noch wie Captain America, unbesiegbar, voller Stärke und Selbstbewusstsein. Jetzt war ich ängstlich und niedergeschlagen. Ich verdankte es allein meinen Jungs, dass ich weiterhin standhaft blieb. Gemeinsam setzten wir unsere Aufgaben fort. Das Sanitätsmaterial war schnell weggeschafft oder aussortiert. Nur kleine Mengen behielten wir zurück. Danach half mein Team, wo immer es nötig war, um die täglichen Herausforderungen auf unserem Luftwaffenstützpunkt zu meistern. Das Leben hier war nicht schlecht. Wir hatten gutes Essen, ein breites Freizeitangebot und jeder von uns bewohnte eine Einzelstube. Nur in meinen eigenen vier Wänden konnte ich meine Fassade ablegen. Oftmals legte ich mich einfach mit meinen Klamotten auf das Bett und schlief erschöpft ein. Doch leider sollte mein Schlaf nie wieder tief, erholsam und lang sein. Immer wieder erwachte ich in meinen schrecklichen Albträumen, schweißgebadet und ängstlich. Nur eine Dusche konnte mich dann beruhigen und etwas Abhilfe schaffen. Kurz vor Weihnachten 2015 wurden wir schließlich alle mit einer Sondermaschine zurück nach Deutschland verlegt.

Der Flug mit der amerikanischen Frachtmaschine C-17 war unspektakulär gewesen. Ich konnte es kaum erwarten, aus dem Flugzeug zu steigen und meine Füße auf festen Boden zu setzen. In der Empfangshalle wartete mein Kompaniechef im Rang eines Oberfeldarztes auf mich. Es war ein schönes Zeichen der Wertschätzung, was ich aber in dieser Situation nicht brauchte. Mir hätte es gereicht, dass mich ein Kraftfahrer aus der Fahrbereitschaft abgeholt und mich während der Fahrt in Ruhe gelassen hätte. Nun musste ich gute Miene zum bösen Spiel

machen und mich auf Gespräche mit meinem Disziplinarvorgesetzten einlassen. Der zurückliegende Einsatz war nicht wirklich der spektakulärste gewesen, mit Sicherheit aber der einprägsamste. Der Treffer auf meine Weste hatte sich tief in meine Seele eingebrannt. Schlimm waren nicht der Schmerz und die Erinnerung daran, sondern der Umstand, dass ich meine Unsterblichkeit verloren hatte. Bisher war ich in jedem Einsatz Captain America gewesen; niemand hatte mir etwas antun können. Klar ist das etwas überspitzt beschrieben, aber jeder Soldat geht mit seiner Psyche anders um. Ich duldete weder Angst noch Unentschlossenheit. Aber die letzten Tage in Afghanistan und Usbekistan waren von purer Angst geprägt, die ich aber niemandem zeigen konnte und mit Sprüchen überdecken musste.
Die Autofahrt bis nach Ulm fühlte sich an wie eine Ewigkeit. Kurz vor Mitternacht kamen wir endlich vor dem Haupttor der Kaserne an. Dort verabschiedete sich mein Disziplinarvorgesetzter von Hulk und mir. Hulks Freundin wartete bereits auf ihn. Deren Wiedersehensfreude war groß. Ich ließ mich noch vom Kraftfahrer zu meinem Kompaniegebäude bringen, stieg aus und ging in mein Dienstzimmer. Alles fühlte sich sehr fremd an für mich. In der rechten Ecke stand eine kleine Sitzgelegenheit, auf der ich mich manchmal mit Gästen unterhielt. Dort ruhte ich mich aus. Irgendwie schaffte ich es nicht, mich aufzurappeln. Erst um zwei Uhr nachts fuhr ich nach Hause. Zu Hause fühlte sich auch nicht wirklich nach zu Hause an. Alles erschien mir seltsam, und ich wusste nichts mit mir anzufangen. Das Schlafen fiel mir schon seit Tagen schwer. Das Wochenende verging nur schleppend. Montag früh war ich froh, wieder zum Dienst zu gehen. Zwar hatte ich Respekt vor dem, was mich in der Kaserne erwarten würde, aber dort fühlte ich mich einfach sicherer. Schließlich darf dort kein Fremder rein, und alles ist von einem großen Zaun gesichert.

Besteck-Orkan

Als ich mich durch die Kompanie schlängelte, spürte ich eine unheilvolle Anspannung, die meine Brust mit einem bleiernen Gewicht füllte und mir das Herz zu erdrücken schien. Jeder Schritt durch die Gänge wirkte wie eine Reise durch ein düsteres Labyrinth der Sorgen und Unsicherheiten. Mein Gang war schwer, meine Gedanken noch schwerer. Die kommenden Gespräche mit meinem Disziplinarvorgesetzten lasteten wie ein drohendes Gewitter auf meiner Seele. Nach intensiven Diskussionen mit meinem Vorgesetzten über meine bevorstehende Beurteilung fühlte ich mich ein wenig erleichtert. Als Soldat war die Ungewissheit über meine Beurteilung eine konstante Begleiterin, doch der starke Wunsch, zum Truppenoffizier aufzusteigen, hielt mich aufrecht. Inmitten des trüben Nebels meiner Emotionen thronte dieser Traum wie ein strahlender Leuchtturm.

Der gegenwärtige Zustand mochte nicht der Beste sein, doch bislang gelang es mir geschickt, meine inneren Kämpfe vor meinen Vorgesetzten zu verbergen. Die Beurteilung stand bevor, und meine Hoffnung ruhte darauf, mich anschließend voll und ganz auf meine neue Rolle konzentrieren zu können. Diese Taktik hatte sich schon bei den schrecklichsten Ereignissen meiner Bundeswehrkarriere bewährt. Warum sollte sie diesmal versagen?

Meine Chefin versuchte, mich vor weiteren Auslandsmissionen zu bewahren. Sie platzierte mich auf einem Dienstposten für die Nato Response Force (NRF), einer Einheit, die seit Jahren nicht aktiviert worden war. Geschickt hatte sie mich so aus der Gefahr, erneut in einen Auslandseinsatz entsandt zu werden, herausgenommen.

Doch das Schicksal hatte andere Pläne. Ich sollte als Personaloffizier an einer mehrwöchigen NRF-Übung in Straßburg teilnehmen. In Kehl, direkt an der Grenze zu Frankreich, fand ich Unterkunft in einer malerischen Pension. Täglich pendelte ich zwischen Kehl und

Straßburg. Meine Dienstzeit erstreckte sich von den frühen Morgenstunden bis spät in die Nacht. Unmittelbar nach der Übung sollte ich einen Lehrgang in Feldkirchen besuchen. Drei Wochen in Frankreich, gefolgt von weiteren drei Wochen Lehrgang bedeutete, dass ich kaum zu Hause war. Dennoch war ich nicht traurig, sondern verspürte sogar eine gewisse Erleichterung, weil ich mich nicht mehr vor meinen Vorgesetzten beweisen musste.

Danach schien mein Leben endgültig aus den Fugen geraten zu sein. Abgestumpft und traurig schleppte ich mich durch die Tage. Selbst die einfachsten Aufgaben kamen mir wie mühsame Lasten vor, die meine Schultern nach unten zogen. Meine Laune verdunkelte sich zunehmend, und der Alltag wurde zu einem tristen Pfad der Sinnlosigkeit. Alles und jeder schien mich zu nerven, selbst meine Familie wurde zu einer unerträglichen Bürde. Die Kommunikation mit meiner Frau erstarrte zu einem frostigen Schweigen, während meine Geduld und Freundlichkeit gegenüber meinen Töchtern schwindelerregende Tiefen erreichten.

Der Freundeskreis, der mich bisher gestützt hatte, brach plötzlich zusammen. Als ich dienstlich von meinem engsten Vertrauten, Olli, getrennt wurde, war auch mein letzter Anker in der Kompanie verschwunden. Allein und verloren stand ich nun als Kompanieeinsatzoffizier da, während der Frust in mir wie ein giftiger Nebel wuchs. Aggressionen und Schlafentzug nagten an meiner Substanz, raubten mir jede Form von Antrieb. Der einst geliebte Sport verlor seinen Reiz, und mein Körper wurde zu einer schweren Last, die ich von A nach B schleppte. Selbst in den eigenen vier Wänden konnte ich meine zunehmende Ungeduld und Gemeinheit nicht verbergen, und das Verhältnis zu meiner Familie zerbröckelte mit jeder entfachten Aggression weiter.

Dann geschah etwas, das mein ganzes Dasein auf den Kopf stellte. Ein Streit mit meiner Familie entartete zu

einem wahren Inferno der Emotionen. Ein kleines Missgeschick in der Küche entfesselte meine Wut, die sich in einem regelrechten Besteck-Orkan entlud. Meine Frau und Kinder bekamen meine unbändige Aggression zu spüren, und der Abgrund zwischen uns drohte uns zu entzweien. Schreie hallten durch die Zimmer, während meine Frau mir eine klare Forderung entgegenschleuderte: „Geh zum Arzt oder du fliegst hier raus!"
In diesem alles entscheidenden Moment wurde mir bewusst, dass eine Veränderung unausweichlich war. So konnte ich nicht weiterleben. Ich wollte meine Familie nicht verlieren.

Am nächsten Morgen meldete ich meinem Spieß mit schwerem Herzen, dass ich zum Arzt müsse und mich erst gegen Mittag zurückmelden würde. Meine Ehefrau, so klug und fürsorglich, hatte bereits zu Dienstbeginn ihre langjährige Freundin und Kollegin, Frau Oberfeldarzt Dr. H., angerufen, um einen Termin für mich zu erbitten.
Frustriert machte ich mich auf den 30 Kilometer langen Weg zum Sanitätszentrum in Laupheim. Als ich das Arztzimmer betrat, traf mein Blick auf die vertraute Kameradin, Dr. Angela H. Zunächst tauschten wir uns über private Dinge aus. Für einen Moment fühlte ich mich geborgen, doch dann durchzuckte mich ihre Frage, die alles verändern sollte: Was war so akut, dass meine Frau einen Termin für mich ausgemacht hatte?
Meine Antwort, knapp und gedämpft, verriet wenig. Meine Frau wollte es so. Angela H. schien jedoch die Wahrheit zwischen den Zeilen zu lesen. Mit einigen geschickten Fragen entlockte sie mir unbewusst tiefsitzende Ängste. Als meine nächtliche Schlaflosigkeit ans Licht kam, verließ sie kurz den Raum. Wenige Minuten später kehrte sie mit Fragebögen zurück, die meine Seele auf Papier entblößen sollten. Die Fragen, auf einer Skala von 1 bis 10, schnitten wie scharfe Messer durch meine

Widerstandskräfte. Fassungslos saß ich da, während Angela H. meine Antworten analysierte und mich schließlich krank nach Hause schickte. „Das ist erst der Anfang", flüsterte sie, und ich spürte, dass der Boden unter meinen Füßen zu beben begann. Sie rief im Bundeswehrkrankenhaus Berlin an, notierte eine Adresse und ein Datum auf einem Zettel und schob ihn mir zu. Ein Termin im Traumazentrum Berlin stand bevor. Ich sollte 3-4 Tage dort verweilen. Fragend starrte ich sie an: Was soll ich dort? Ich bin doch nicht bekloppt! Doch Angela H. hatte einen Verdacht, und sie wollte, dass ein Spezialist darüber urteilte.
Mit dem Ergebnis des Truppenarztes kehrte ich zu meinem Kommandeur zurück. Sein verständnisvolles Nicken verriet, dass er mehr wusste, als meine Worte preisgaben. Abends offenbarte ich meiner liebevollen Frau die entfesselte Wahrheit des Gesprächs mit der Truppenärztin. Ihre Worte der bedingungslosen Unterstützung waren ein leuchtender Stern in der düsteren Nacht meiner Ängste. Die Tage bis zum Aufenthalt in Berlin verbrachte ich zwischen der Flucht in virtuelle Welten am Computer und der Angst vor dem Schlaf, die mich im Arbeitszimmer verweilen ließ.
Dann kam der Tag, von dem ich inständig gehofft hatte, er würde niemals anbrechen. Am Mittwochmorgen um vier Uhr begab ich mich auf den 800-Kilometer-Weg nach Berlin. Meine Frau reichte mir eine Thermoskanne mit Kaffee und einige Red Bull-Dosen, als wären sie kleine Talismane für meine Reise durch die dunklen Tiefen meiner Seele.

Auf den Trümmern des Krieges

Nach einer siebenstündigen Odyssee erreichte ich endlich das Traumazentrum. Der Block, den ich durchstreifte, war ein Labyrinth der Seelenheilung, durchzogen von Gesprächstherapie- und Gemeinschaftsräumen sowie Arztzimmern. Das Traumazentrum war ein Ort der Forschung, während die Soldatinnen und Soldaten in der düsteren Station Fachuntersuchungsstelle Psychiatrie verborgen blieben.

Ich irrte umher, bis ich schließlich vor einem abgeschiedenen Block stand, abseits vom tristen Haupthaus. Dort suchte ich das Stationszimmer. Eine Frau Hauptfeldwebel wies mich kurz ein und deutete auf eine Zimmertür am fernen Ende des Flurs. Das Zimmer teilte ich mit einem Kameraden, dessen Seele von Depressionen umhüllt war. Ein Pfleger führte mich durch die Station, versicherte mir, dass heute keine Termine anstünden, aber morgen früh ein Arztgespräch auf mich wartete. Diese Station war anders, düsterer, als meine Vorstellung es mir vorgaukelte. Alleiniges Speisen auf dem Zimmer? Diesen Wunsch konnte ich schnell begraben. Gegessen wurde in Zwangsgemeinschaft in einem kahlen Raum. Darin herrschte Mucksmäuschenstille, nur das Geklapper von Besteck auf Tellern durchbrach die Stille. Mein Stuhl fand seinen Platz, meine Brote wurden mechanisch geschmiert, während ich mich fragte, welche Geschichten sich hinter den traurigen Gesichtern der Männer und Frauen hier verbargen, die zum Teil jünger als ich waren. Die Nacht auf der Station wurde zum Schattenreich meiner Albträume, in denen ich Kameraden das Leben schenkte, nur um selbst durch die Hölle des Heckenschützen oder den Tod durch explodierende Minen zu gehen. Klebrig von Schweiß erwachte ich und war peinlich berührt von der Unbeherrschtheit meiner Träume. Ich suchte Trost bei meinem Stubenkameraden, der

meine Verletzlichkeit mit stummem Verständnis aufnahm.
Beim Frühstück gesellte ich mich zu einer Gruppe von Soldaten. Es war ein Versuch, in der Gemeinschaft Fuß zu fassen. Später versammelten wir uns alle in einem riesigen Therapieraum, um uns gegenseitig kennenzulernen. Der Stationsfeldwebel, ein Dirigent der Seelenheilung, rief jeden Patienten mit Dienstgrad und Namen auf, eine Herausforderung für mich als Hauptmann. Die umfassende Untersuchung, Blutentnahme, EEG, MRT und die surreale Erfahrung eines computergesteuerten Verhörs mit 200-250 Fragen waren ein wilder Ritt durch die Abgründe meiner Psyche. Die Fragen tanzten auf der Grenze zwischen Realität und Wahnsinn, und ich zweifelte an der Sinnhaftigkeit dieser psychologischen Expedition.
Auf dem kalten Metallstuhl, umhüllt von einer Atmosphäre, die vor Sterilität erstickte, pochte mein Herz wie ein wildgewordenes Tier in meiner Brust. Der karge Raum, in dem ich gefangen war, ließ mich erstarren, als wäre ich in ein klinisches Gefängnis eingesperrt. Die Stille, die nur vom Summen der Neonlichter durchbrochen wurde, trug zur Schwere der Luft bei und verstärkte das Gefühl der Einsamkeit. Der Stabsarzt, dessen Ähnlichkeit mit Harry Potter lediglich in der äußeren Erscheinung lag, hatte einen desinteressierten Blick und lächelte nur müde. Die sterile Umgebung schien seine Empathie erstickt zu haben, und sein Desinteresse an meiner Situation drückte auf meine Seele wie ein bleierner Mantel. In diesem öden Raum, der so tot und leer war wie meine Hoffnungen auf Verständnis, fühlte ich mich wie ein verlorener Geist auf der Suche nach Erlösung.
Als der Arzt das Gespräch begann, vertiefte sich meine Resignation. Seine Worte trafen wie eisige Tropfen auf mein bereits gefrorenes Gemüt. Die mangelnde Empathie bohrte sich tief in meine Verletzlichkeit, und das

Desinteresse schnürte mir die Luft ab. Verwirrung und Angst webten ein dunkles Netz um mich, während der Arzt meinen Verdacht auf posttraumatische Belastungsstörung (PTBS) ansprach.
Ein Vulkan in meinem Inneren brodelte, und die Lava der unterdrückten Emotionen brach aus mir hervor. Mein Blut schoss wie flüssiges Feuer durch meine Adern, als ich den Stabsarzt mit scharfen Beleidigungen überschüttete. Meine Worte waren wie scharfe Messer, die die klinische Kälte des Raumes durchschnitten. „Kleiner Pisser“ und „beschissener Typ“ waren nur der Anfang meiner verbalen Raserei. Die Empörung in den Augen des Stabsarztes konnte meine wütende Flut nicht eindämmen. Ich war außer Kontrolle, von einer inneren Macht getrieben, die sich von nichts aufhalten ließ. Der Stabsarzt verließ fluchtartig den Raum, doch meine Wut brannte weiter, ein unkontrollierbares Feuer in meinem Inneren. Die Kälte des Wassers, das ich mir ins Gesicht und in den Mund spritzte, riss mich aus meiner Raserei. Mein Herz pochte noch immer schneller als normal, doch die lodernde Flamme meiner Wut war zu einer sanften Glut geworden. Ein seltsames Gefühl der Erlösung und der Verlorenheit durchzog meinen Körper. Die inneren Dämonen waren für einen Moment entfesselt worden, und ich fand eine eigentümliche Erleichterung in ihrer Freiheit. Unvermittelt sauste eine tosende Stimme von hinten auf mich nieder. Die Oberfeldärztin, eine Erscheinung wie ein Wirbelwind, traf mich wie eine Rakete und ließ mein Herz in wilden Palpitationen tanzen. Gehorsam ließ ich mich auf den nächstbesten Stuhl nieder, während ihre eisblauen Augen wie glitzernde Diamanten auf mir ruhten. Ihre blonde Mähne strahlte eine Aura der Macht aus, und makellos lackierte Fingernägel unterstrichen die Dominanz ihrer Erscheinung. Ohne Zögern durchforstete sie meine Gesundheitsakte im Stehen, während ich mich reglos verhielt, eingeschüchtert von ihrer Präsenz.

Selbst der Stabsarzt in der Ecke schien vor dieser geballten Macht zu erzittern. Die stumme Inspektion meiner Akten endete, und mit einem warnenden Unterton wies sie darauf hin, dass respektloses Verhalten gegenüber ihren Ärzten nicht toleriert werde.

Die Weisung, mich in einer Stunde in ihrem Büro einzufinden, hing wie ein Damoklesschwert über mir. Ihre Anweisung, mich zu beruhigen, erfüllte ich, indem ich Liegestütze machte.

In der Stationsküche herrschte ein lebhaftes Treiben, als ich versuchte, meinen trüben Gedanken mit einem starken Kaffee zu bekämpfen. Meine Kameraden, in fröhlicher Runde um den großen Tisch versammelt, plauderten und lachten. Ich lauschte ihren lockeren Gesprächen, während meine Gedanken in dem starken Getränk versanken. Die Stimmung war heiter, aber meine innere Unruhe ließ mich nicht vollständig daran teilhaben. Meine Gedanken kreisten um die bevorstehende Besprechung mit der Oberfeldärztin und was sie in ihrem Büro mit mir zu besprechen gedachte.

Als ich Nancy H. und ihren Kameraden begegnete, spürte ich sofort eine Sympathie, die ein unsichtbares Band zwischen uns knüpfte. Kevin, Stefan und Sylvio, junge und aufgeschlossene Soldaten, nahmen mich mit offenen Armen auf und gewährten mir einen Einblick in das wirre Stationsleben. Trotz jahrelanger Behandlungen versprühten sie Humor, als wären sie Veteranen des Lächelns. Nancy führte mich dann zu dem Gespräch mit der Stationschefin. Zu meiner Überraschung spürte ich bereits zu Beginn viel Wärme und eine große Vertrautheit. Detaillierte Fragen, aufmerksames Zuhören – sie schien meine Probleme förmlich in sich aufzusaugen. Als ich von den Gefechtssituationen und dem Verlust meiner Kameraden berichtete, wurde mir bewusst, wie abgestumpft meine Stimme klang. Doch die Stationschefin ließ sich nicht abschrecken, machte weiterhin eifrig

Notizen und trug die Last meiner Erzählungen mit unaussprechlicher Empathie.
Dann betrat der Leiter des Traumazentrums, Herr Oberstarzt Dr. Z., höchstpersönlich den Raum. Die anfängliche Skepsis wandelte sich schnell in Respekt, als ich sein unglaubliches Fachwissen über Traumata erkannte. Zusammen mit der Stationschefin entlockte er mir all das, was mich so schwer belastete. Tränen traten in meine Augen, als ich die schrecklichen Erinnerungen, Albträume und Flashbacks mit ihnen teilte. Doch in diesem Moment des Teilens spürte ich eine merkwürdige Erleichterung, als wäre ein unsichtbares Gewicht von meinen Schultern genommen worden.
Nach dem Gespräch mit den beiden Ärzten nutzte ich die kurze Pause, um über die Station zu streifen und mich abzulenken. Hier stieß ich auf Rene L., ein Mann mittleren Alters, der äußerlich cool wirkte, aber innerlich zerrüttet schien. Bald erfuhr ich, dass Rene beinahe an den Schatten harter Drogen verloren gegangen wäre und nun wegen schwerwiegender Depressionen behandelt wurde. Die wahren Schrecken offenbarten sich jedoch in den Geschichten der vielen jungen Menschen auf der Station, die bereits einen Selbstmordversuch hinter sich hatten. Obwohl ich in meinen Einsätzen Zeuge von vielen Tragödien gewesen war, konnte ich nicht begreifen, wie es dazu kommen konnte. Tiefgehende Gespräche mit den Betroffenen öffneten mir die Augen für die unvorstellbare Dunkelheit, die Depressionen in ihre Seelen schleudern. Plötzlich veränderte sich meine Perspektive auf gefährdete Menschen und Depressionen. Mir wurde klar, dass es sich hierbei um eine unvorstellbar grausame Krankheit handelte. Die Betroffenen benötigten dringend Hilfe und Unterstützung, um dem lähmenden Griff der Depressionen zu entkommen und wieder selbstbestimmt ihr Leben in die Hand zu nehmen.

Die Diagnose für mich war schnell klar: Eine chronische Einsatzbedingte Posttraumatische Belastungsstörung hatte sich in mir festgesetzt. Die Last unzähliger traumatischer Erlebnisse hatte meine Psyche zerrissen. Der Oberstarzt und die Stationsleiterin präsentierten mir gemeinsam die düstere Wahrheit. Dies bedeutete auch, dass ich länger im Krankenhaus bleiben musste.
Während meiner Zeit in Berlin durchzogen die Bilder des Confederation Cups wie ein Hoffnungsschimmer die düsteren Wände meines Krankenzimmers. Die Siege und der glanzvolle Gewinn des Cups für Deutschland erschienen mir wie leuchtende Sterne in der Dunkelheit meiner eigenen Verzweiflung. Die Stunden im Wohnheim mit anderen Einsatzgeschädigten boten eine Zuflucht, eine Chance, meine Gedanken zu ordnen und mich mit Seelenverwandten auszutauschen.
16 Wochen später verließ ich das Krankenhaus, nicht geheilt, aber gestärkt und gewappnet für den weiteren Weg. Meine Seele war ein Schlachtfeld, aber ich hatte gelernt, dass auch auf den Trümmern des Krieges neue Blumen blühen können.

Keine Angst, Papa

Nach meinem langen Aufenthalt im Bundeswehr-Traumazentrum musste ich mich erst einmal wieder im Dickicht des Alltags zurechtfinden. Meine Familie war mir ein Anker in diesen stürmischen Tagen. Entschlossen, mich nicht einfach meinem düsteren Schicksal zu ergeben, fasste ich einen Entschluss: Meine eigenen Dämonen sollten nicht länger die Kontrolle über mein Leben haben. Mit großer Entschlossenheit trat ich den Weg der Selbstheilung an, ein schmerzhafter Pfad, gesäumt von Zweifeln und Ängsten. Meine Frau, die während meiner Abwesenheit alles allein stemmen musste, wurde zu meiner Heldin, doch ein Gefühl des Bedauerns nagte an meinem Gewissen. Ihre Schultern trugen die Lasten, die

eigentlich meine waren, und meine Entscheidung, mich dem Trauma zu stellen, fühlte sich wie eine Bürde für uns beide an. In den Augen meiner Kinder las ich eine unausgesprochene Sorge. Der Wunsch, wieder als Vater für sie da zu sein, trieb mich an.
Die neu zuversetzte Ärztin in meiner Kaserne war mir zwar fremd, aber immerhin war sie nicht von der unangenehmen Sorte. Sie nahm mich aus dem Dienst heraus und schrieb mich sechs Wochen lang krank. Bevor ich jedoch die Pforten des Sanitätszentrums endgültig hinter mir lassen konnte, warteten noch Pflichtbesuche bei einer Frau Hauptfeldwebel und dem Bundeswehr-Sozialdienst auf mich. Die Kameradin, die als Nebenaufgabe Lotse für einsatzgeschädigte Soldaten war, eröffnete mir eine Welt von bürokratischen Hürden und Anträgen, von denen ich bisher keine Ahnung hatte. Unter anderem stand ein Antrag auf Aufnahme in die sogenannte Schutzzeit bevor – ein Begriff, der in meinem bisherigen Sprachschatz nicht existierte. Endlich zu Hause angekommen, ließ ich mich in meinen Lieblingsstuhl fallen. Der Tag hatte mich ausgelaugt, und eine kurze Verschnaufpause war notwendig, um Kräfte für meinen Weg zurück ins normale Leben zu sammeln.
Als meine Familie gegen 16:30 Uhr die Haustür öffnete, brach ein Strom von Freude über mich herein. Die strahlenden Augen meiner Kinder und die herzlichen Umarmungen meiner Liebsten waren wie Balsam für meine Seele. Trotz dieser liebevollen Momente fühlte ich mich innerlich zerrissen. Wie sollte ich die Fassade des starken Vaters und Ehemannes aufrechterhalten, wenn ich mich so abgestumpft und überfordert fühlte? Der Abendspaziergang wurde zu einem Drahtseilakt für meine Nerven. Jeder Schritt war eine Herausforderung, jeder Blick in die Dunkelheit beförderte meine Angst. Meine Gedanken kreisten um unsichtbare Gefahren, die überall lauerten. Jedes offene Fenster, jedes Garagentor, jede vorbei-

gehende Person – alles erschien bedrohlich und unheimlich. In meinem Kopf spielten sich wilde Szenarien ab, in denen ich mich gegen unsichtbare Feinde verteidigen musste. Doch dann spürte ich plötzlich eine zarte Berührung auf meiner Hand. Meine kleine Tochter hatte sich zu mir gesellt und ihre Hand auf meine gelegt. „Keine Angst, Papa“, flüsterte sie mir liebevoll zu. „Ich passe auf dich auf.“ In diesem Moment brach etwas in mir auf. Die Tränen schossen mir in die Augen, und ich kämpfte gegen das laute Schluchzen an. Dieses Erlebnis hatte mich tief berührt. Es zeigte mir, dass selbst in den dunkelsten Momenten des Lebens die Liebe und Fürsorge meiner Lieben mich stärken und beschützen können. Ich erkannte, dass es nicht falsch war, sich in den schwachen Momenten Hilfe von anderen zu holen, auch wenn man die Rolle des Beschützers spielen sollte.
Jeden Tag musste ich mich gegen meine eigene Abgestumpftheit stemmen. Am liebsten wäre ich einfach im Bett geblieben. Doch ich wusste, dass ich aufstehen musste, um meine Verantwortung als Vater zu erfüllen. Meine beiden wundervollen Kinder waren mein Anker in dieser schweren Zeit, und sie hielten mich am Leben. Es gab Momente, in denen ich mir einen schnellen Tod herbeisehnte, um endlich von meinen inneren Qualen befreit zu werden. Doch die Gedanken an meine Familie und die zahlreichen Selbstmörder, denen ich während meiner Auslandseinsätze begegnet war, hielten mich davon ab, Dummheiten zu begehen. Jeder Tag war eine Herausforderung, aber meine festzementierte Routine half mir dabei, durchzuhalten. Jeder Tag der Woche verlief gleich ab, aber das war mir lieber, als immer wieder mit neuen Herausforderungen konfrontiert zu werden. Mittlerweile hatte ich eine weiterführende tagesstationäre Therapie in Bad Saulgau bewilligt bekommen. Dafür suchte ich mir selbst einen Psychotherapeuten.

Damals, in Dornstadt, führte ich ein Leben voller Stress und Hektik. Meine Frau war nur an den Wochenenden zu Hause. Daher war ich nonstop damit beschäftigt, mich um meine Kinder und ihre Hobbies zu kümmern. Ballett und Kunstturnen standen auf dem Programm. Es wäre für mich unmöglich gewesen, all das zu jonglieren, wenn ich noch zusätzlich zum Dienst gemusst hätte. Mein Kommandeur hatte offensichtlich andere Pläne für mich. Er wollte keinen Einsatzgeschädigten Soldaten mehr in seinen Reihen haben und legte mir nahe, mich versetzen zu lassen. Als er auch noch eine ärztliche Überprüfung BA90/5 meiner Dienstfähigkeit unterschrieb, war ich sprachlos, fassungslos und unglaublich wütend. Ich meldete mich ab und ging zu meiner Kompanie. Zum Glück hatte ich dort einen Spieß, der mich aufmunterte. Er rief im Sanitätsbereich an und verlangte nach einem speziellen Arzt. Ich bekam sofort einen Termin und ging hin. Vor dem Oberfeldarzt saß ich dann wie ein Häufchen Elend. Zum Glück kannte er mich noch aus meiner Zeit als Chef in Bruchsal. Er regte sich über die unmenschliche Art und Weise meiner Vorgesetzten auf. Sie schickten einen in die verschiedensten Auslandseinsätze und solange alles gut lief, war man bei ihnen gut angesehen. Sobald aber etwas schieflief und man nicht mehr alles geben konnte, wollten sie einen wegen Dienstunfähigkeit vor die Tür setzen. Seine Worte hallten in meinem Kopf wider. Schließlich unterschrieb er die BA90/5 mit dienstfähig und fügte handschriftlich noch ein paar Ausnahmen hinzu. Ab jetzt würde ich sein persönlicher Patient sein, versicherte er mir. Zum Schluss fragte er mich, ob ich schon eine Wehrdienstbeschädigung gestellt hätte. Als ich dies verneinte, ließ er mich ein paar Schriftstücke unterschreiben und sagte mir, dass ich von ihm hören würde. Er händigte mir einen Krankmeldeschein aus und sagte mir, dass ich bis zu meiner Versetzung aus diesem Regiment zu Hause bleiben sollte. Als ich zurück zu meinem Kommandeur ging, durfte ich mir wieder einmal Schimpftiraden anhören. Doch gegen eine ärztliche Stellungnahme konnte er nichts ausrichten. Danach ging ich zu meiner Lotsin und schrieb mit ihrer Hilfe einen Versetzungsantrag in das Multinationale Kommando in Ulm. Dieser Umstand machte mich sehr traurig, und ich verstand die Welt nicht mehr. Nirgendswo war ich mehr willkommen; es schien, als hätten sich meine Kameradinnen und Kameraden von mir abgewandt. Es tat einfach nur weh und verletzte mich massiv. Ich fühlte mich allein gelassen und hilflos. Die Wochen vergingen, und mein Zuhause wurde zu einem Ort der Stille und der Ungewissheit. Kein Anruf, keine Nachrichten von der Bundeswehr oder dem Multinationalen Kommando in Ulm. Meine Familie spürte meine Verzweiflung, doch wir alle waren gefangen in diesem düsteren Labyrinth der Militärbürokratie. Schließlich erreichte mich ein Briefumschlag mit dem Siegel des Multinationalen Kommandos. Meine Hände zitterten, als ich das Schreiben öffnete. Der Inhalt war enttäuschend. Mein Versetzungsantrag wurde abgelehnt, ohne klare Begründung. Diese Nachricht traf mich wie ein Schlag ins Gesicht. Meine Hoffnungen auf einen Neuanfang zerplatzten wie Seifenblasen. Verzweiflung und Resignation breiteten sich in mir aus. Doch dann spürte ich eine Hand auf meiner Schulter. Es war meine Frau, stark und entschlossen. „Wir schaffen das gemeinsam. Wir werden einen anderen Weg finden", sagte sie mit festem Blick. In ihren Augen sah ich die Liebe und den Glauben an unsere Familie. In diesem Moment beschloss ich, niemals aufzugeben. Gemeinsam würden wir einen Weg finden, auch wenn er steinig und mühsam sein sollte.

Die unzähligen Leichen

Jeden Termin bei meinem Therapeuten habe ich mit großer Vorfreude erwartet. Die Gespräche mit seiner charmanten Assistentin, die wir in unserem heimatlichen Dialekt führten, waren ein Highlight für mich. Ich spürte, wie mein Vertrauen zu Herrn Dr. B. immer größer wurde. Bei unserem ersten Termin riet er mir, meine Erlebnisse in der Vergangenheit aufzuschreiben.

Ich setzte mich jeden Tag vor den Computer und ließ meine Finger über die Tastatur fliegen. Da ich mich jahrelang auf ein 2-Finger-Suchsystem verlassen hatte, musste ich meine Schreibfähigkeiten verbessern. Eines Tages bat ich meine Frau, den Entwurf eines Textes über ein Gefecht in Afghanistan zu lesen. Bis dahin hatte ich meine Erfahrungen noch nie mit jemanden geteilt. Als sie das Kapitel gelesen hatte, umarmte sie mich und weinte. Allerdings war ihre Kritik heftig. Ich hatte die Geschichte völlig emotionslos und ohne jeglichen Ausdruck beschrieben. Ich musste meinen Schreibstil ändern. So begann ich, Synonyme zu recherchieren und konzentrierte mich darauf, Charaktere und Orte anschaulich zu beschreiben. Es war mein Wunsch, den Leser in die Geschichte eintauchen und mitfühlen zu lassen. Ich erstellte ein kleines Inhaltsverzeichnis, um zu entscheiden, was ich in meinem Buch verarbeiten wollte. Mit jedem Kapitel wurde mein Schreibstil besser und ich entwickelte eine Leidenschaft für das Schreiben. Dabei erlebte ich die therapeutische Wirkung des Schreibens. Einige Monate später entschloss ich mich, ein Buch zu veröffentlichen und anderen Menschen Mut zu machen, ihre eigenen Geschichten zu erzählen.

Ausgangspunkt meines Nachdenkens über mein militärisches Leben war eine einfache Frage meines Therapeuten: Wann war ich denn überhaupt Mal zu Hause? Als ich anfing, aufzuschreiben, was ich in den letzten Jahren getan hatte, wurde mir schnell klar, dass ich nicht nur wegen der Auslandseinsätze, sondern auch in meinem normalen Berufsleben häufig abwesend gewesen war. Ständig war ich damit beschäftigt, den Erwartungen meines Dienstherrn gerecht zu werden. Dabei hatte ich vergessen, dass es auch noch andere wichtige Dinge gab. Mein Therapeut half mir, eine umfassende Liste zu erstellen, die alle meine Abwesenheiten und Einsätze umfasste. Als ich sah, dass ich insgesamt 1638 Tage im Auslandseinsatz verbracht hatte, war ich schockiert. Wie konnte ich so lange Zeit meines Lebens weg sein, ohne es überhaupt zu bemerken? Ich nutzte meine Personalakte und das SAP-Programm der Bundeswehr, um mir einen Überblick über meine Vergangenheit zu verschaffen. Ich kontaktierte alte Kameradinnen und Kameraden, um mehr Informationen zu sammeln. Als ich zu schreiben begann, passierte etwas Unglaubliches. Je mehr ich schrieb, desto mehr erinnerte ich mich. Meine Erinnerungslücken füllten sich automatisch, und ich konnte mein Leben in einem ganz neuen Licht sehen. Ich erkannte, dass ich mich selbst verloren hatte, aber ich konnte mich auch wiederfinden. Mein Therapiebuch wurde zu einem Werkzeug, das mir half, meine Vergangenheit zu verstehen und meine Zukunft zu gestalten. Es war ein langer und schwieriger Prozess, aber am Ende war es das alles wert. Ich arbeitete weiter an meinem Manuskript und beschrieb die schrecklichen Gefechte, die ich erlebt hatte, die Verletzungen, die meine Kameraden und ich erlitten hatten, und die Todesfälle, die ich miterleben musste. Es war schwer, all das aufzuschreiben, aber ich merkte, dass es mir half, damit umzugehen. Ich sprach auch mit meiner Familie und Freunden über meine Erlebnisse, und sie unterstützten mich auf meinem Weg. Langsam aber sicher begann ich, meine Vergangenheit zu akzeptieren und mich wieder auf mein Leben im Hier und Jetzt zu konzentrieren.

Alle paar Wochen musste ich zu einem Pflichttermin in das Bundeswehrkrankenhaus Ulm, um mich dort bei einem Psychiater der Fachuntersuchungsstelle 6 vorzustellen. Dort sollte auch meine Traumatherapie bei Oberfeldarzt Dr. U. starten. Die ersten Wochen verliefen relativ ruhig. Wir lernten uns besser kennen und ich fühlte mich langsam wohler bei ihm. Als er mich fragte, was mich am meisten beschäftigte, antwortete ich wie aus der Pistole geschossen „Banda Aceh". Die Erinnerungen an diesen Einsatz hatte ich bislang tief in mir vergraben, doch jetzt schienen sie an die Oberfläche zu kommen. Ich spürte, dass ich bereit war, mich diesen Erinnerungen zu stellen, und ich hoffte, dass ich mit Dr. U.s Hilfe endlich Frieden mit ihnen schließen konnte. Er war erstaunt und sagte, dass Gefechte und Notlandungen für die Psyche doch viel schlimmer sein müssten als eine Naturkatastrophe.

Als ich von meinen Einsätzen in Afghanistan und auf dem Balkan zurückkehrte, hatte ich das Gefühl, dass nichts mehr so war wie zuvor. Ich hatte Dinge erlebt, die ich niemals für möglich gehalten hatte. Das Elend der Menschen vor Ort, die Zerstörung und der Geruch waren einfach grauenvoll. Ich war innerlich abgekapselt und nur noch im stumpfen Auftragsmodus. Ich erzählte meinem Therapeuten von meinen Erfahrungen. Im Krieg kommt es vor, dass gute Kameraden fallen, dass man auf Panzerabwehrminen oder IED's fährt und dass man den sogenannten Feind töten muss. Das war alles vorhersehbar. Doch das Ausmaß der Zerstörung nach der Naturkatastrophe war etwas, das ich niemals zuvor gesehen hatte. Die Aufständischen, die wir in Afghanistan bekämpft haben, waren keine Gruppe von Pfadfindern. Sie hatten seit Jahrzehnten Erfahrung mit bewaffneten Konflikten und verstanden ihr Handwerk. Doch der Einsatz nach dem Tsunami ist eine ganz andere Hausnummer. Die Bundeswehr hatte mich nicht darauf vorbereitet, was ich dort sehen würde. Die unzähligen Leichen, das Elend der Menschen und die Zerstörung waren einfach zu viel. Ich war innerlich kaputt und konnte mich nur noch auf meinen Auftrag konzentrieren. Ich habe mich danach abgekapselt und allein versucht, damit umzugehen. Für meinen Arbeitgeber war es vielleicht das Beste, was hätte passieren können. Für mich selbst war es eine sehr lange Zeit okay gewesen. Doch die Dinge, die danach passierten, haben mich noch mehr kaputt gemacht. Als Soldat und Offizier hatte ich schon so viel erlebt, dass ich mich manchmal fragte, wie ich überhaupt noch am Leben sein konnte. Insgesamt waren es aber die Erlebnisse in Banda Aceh, die mich am meisten geprägt hatten. Jedes Mal, wenn ich die Augen schloss, sah ich die Verwüstung vor mir. Ich konnte den Geruch von verbranntem Fleisch immer noch in meiner Nase spüren. Ich bat Dr. U., mir zu helfen, meine Traumata in Banda Aceh zu verarbeiten. Doch er hatte andere Pläne. Er bat mich, zuerst kleinere Traumata zu bearbeiten, bevor wir uns auf Banda Aceh konzentrierten. Wir trafen uns alle vier Wochen zu einem größeren Therapieblock. Vor jedem Treffen schickte ich ihm ein Kapitel aus meinem Buch, das ich gerade geschrieben hatte. Er hatte ein paar Stunden Zeit, um es zu lesen und sich ein Konzept für die Therapie zu überlegen. Während der Sitzungen lasen wir gemeinsam die Texte. Dr. U. stellte mir gezielte Fragen und lockte damit so einiges aus mir heraus. Es war eine schwierige, aber effektive Methode, die bis heute gut funktioniert. Ich schrieb weiter an meinem Buch und verarbeitete nach und nach all die traumatischen Erlebnisse, mit denen ich zu kämpfen hatte.

Du sollst nicht töten

Mein Leben hatte eine Wendung genommen, die ich niemals für möglich gehalten hätte. Im Traumazentrum Berlin gab es für mich einen Lichtblick – den Sonntagsgottesdienst. Es war erstaunlich, wie sehr mein Glaube an Gott sich verändert hatte. Früher war ich überzeugt davon, dass es nur Schwarz und Weiß gab. Entweder man glaubte an Gott oder eben nicht. Doch nun hatte ich eine neue Perspektive eingenommen. Wenn ich eine wunderschöne Blume oder einen strahlenden Regenbogen sah, spürte ich tief in mir, dass es etwas Gutes geben musste. Wenn ich mit Schmerz und Leid konfrontiert wurde, zweifelte ich manchmal an seiner Existenz. Doch es gab jemanden, der mir half, meinen Glauben zu stärken. Der evangelische Militärpfarrer war ein kleiner, älterer Mann, der es verstand, seine Predigten an die jeweilige Situation anzupassen. Sein ergrauter Bart und seine leicht untersetzte Statur ließen ihn auf den ersten Blick unscheinbar wirken. Doch sobald er zu sprechen begann, wurde jedem klar, dass er eine außergewöhnliche Gabe besaß. Während meiner Zeit in Berlin hatte ich das Glück, seine Sekretärin kennenzulernen. Sie nahm mich in ein Register auf, in dem traumatisierte Soldatinnen und Soldaten aufgelistet waren, die seine Vorträge besucht hatten. Ich fühlte mich geehrt, Teil dieses Registers zu sein und es war eine Bestätigung dafür, dass ich auf dem richtigen Weg war. Der Sonntagsgottesdienst wurde zu meinem wöchentlichen Highlight. Ich genoss es, dem evangelischen Militärpfarrer zuzuhören und mich anschließend mit ihm zu unterhalten. Seine Worte gaben mir Hoffnung und halfen mir, meinen Glauben zu festigen. Ich wusste, dass ich immer eine Heimat in der Kirche haben würde und dass Gott immer bei mir sein würde, egal was das Leben noch für mich bereithalten würde.

Endlich war es soweit – ich hatte eine Einladung für ein Seminar für einsatzgeschädigte Soldaten und deren

Familien in Wremen durch den Militärpfarrer erhalten. Obwohl die Anfahrt mit knapp 750 Kilometern eine lange Strecke war, entschieden wir uns als Familie, das Angebot anzunehmen. Im Sommer 2019 machten wir uns auf den Weg und fuhren über Nacht nach Wremen. Die Autobahn A7 war mir bestens bekannt, und es war ein toller Umstand, dass wir auf dem Rückweg noch Freunde in Rothenburg-Wümme besuchen konnten. Wir kamen im Morgengrauen auf einem Bauernhof an und wurden gleich zu Beginn von der Besitzerin herzlich begrüßt. Sie übergab uns den Schlüssel zu einem wunderschönen Ferienhaus. Das Essen wurde in einer alten umgebauten Scheune serviert, die ein sensationelles Ambiente hatte. Die frischgemolkene Milch schmeckte meinen Kindern besonders gut. Obwohl ich manchmal nicht gerne neue Leute kennenlerne, war es bei diesem Seminar anders. Jeder Teilnehmer hatte seine eigene Geschichte, und ich hatte das Gefühl, dass uns etwas verband. Mittlerweile konnte ich einem Gesprächspartner ansehen, ob er einen kleinen Treffer abbekommen hatte oder nicht. Die Familien waren alle nett und auf den ersten Blick sehr sympathisch. Besonders freute ich mich darüber, dass ein alter Kamerad aus meiner Zeit in Berlin auf diesem Seminar war. René L. sah damals im Bundeswehrkrankenhaus nicht wirklich gut aus; nach seinem exzessiven Kokainmissbrauch hatte er sich selbst in die Psychiatrie einweisen lassen. Es freute mich sehr zu sehen, dass er seine Dämonen besser im Griff hatte und von den Drogen weggekommen war. Wir trafen uns abends und redeten ein wenig. Zur Gruppe gehörten noch ein Künstler aus Berlin, ein Schauspieler, den einige von der ARD-Tatortserie kannten, ein Psychologe und drei Erzieherinnen – zu guter Letzt noch unser Pfarrer. Das Programm war sehr abwechslungsreich. Die Kinder malten Bilder mit dem Künstler, Familien probten für eine kleine Theaterdarbietung am letzten Abend und gemeinsam fuhren wir mit dem Schiff raus aufs Meer. Wir hatten einen Guide dabei, der uns sehr viel über die Nordsee erklärte. Einmal wanderten wir alle gemeinsam bei Ebbe im Watt. Die zwei Gottesdienste pro Tag rundeten das tolle Programm ab. Da uns dieses Seminar so gut gefallen hatte, bat ich die Sekretärin darum, uns bei freien Kapazitäten wieder einzuladen. Diese Seminare gaben mir und meiner Familie sehr viel, ich kann sie jedem nur empfehlen.

Entscheidend war ein Gespräch, das ich allein mit dem verantwortlichen Militärdekan führen durfte. Sein scharfer Blick bemerkte meine Erschütterung und abweisende Haltung gegenüber manchen Themen. Er fragte mich unumwunden, was mich bedrückte. Ich öffnete mein Herz und erklärte ihm den inneren Konflikt, der mich plagte. Die zehn Gebote Gottes verbieten das Töten, doch in meinen Einsätzen musste ich aus Notwehr handeln und Leben nehmen. Ein moralischer Zwiespalt, der mich quälte. Er bat mich, einen Moment allein zu verweilen. In der Stille des Raumes wartete ich, meine Gedanken wirbelten wie Staubkörner im Sonnenlicht. Nach kurzer Zeit kehrte er mit einem uralten Buch unter dem Arm zurück. Ein kostbares Original der Bibel, eine Urschrift. Er begann, die zehn Gebote vorzulesen, die Gott selbst offenbart hatte. „Du sollst nicht morden", hallte seine Stimme durch den Raum. Dann fragte mich eindringlich, ob ich denn gemordet hätte. Ich verneinte die Frage. Danach fühlte ich, wie dieses Wort eine Last von meinen Schultern genommen hatte. In diesem Moment schien die Luft im Raum zu vibrieren, als wäre eine unsichtbare Barriere durchbrochen. Der Militärdekan sprach Worte des Trostes, der Vergebung und des Verständnisses. Die alte Bibel wurde zu meiner Quelle des Trostes und half mir, die Verantwortung für mein Handeln in einem neuen Licht zu sehen.

Befreiungsschlag

Ich führte unzählige Gespräche mit Psychiatern der Fachabteilung Psychiatrie in Berlin und Ulm, um gegen meine schwerwiegende Erkrankung zu kämpfen. Mir einzugestehen, dass ich an einer Krankheit litt, fiel mir schwer. Doch die täglichen Albträume und regelmäßigen Flashbacks zwangen mich, die Fassade des unsterblichen Captain Americas zu durchbrechen. Meine Todesangst und Panikattacken konnte ich nicht länger ignorieren. Die Angst vor dem Unbekannten und die Paranoia gegenüber jedem Fremden waren Symptome meiner Erkrankung. In meiner militärischen Laufbahn hatte ich stets gefährliche Situationen gemeistert, ohne Furcht. Doch jetzt, unvermittelt, umhüllte mich die Todesangst. Jede Person wurde zu einer potenziellen Bedrohung. Besonders schlimm waren meine Panikattacken, wenn ich Frauen in Burkas begegnete. Unter dem Gewand konnte alles verborgen sein – Waffen, Sprengstoff, das Unbekannte. Im Einsatz hatte ich meine Ausrüstung, hier in Deutschland, fernab des Krieges, war ich schutzlos und sehnte mich nach meiner Waffe.

Die Empfehlung meiner Truppenärztin, eine Sporttherapie an der Sportschule der Bundeswehr in Warendorf durchzuführen, weckte große Hoffnungen in mir. Nach nervenaufreibenden zehn Tagen wurde mir der Termin zur Vorstellung im Zentrum für Sportmedizin mitgeteilt. Eine neue Tür schien sich für mich zu öffnen, und die Vorfreude darauf war kaum zu bremsen. Einen Tag vor dem Termin reiste ich an, um ausgeruht und fit zu sein.

Um 10 Uhr begann der anspruchsvolle Teil des Tages. Die Leistungsdiagnostik erwies sich als wahrer Kraftakt, meine Muskulatur war schon nach kurzer Zeit mit Laktat vollgepumpt. Ich gab alles, mein Puls raste, doch meine Kondition ließ zu wünschen übrig. Nach Steigerung der Intensität und mehrmaliger Entnahme von Laktat musste ich schließlich den Test abbrechen. Erschöpft, verschwitzt und mit schmerzenden Muskeln setzte ich den Tag fort. Untersuchungen durch Ärzte, Gespräche mit dem Leiter des Zentrums und dem Orthopäden folgten. Schließlich hatte ich ein wohltuendes Gespräch mit der Leiterin des Programms, Frau Oberfeldarzt Dr. L. Nach einer knappen Stunde erhielt ich das Go für meine Teilnahme an der ersten Maßnahme der Therapie. Ich meldete mich in einem anderen Gebäude zur Sporttherapie, wo mich Hauptfeldwebel Kai Z. empfing. Ein ehemaliger Fallschirmjäger, der in Afghanistan verwundet wurde, und nun das Geschäftszimmer der Gruppe Sporttherapie leitete. Kai und ich verstanden uns auf Anhieb. Wir tauschten Geschichten über unsere beruflichen Erfahrungen aus, und schließlich buchte er mich in den nächsten Lehrgang, der in drei Monaten stattfinden sollte, ein.

Auf diesem Lehrgang wurde ich einer Gruppe zugeteilt, die aus vier Teilnehmern bestand – einem Hauptfeldwebel aus Bremen, einem Oberstabsgefreiten aus dem Süden, einem Stabsunteroffizier aus Koblenz und ich. Eine überschaubare Truppe, und ich spürte sofort, wie wir uns auf angenehme Weise ergänzten. Der erste Tag bestand vorwiegend aus Formalitäten, der Aufnahme unserer Daten, der Ausstattung mit Sportkleidung und dem Beziehen unserer Einzelstuben. Doch der nächste Morgen brachte die wahre Herausforderung. Wir begannen den Tag mit einer intensiven Stabilisierungseinheit im Dojo, einem Raum, der normalerweise Kampfsportlern vorbehalten ist, für die nächsten zwei Wochen aber unsere tägliche Arena wurde. Überrascht stellte ich fest, wie schnell ich mich in der Gruppe zurechtfand. Kai, unser Ausbilder und Trainer, hatte geschickte Kennenlernspiele vorbereitet, die uns halfen, einander näher zu kommen. In nur 90 Minuten schienen wir bereits eine Menge voneinander zu wissen. Nach einer kurzen Pause wechselten wir zum Bogenschießen. Die Vielseitigkeit der Angebote

beeindruckte mich. Ich wusste, dass diese Sportart vielen Menschen half, ihre Traumata zu bewältigen. Und so war ich gespannt auf die kommenden Tage.
Die Struktur der folgenden Tage war ähnlich. Morgens begannen wir mit dem anspruchsvollen Stabi-Training im Dojo, gefolgt von drei bis vier weiteren Trainingseinheiten: Leichtathletik, Rollstuhlbasketball, Stretching – nur einige der zahlreichen Aktivitäten, die uns erwarteten. Persönlich faszinierte mich das Rudern. Diese Sportart wurde zum festen Bestandteil meines Trainingsprogramms. Bis heute erinnere ich mich mit Freude an die Zeit in der Sportschule zurück, wenn ich auf meinem Rudergerät meine virtuellen Bahnen ziehe.
Dieser Lehrgang unterschied sich von allen anderen. Es war nicht nur ein gewöhnliches physisches Training; vielmehr lag der Schwerpunkt auf psychologischer Betreuung. Zwei außergewöhnlich sympathische Psychologinnen begleiteten uns auf Schritt und Tritt, stets bereit, uns zu unterstützen. Dann gab es auch Neaf, ein Held, der beim Karfreitagsgefecht in Afghanistan schwer verwundet wurde und dennoch wieder auf die Beine kam. Er ließ sich zum Psychologiefeldwebel ausbilden und kümmerte sich nun um Soldatinnen und Soldaten, die im Einsatz verletzt worden waren. Vor ihm hegte ich großen Respekt, und er ist mir besonders ans Herz gewachsen. Auch meine Mitstreiter auf dem Lehrgang waren großartig. Jeder hatte seine eigene Geschichte zu erzählen, und gemeinsam waren wir für einander da. Endlich hatte ich das Gefühl, angekommen zu sein. Hier in Warendorf, bei der Gruppe Sporttherapie, fühlte ich mich ernst genommen und verstanden. Es war wie ein Befreiungsschlag. In der normalen Truppe hatte ich mich immer wie ein Außenseiter gefühlt, weil man mich als „bekloppt“ abstempelte. Jedes Wort musste ich auf die Goldwaage legen, und ich hatte das Gefühl, mich ständig verbiegen zu müssen. Doch hier in Warendorf war alles anders. Ich fühlte mich

angenommen und verstanden – es war ein wunderbares Gefühl, nicht dieser Stigmatisierung ausgesetzt zu sein.
Zurück in den vertrauten Gefilden meiner Heimatstadt setzte ich mich mit meinem Psychologen zusammen, um meine tief verwurzelte Furcht vor Menschenmassen zu verarbeiten. Das war kein leichtes Unterfangen, denn Worte allein vermochten kaum die Intensität dieses Gefühls zu vermitteln, es sei denn, man hatte es selbst am eigenen Leib erlebt. Ein prägendes Erlebnis blitzt in meiner Erinnerung auf: Ein harmloser Spaziergang mit meiner Frau durch die Stadt geriet zur Zerreißprobe, als eine ältere Dame unvermittelt die Richtung änderte und ich sie versehentlich streifte. Dieser scheinbar belanglose Vorfall versetzte mich augenblicklich in einen Panikzustand, der mich fluchtartig ins rettende Parkhaus trieb. Von diesem Moment an mied ich Veranstaltungen, bei denen sich Unbekannte zu Menschenmengen formierten.
In Warendorf bekam ich von den Ausbildern als Hausaufgabe mit, an meinen Ängsten und an meiner körperlichen Verfassung zu arbeiten. Nach regelmäßigen Leistungsdiagnostiken, die quartalsweise in Warendorf stattfanden, setzte ich meine Sporttherapie fort. Mein Therapeut bot stets neue Herausforderungen an, von Crossfit bis hin zu spezialisierten Rudereinheiten. Diese intensiven Trainingseinheiten brachten mich nicht nur körperlich an meine Grenzen, sondern schenkten mir auch überraschendes Selbstvertrauen. Trotz meiner 40 Jahre fühlte ich mich wie ein jugendlicher Athlet.
Am Ende des Lehrgangs gab es informative Vorträge, darunter auch über die bevorstehenden Invictus Games in Den Haag im Jahr 2020. Diese Spiele waren für Soldaten und Soldatinnen gedacht, die Verletzungen im Einsatz erlitten hatten und danach wieder in die Gesellschaft integriert werden mussten. Bevor ich nach Hause fuhr, teilte mir Naef mit, dass ich aufgrund meiner hervorragenden Leistung in der engeren Auswahl für die nächsten

Invictus Games stand. Seine Worte erfüllten mich mit Stolz und Vorfreude.

Prinz Harry, selbst erfahren in den Tiefen der Einsatzverletzungen, gründete die Invictus Games als ein Mittel der Heilung und der Unterstützung für Kameraden im Dienst. Er nutzte seinen königlichen Status, um die Invictus Games Foundation ins Leben zu rufen. In diesen Vorträgen wurde mir klar, dass der Sport nicht nur eine physische Reise war, sondern auch eine emotionale und gemeinschaftliche Erfahrung, deren Wirkungen weit über die Trainingshalle hinausreichten.

Zu Hause blieb mein Alltag unverändert. Stundenweise Arbeit, Sportübungen, Familie und der wöchentliche Besuch beim Psychologen waren meine täglichen Begleiter. Alle drei Wochen begab ich mich zur Traumatherapie ins Bundeswehrkrankenhaus Ulm, wo ich meinem Psychiater gegenübersaß. Ich wusste, dass der Weg hart sein würde, um meine Ziele zu erreichen und Teil dieses besonderen Teams bei den Invictus Games zu werden. Doch jeder Schritt, jeder durchlebte Moment, war ein Tribut an meine Entschlossenheit und meinen Willen.

Inmitten freundlicher Worte

Die Monotonie meines Alltags und die Angst vor unvorhersehbaren Situationen hatten mich in ein Gefängnis eingesperrt, dessen Mauern sich hartnäckig zu schließen schienen. Dann brach die Pandemie über uns herein, begleitet vom befreienden Lockdown. Plötzlich befand sich die Welt in einem kollektiven Ausnahmezustand, und das Gefühl der Isolation schien auf alle Menschen überzuschwappen. Während sich viele über die erzwungenen Einschränkungen beschwerten und nach Freiheit schrien, empfand ich in dieser neuen Weltordnung fast schon eine vertraute Geborgenheit. Die Masken, das Abstandhalten, die leeren Straßen – es war beinahe so, als hätte ich mich auf diesen Moment perfekt vorbereitet. Endlich konnte ich einkaufen gehen, ohne von Angst gelähmt zu werden. Zeit mit meinen Kindern zu verbringen fühlte sich plötzlich nicht mehr wie eine Pflicht an, sondern wie ein kostbares Geschenk. Doch der Lockdown war keine einfache Zeit für meine Kinder, die unter den Schulschließungen und dem Fernunterricht litten. Gemeinsam kämpften wir uns durch diese herausfordernde Phase. Der Garten wurde zum Ort der Zuflucht, Spiele füllten unsere Tage, und Bücher brachten uns in faszinierende Welten. Das gemeinsame Kochen und das Ausprobieren neuer Rezepte verbanden uns noch mehr. Der Lockdown wurde zu einer Zeit des Zusammenhalts. Dennoch setzte ich meine Therapie fort, einschließlich der Sporttherapie in Warendorf. Die Vorbereitungen für die Invictus Games gewannen an Fahrt, der Termin rückte näher. Mein dritter Lehrgang stand bevor, wieder in Warendorf.

Dort erlebte ich nicht nur sportliche Höhepunkte, sondern auch ein bewegendes Gespräch mit Katja, unserer einfühlsamen Psychologin, und Neaf, dem erfahrenen Psychologiefeldwebel. Inmitten freundlicher Worte teilten sie mir mit, mich zu den Invictus Games in Den Haag mitzunehmen. Sie begründeten, warum ich dabei sein sollte, betonten jedoch auch, an welchen Schwächen ich noch feilen sollte. Ich war begeistert. Im Anschluss traf ich Kai, um die Disziplinen für den Wettkampf zu besprechen. Gemeinsam stürzten wir uns in die Sporthalle, wo Kai mir voller Enthusiasmus die verschiedenen Optionen präsentierte. Da Radfahren und Schwimmen bereits von anderen Athleten abgedeckt waren, entschieden wir uns für den 100- und 200-Meter-Sprint, das Diskuswerfen und das Indoor-Rudern. Kai meldete mich sogar für das 1- und 4-minütige Rennen im Rudern an. Ich war stolz darauf, Deutschland im Dienst der Bundeswehr präsentieren zu dürfen.

An meinem Standort Ulm wollte ich nicht länger bleiben; ich wollte aktiv mitgestalten und anderen Menschen helfend zur Seite stehen. Daher stellte ich bei meinem Personaloffizier einen Antrag auf Versetzung in das Familienbetreuungszentrum nach Laupheim. Dieser Luftwaffenstandort lag lediglich 25 Kilometer von meinem Zuhause entfernt und erschien mir als der ideale Ort, um meine Ziele umzusetzen.

Die Vorfreude auf das bevorstehende Trainingslager für die Invictus Games in Den Haag war groß und ich konnte es kaum erwarten, meine Teamkameraden kennenzulernen. Ich hatte schon oft die Sportschule der Bundeswehr in Warendorf besucht und wusste, was mich erwartete. Doch dieses Mal war es anders. Es ging nicht nur darum, meine sportlichen Fähigkeiten zu verbessern, sondern auch um den Wettkampf mit körperlich beeinträchtigten Veteranen aus der ganzen Welt. Ich war bereit, alles zu geben und meine Grenzen zu überschreiten.

In Warendorf traf ich Julian. Julian war ein ehemaliger Offizier, der als ziviler Sportlehrer in der Gruppe Sporttherapie tätig war. Er kümmerte sich zudem um alle Sondervorhaben wie zum Beispiel die Invictus Games. Schon zur ersten Stunde teilte er alle Athleten in trainingsspezifische Gruppen ein. Die Trainingseinheiten waren sehr intensiv. Oft nahmen aktive Sportler die Einweisung in die verschiedenen Disziplinen vor. Es war ein echtes Highlight, von Weltmeistern und prominenten Sportlern zu lernen. Am dritten Tag waren wir alle ziemlich erschöpft. Zum Glück war Birgit, unsere Physiotherapeutin, immer mit am Start; sie betreute uns ganz hervorragend. Eine Massage und ein anschließender Saunagang halfen mir über die Runden und ermöglichten mir meine Höchstleistungen am nächsten Tag. Schon in den ersten Trainingseinheiten legte ich mich auf das Rudern als meine Paradedisziplin fest. Sprinten und Diskuswerfen waren für mich zwar nicht nebensächlich, aber definitiv nicht mein Fokus.

Das erste Trainingslager verging wie im Flug. Ich bekam detaillierte Trainingspläne mit auf den Weg nach Hause und sollte mir Gedanken machen, welche zwei Personen ich zu den Invictus Games in Den Haag als Begleitung mitnehmen würde. Ich wusste, dass ich meine Familie nicht mitnehmen konnte, da wir insgesamt fünf Personen waren. Ich wollte niemanden vor den Kopf stoßen. So fiel meine Entscheidung auf meine beiden Freunde Marco P. und Michael N. Meine Frau hatte mir diesen Tipp gegeben.
Ich rief sie beide an und fragte, ob sie mitkommen wollten, und sie waren begeistert von der Idee.

I am Vocko

Als ich die Nachricht erhielt, dass die Invictus Games aufgrund der Pandemie auf das Jahr 2022 verschoben werden würden, war ich zutiefst enttäuscht. Doch ich war fest entschlossen, weiter hart zu arbeiten und mich auf die Wettkämpfe vorzubereiten, wenn es endlich wieder möglich wäre. Während Deutschland im Lockdown war, hatte ich das Glück, Zugang zum Kraftraum in meiner Kaserne zu bekommen. Ich nutzte diese Gelegenheit, um mich auf mein Rudertraining zu konzentrieren. Trotz der schwierigen Umstände blieb ich optimistisch und motiviert. Ich war Teil einer unglaublichen Gemeinschaft von Athleten, die sich über What‘s App austauschte und sich gegenseitig unterstützte. Dann traf mich der nächste Schlag – Homeoffice. Die meisten Soldaten in meiner Kaserne wurden nach Hause geschickt, so dass ich nicht mehr auf den Kraftraum zugreifen konnte. Ich begann, alternative Trainingsmethoden zu entwickeln und nutzte alles, was ich zur Verfügung hatte. Ich bestellte mir sogar ein Rudergerät Concept 2, um im Training zu bleiben.
Enttäuscht war ich über meinen Trainingsrückstand in den Laufdisziplinen. Es fühlte sich an, als ob ich auf der

Stelle trat. Meine Sprintzeit war eine Katastrophe. Ich konnte mich zudem nicht einmal erinnern, wie eine Diskusscheibe aussah. Doch dann kam die erlösende Nachricht – ich durfte endlich wieder nach Warendorf reisen, um an einem Trainingslager teilzunehmen. Die Vorfreude war riesig und ich konnte es kaum erwarten, endlich wieder auf der Laufbahn zu stehen. Die ersten Tage waren hart; ich spürte jeden Muskel in meinem Körper. Ich kämpfte mich durch jede Übung und jeden Lauf, immer mit dem Ziel vor Augen, besser zu werden. Die anderen Teilnehmer des Trainingslagers waren ebenfalls hoch motiviert, und die Atmosphäre war einfach nur inspirierend.

Doch dann kam die Nachricht, dass die Invictus Games nicht stattfinden könnten. Wir waren alle zutiefst enttäuscht, hatten jedoch Verständnis für die Entscheidung. Das Trainingslager war dennoch eine fantastische Erfahrung. Ich kehrte nach Hause zurück, bereit, weiter hart zu trainieren. Zum Glück hatten die Fitnessstudios wieder geöffnet und ich konnte mein Training mit anderen Maschinen fortsetzen. Ich spürte, wie ich stärker und schneller wurde, und ich wusste, dass ich bereit war, wenn sich die nächste Gelegenheit bot.

Es gab einen Höhepunkt, auf den ich mich das ganze Jahr über freute: das 4. Trainingslager in Warendorf. Die Spiele wurden bereits zum zweiten Mal verschoben und es war unklar, ob sie überhaupt noch in Den Haag stattfinden würden. Die Unsicherheit nagte an uns allen und es war schwer, motiviert zu bleiben. Drei Teammitglieder wurden inzwischen aus der Bundeswehr entlassen, was uns alle schockierte. Doch die Ersatzpersonen, die ins Team integriert wurden, waren großartig. Sie passten perfekt zu uns und es gab keinerlei Friktionen.

Das neue Jahr hatte gut begonnen. Ich hatte mich nahtlos in das Team der Familienbetreuungsstelle in Laupheim eingefügt; meine Trainings liefen fantastisch und auch

privat lief alles wie am Schnürchen. Dann kam die Nachricht, auf die wir alle gewartet hatten: die niederländische Regierung hatte endlich beschlossen, dass die Invictus Games 2022 definitiv in Den Haag stattfinden würden. Mein Herz hüpfte vor Freude und ich wusste, dass ich diese Chance nutzen musste. Ich war in Topform und motivierter denn je. Obwohl die Welt noch immer mit den Folgen der Pandemie zu kämpfen hatte, hatten wir uns alle an die neuen Gegebenheiten angepasst und konnten endlich wieder nach vorne schauen. Das nächste Trainingslager wurde für den Februar, erneut in Warendorf, angesetzt – natürlich unter Einhaltung aller notwendigen Corona-Maßnahmen. Aber das störte uns nicht. Es war unglaublich, wie die Zeit verflog.
Das Trainingslager war wie immer perfekt organisiert. Die Athleten konnten sich voll und ganz auf ihre Wettkampfvorbereitungen konzentrieren. Allerdings hatten wir eine Fülle von Pressetrainingsterminen zu erledigen. Ein renommierter Sportreporter der Bildzeitung war mit seinem Team angereist und baute ein beeindruckendes Sportstudio auf. Ich war begeistert, als ich hörte, dass alle von ihm im Umgang mit den Medien trainiert werden sollten. Einige Wochen zuvor hatte Deutschland die großartige Zusage erhalten, dass Düsseldorf die Invictus Games 2023 ausrichten würde. Damit würde die Bundeswehr stärker in den Fokus der Öffentlichkeit rücken. Gegen Ende der Woche kam auch General Marstaller, der Projektoffizier für die Invictus Games in Deutschland, in unser Trainingslager. Er brachte sein gesamtes Social-Media-Team mit und erklärte uns, was er für Düsseldorf geplant hatte. Dann schlossen wir einen Pakt. General Marstaller und sein Social-Media-Team würden uns ab sofort in Den Haag unterstützen, und im Gegenzug würden wir alle Werbung für die Invictus Games in Düsseldorf machen.

Ich kann mich noch gut an den Moment erinnern, als ich das erste Mal den Begriff „Social Media“ hörte. Ich hatte keine Ahnung, was das überhaupt bedeutete, und es war mir bisher auch vollkommen egal. Schließlich hatte ich als Soldat bei der Bundeswehr Wichtigeres zu tun, als meine Zeit damit zu verbringen, Fotos und Nachrichten online zu teilen. Aber meine Erkrankung hatte mich zu einem anderen Menschen gemacht. Ich hatte Angst, mich anderen zu öffnen und meine Geschichte zu erzählen. Social Media-Experten ermutigten mich, meine Geschichte zu teilen und dieses Medium zu nutzen, um anderen Menschen Mut zu machen.
Und so wagte ich es und meldete mich auf Instagram an. Der Account mit dem Namen „I_am_vocko“ wurde geboren. Mein Spitzname Vocko, den ich seit meiner Zeit bei der Bundeswehr trage, wurde zum Namen meines Accounts. Hinzugefügt hatte ich noch als Anlehnung an die Invictus Games das “I_am“. Ich postete ein Foto von mir und erzählte ein wenig über meinen Werdegang. Innerhalb von nur einer Woche hatte ich bereits über tausend Follower. Die Anzahl wuchs schnell und schon bald hatte ich mehrere Tausend Menschen, die meinen Geschichten folgten. Ich war begeistert! Ich hatte keine Ahnung, dass Social Media so mächtig sein konnte. Ich begann, regelmäßig zu posten und meine Follower-Zahl stieg weiter. Es war unglaublich, wie viel positive Resonanz ich erhielt. Natürlich gab es auch Kritiker und negative Kommentare, aber davon ließ ich mich nicht unterkriegen. Ich wusste, dass ich mit meinem Content auch Werbung für die Bundeswehr machte und das vergrößerte meine Motivation. Inzwischen hat sich meine Follower-Zahl bei ungefähr 3500 eingependelt, aber ich finde, das ist immer noch eine beeindruckende Zahl. Ich freue mich, dass ich mit meiner Geschichte und meinen Erfahrungen anderen Menschen Mut machen kann. Und ich bin dankbar, dass ich durch Social Media eine

Plattform gefunden habe, um meine Botschaften zu verbreiten.

Taps

Endlich, nach zwei Jahren Verzögerung wegen der verheerenden Covid Pandemie auf der ganzen Welt, fuhren wir als Team Germany zu den Invictus Games nach Den Haag. Vom Team wurde ich zum Teamkapitän gewählt, dies war für mich eine wahnsinnige Ehre. Das ganze Team ist mir in den zwei Jahren ans Herz gewachsen. Wir verstehen uns gut untereinander, wissen, wie wir uns zu nehmen haben und lassen uns die benötigten Freiräume. Gerne hätte ich meine Frau und meine Kinder mit dabei gehabt, was aber nicht möglich war. Allerdings begleiteten mich zwei sehr gute Freunde, die mich in den letzten Jahren auf dem Weg zur Genesung immer unterstützt haben. Mit Marco war ich damals im Kosovo stationiert und mit Michael in Afghanistan. Unsere Freundschaft ist fast schon familiär. Michael bat ich nach der Geburt meiner zweiten Tochter, Taufpate zu werden. Es war für ihn eine Selbstverständlichkeit.

Als ich als Athlet zu den Invictus Games nach Den Haag reiste, wusste ich noch nicht, was mich alles erwarten würde. Die Anreise war bereits ein Abenteuer für sich: Während meine Freunde Marco und Michael zusammen in einem Bus saßen, wurde ich mit den anderen Athleten in einen anderen Bus verfrachtet, da wir in verschiedenen Hotels untergebracht waren und unterschiedliche Programme hatten. Nach Ankunft in Den Haag, bezogen wir zuerst unsere Hotelzimmer. Schon im Foyer knüpfte ich Kontakte mit anderen Athleten aus Kanada, Ukraine und Belgien. Ich war überrascht, wie glücklich und freundlich alle waren.

Als Teamcaptain hatte ich bereits am ersten Tag ein Interview zu geben – für das holländische Fernsehen! Das

Gespräch verlief sehr fair. Ich war erleichtert, dass Julian an meiner Seite war, der die Rolle des Teammanagers übernommen hatte. Niemand beneidete ihn darum, weil er so viel zu tun hatte. Seine Aufgaben hat er hervorragend gemeistert.

Ich hatte die besondere Ehre, die Flagge der Invictus Games überreicht zu bekommen. Das Kamerateam begleitete mich bei den Vorbereitungen für die Abschlusszeremonie, die in 14 Tagen stattfinden sollte. Es dauerte einige Stunden, da die Kameraeinstellungen immer wieder verändert wurden, aber ich war begeistert von der Idee des Regisseurs, die Flagge in Fahrradmontur zu übernehmen und mit einem Fahrrad auf die Bühne zu fahren. Bei den Filmaufnahmen für die Abschlusszeremonie wurde es immer dunkler und kälter. Julian und ich trugen nur kurze Fahrradhosen und kurzärmlige Hemden, weshalb wir ziemlich froren. Nachdem wir das Fahrrad in unsere Teamgarage gebracht und uns etwas Wärmeres angezogen hatten, merkten wir, dass wir den letzten Bus verpasst hatten. Also beschlossen wir, zu Fuß durch die Stadt zur Main Station zu gehen und von dort aus mit der Bahn zu einer nahegelegenen Haltestelle zu fahren. Als wir endlich unser Hotel erreichten, war es schon Mitternacht. Da wir bereits um 5:00 Uhr frühstücken sollten, würde die erste Nacht in Den Haag sehr kurz werden.

Am nächsten Morgen machten wir uns gemeinsam mit meinem Team auf den Weg zum Invictus Games-Campus, auch bekannt als Zuiderpark. Als wir auf dem Gelände ankamen, war ich überwältigt von der Größe und dem Trubel um uns herum. Der Park selbst war ein wunderschöner Ort mit weitläufigen Grünflächen und bunten Blumenbeeten, die den Weg säumten. Ich konnte die Vögel zwitschern hören und das Summen von Insekten, die um die Blumen flogen. Die Sportstädten waren beeindruckend. Jede hatte ihre eigene Atmosphäre.

Überall sah man Zelte und Fahrzeuge. Es wurde sogar ein Prototyp der neuen F-35 ausgestellt. Mein Fokus lag jedoch auf der Athleten- und Family Zone, dem Herzstück des Zuiderparks. Die Zone war für Reporter und Zuschauer nicht zugänglich und wurde von zivilen Sicherheitskräften bewacht. Wir mussten eine spezielle Karte vorzeigen und uns mit einem Gerät einloggen, um Zugang zu erhalten. Die Zone war der perfekte Ort, um sich zwischen den Wettkämpfen zu erholen. Es gab eine Fülle von Speisen und Getränken; überall lagen Snacks zum Naschen bereit. Auf der Sonnenterrasse gab es einen Barista, der die besten Kaffee-sorten zubereitete. Mein Favorit war der Latte Macchiato mit Hafermilch. In drei Tagen würden die Spiele beginnen. Bis dahin hatten wir Zeit, um zu trainieren und uns mit den verschiedenen Sportstätten vertraut zu machen. Für mich waren die ersten Tage geprägt von der Erkundung der Sportanlage und dem Kennenlernen anderer Athleten. Dank meiner Englischkenntnisse und meiner lockeren Art fiel es mir leicht, Kontakte zu knüpfen.

Ich erinnere mich gut an den Tag der Eröffnungsfeier, als ich mit dem Team Germany in die Veranstaltungshalle einmarschierte. Die Zuschauer klatschten frenetisch. Ich spürte eine Mischung aus Aufregung und Stolz, als ich mein Team in die dritte Reihe führte und mich neben Neaf und Julian setzte. Wir waren in den vergangenen Jahren zu einer engen Einheit zusammengewachsen. Neaf grinste mich an und sagte: „Warte nur Mal ab, Vocko, auch du wirst die eine oder andere Träne verdrücken.“ Ich dachte an die Worte meiner Ehefrau, die mir gesagt hatte, dass es okay sei zu weinen, wenn ich es fühlte.

Die Stimmung in der Halle war atemberaubend. Ich dachte an die Worte meiner Frau und von Neaf und fragte mich, ob ich die Fassung bewahren würde. Alle Nationen waren bereits eingelaufen, und der Moderator eröffnete die Show. Ich sah das kleine Mädchen auf der Bühne, dessen Mutter für das Team Holland antrat. Sie öffnete ein kleines Buch und trug ein Gedicht vor, das mich tief berührte.

Die Invictus Games sind eine Veranstaltung, die Prinz Harry ins Leben gerufen hatte, um verletzte Soldaten aus der ganzen Welt zusammenzubringen und ihre Stärke und ihren Mut zu feiern.

Prinz Harry hatte ein Gedicht ausgewählt, das den Kampf der Soldatinnen und Soldaten beschreibt. Ein Kampf, den sie jeden Tag aufs Neue führen müssen, um für den Frieden zu kämpfen. Ich sah zu den Soldaten, die im Publikum saßen, und konnte ihre Anspannung und ihr Leid spüren. Sie hatten so viel geopfert, aber alles, was sie zurückbekamen, war die Angst, die Wut und das Gefühl, verlassen worden zu sein. Ich selbst kämpfte auch mit meinen Gefühlen. Immer wieder schaute Neaf zu mir rüber, um zu checken, ob es mir gut ging. Aber ich konnte meine Gefühle noch zurückhalten. Schon seit Jahren hatte ich gelernt, meine Scham und meine zerbrechliche Seele vor anderen zu verbergen.

In diesem Moment spürte ich, dass ich nicht allein war. Ich sah meine Teamkollegen um mich herum, die alle ihre inneren Kämpfe aushalten mussten. Mir wurde bewusst, dass ich meine eigene Geschichte hatte, die ich eines Tages erzählen würde. Die Emotionen in mir kamen hoch. Zunächst kämpfte ich gegen die Tränen an. Aber dann kam mir der Gedanke, dass es okay war zu weinen. In diesem Moment war ich ein Teil von etwas Größerem. Ein Mitglied eines Teams, das sich gegen alle Widrigkeiten durchgesetzt hatte. Ich war davon überzeugt, dass ich durch meine Geschichte andere Menschen inspirieren und motivieren konnte, nicht nur ihre Traumata zu bekämpfen, sondern ihre Träume umzusetzen.

Unter tosendem Applaus verließ das Mädchen die Bühne und rannte zu ihrer Mama. Sie umarmten sich inniglich. Es war ein Moment voller Liebe und Hoffnung.
Aber es sollte noch emotionaler werden. Ein kriegsversehrter Holländer wurde auf die Bühne gerufen. Auf der riesigen Leinwand war ein kurzer Film über seine Geschichte zu sehen. Bei einer Patrouillenfahrt wurde sein Panzer in die Luft gesprengt. Alle Insassen wurden schwer verletzt. Der Soldat auf der Bühne hatte eine Beinprothese. Im Interview auf dem Bildschirm erzählte er, wie sehr er unter seiner Verletzung litt, aber noch viel schlimmer trüge er an dem Leid, dass sein bester Freund im Panzer gestorben ist. Nur für die heutige Eröffnungszeremonie und um seinen Freund zu ehren, hatte er das Trompetenspielen gelernt. Ich sah in seinen Augen den Schmerz, aber auch die Stärke und den Mut, den er und all die anderen Soldaten aufbringen, um ihren Alltag zu bewältigen.
Das war ein Moment, den ich niemals vergessen werde. Als der Mitarbeiter des Organisationsteams ihm die Trompete überreichte, wusste ich, dass etwas Großes passieren würde. Ich spürte förmlich, wie mein Herz anfing zu pochen, und hielt den Atem an, als er anfing zu spielen. Die Musik, die aus der Trompete strömte, war so kraftvoll und gleichzeitig so traurig, dass ich es kaum ertragen konnte. Mein Herz fühlte sich schwer an, als ich an all die Menschen dachte, die in diesem Moment nicht mehr unter uns waren. Es war wie ein Schlag in mein Gesicht, als ich realisierte, wie viele Leben aufgrund von Krieg und Konflikten verloren gehen. Die Tränen liefen mir unaufhaltsam über beide Wangen und ich konnte es einfach nicht verhindern.
Taps ist ein Trompetensolo, das oft bei Beerdigungen und militärischen Gedenkfeiern gespielt wird. Es ist auch bekannt als „Day is Done“ oder „Butterfield‘s Lullaby“. Das Stück besteht aus 24 Noten und wurde erstmals

während des amerikanischen Bürgerkriegs im Jahre 1862 gespielt. Ein Unionsgeneral namens Daniel Butterfield wollte ein Signal zum Ende des Tages haben, das anders klang als das gewöhnliche Signal. Zusammen mit dem Militärmusiker Oliver Wilcox Norton komponierte er die Melodie von Taps. Die erste offizielle Verwendung von Taps war bei der Beerdigung eines Unionsinfanteristen namens Captain John Tidball, der während des Bürgerkriegs gefallen war. Seitdem ist Taps zu einem Symbol der Ehre und des Respekts für gefallene Soldaten geworden. Es wird oft bei militärischen Beerdigungen und Gedenkfeiern gespielt, um das Opfer von Soldaten zu ehren. Es ist ein kurzes, aber kraftvolles Stück, das die Herzen der Zuhörer bewegt und Erinnerungen an diejenigen weckt, die ihr Leben im Dienst ihres Landes gegeben haben.
Als das Lied zu Ende war, herrschte für einen kurzen Moment absolute Stille im Saal. Dann brach der tosende Applaus los. Auch ich klatschte so laut wie ich konnte. Das meine Hände dabei schmerzten, störte mich nicht. Ich war unendlich dankbar für diesen Moment, weil er mir gezeigt hatte, wie wichtig es ist, sich an die Menschen zu erinnern, die ihr Leben für unsere Freiheit geopfert haben. Dann trat plötzlich Meghan Markle auf die Bühne und verkündete, dass Prinz Harry nun sprechen würde. Ich sah ihm zu, wie er auf die Bühne kam, und konnte die Tränen in seinen Augen sehen. Er war selbst ein Soldat und wusste genau, wie schwer es war, in Kriegsgebieten zu kämpfen. Doch trotz all der Trauer und Verluste, die er erlebt hatte, sprach er mit so viel Mut und Hoffnung, dass ich mich wieder ein wenig besser fühlte.

Mit folgenden Worten sprach Prinz Harry zu uns allen im Saal:

Liebe Freunde, Athleten und Gäste,
Es ist mir eine große Ehre, Sie alle hier bei den Invictus Games in Den Haag willkommen zu heißen. Wir sind hier zusammengekommen, um die unglaubliche Kraft des Sports zu feiern und um die Widerstandsfähigkeit und den Mut von Kriegsveteranen auf der ganzen Welt zu ehren.
Die Invictus Games sind eine Gelegenheit, um zu zeigen, dass wir uns von unseren Verletzungen nicht unterkriegen lassen. Unsere Kämpfe und Herausforderungen haben uns geprägt und uns zu den Menschen gemacht, die wir heute sind. Wir sind stärker und widerstandsfähiger geworden, und wir haben gelernt, dass wir alles erreichen können, was wir uns vornehmen.
Die Invictus Games sind ein Zeichen der Hoffnung und des Optimismus. Sie zeigen uns, dass es immer eine Möglichkeit gibt, unsere Träume zu verwirklichen, egal wie schwer der Weg dorthin sein mag. Die Spiele sind auch eine Gelegenheit, um zu zeigen, dass es im Leben nicht nur ums Gewinnen geht, sondern auch darum, den Mut zu haben, zu verlieren und sich immer wieder zu erheben.
Die Athleten hier bei den Invictus Games haben alle unglaubliche Geschichten zu erzählen. Sie haben unglaubliche Herausforderungen überwunden und uns gezeigt, dass es keine Grenzen gibt, wenn man an sich glaubt. Jeder von Ihnen hier ist ein Vorbild und eine Inspiration für uns alle.
Ich möchte allen Athleten, ihren Familien und Betreuern meine tiefste Dankbarkeit und meinen größten Respekt aussprechen. Sie haben alle unglaubliche Arbeit geleistet, um hierher zu kommen, und ich bin mir sicher, dass Sie alle uns in den kommenden Tagen mit Ihrem unglaublichen Talent und Ihrer Hingabe begeistern werden.

Ich wünsche allen Athleten viel Glück und Erfolg bei den Spielen. Ich hoffe, dass jeder von Ihnen die Erfahrung der Invictus Games genießt und dass Sie alle in den kommenden Tagen unvergessliche Erinnerungen schaffen werden.

Vielen Dank und viel Glück!

Ich spürte, wie seine Worte in meinem Innersten nachhallten und mich dazu anspornten, weiterzumachen. Mir war bewusst geworden, dass ich nicht alleine war und dass es noch viele andere gab, die für Frieden und Freiheit gekämpft hatten. Und so endete dieser Tag mit einem Gefühl der Dankbarkeit und des Zusammenhalts. Ich war stolz, ein Teil dieser Gemeinschaft zu sein und wusste, dass ich niemals aufgeben würde. Es war ein Abend, der mich nachhaltig prägte. Ich bin dankbar dafür, dass ich dabei sein durfte.

Persönliche Triumphfahrt

Die Invictus Games 2022 hatten nun endlich ihren Startschuss erhalten. Der erste Tag stand ganz im Zeichen der Leichtathletikwettkämpfe. Heute würde ich selbst zweimal in den Fokus rücken.
Das Stadion pulsierte vor Energie, als ich mich auf den Wettkampf vorbereitete. Die Luft war elektrisch geladen, und die Zuschauer schrien und klatschten, als wir die Bahnen betraten. Überall um mich herum waren Athleten und Athletinnen aus allen Teilen der Welt, die sich auf ihre Disziplinen vorbereiteten. Die Amerikaner und Australier stachen dabei mit ihrem extremen Fitnesslevel hervor; sie waren umgeben von einer ganzen Armee von Trainern und Physiotherapeuten. Hier stand ich, der einzige deutsche Sprinter, zwischen Cardio Kai und Neaf. Die Blicke meiner Teammitglieder im Gästebereich spürte ich auf mir ruhen, aber ich unterhielt mich locker

mit Marco und Michael, um meine Nervosität zu vertreiben. Überraschenderweise übermannte mich die Aufregung nicht. Stattdessen genoss ich einfach die Energie und die Atmosphäre. Dann forderte uns ein Fotograf auf, ein paar actiongeladene Shots zu machen. Schnell entschieden wir uns, meine Aufwärmphase dafür zu nutzen. Die entstandenen Bilder waren großartig. Nun war ich auch mental bereit für das Rennen.

Als wir in den sogenannten „Call Room“ gerufen wurden, erblickte ich meine direkten Konkurrenten zum ersten Mal. Matt Cable stach sofort ins Auge – ein wahrer Muskelprotz! Seine definierten Muskeln und monströsen Oberschenkel beeindruckten. In diesem Moment erkannte ich, dass ich meine eigene Leistung in den Fokus rücken musste, ohne mich mit anderen zu vergleichen und dadurch unnötigem Druck auszusetzen. Viele hatten mich zuvor nach meinen Zielen für den Wettkampf gefragt. Doch ich hatte keine klaren Ziele vor Augen, außer dass ich nicht als Letzter ins Ziel kommen wollte. Ich wollte einfach mein Bestes geben und sehen, wohin mich meine Anstrengungen führen würden.

Als ich ins Stadion geführt wurde, war der Moment unbeschreiblich. Die Menge tobte, und ich fühlte mich wie ein Rockstar, der die Bühne betritt. Hochmotiviert begab ich mich zur Startlinie. Helfer wiesen mir meine Startbahn zu. Den Startblock stellte ich so ein, wie ich es von den vielen Trainingsläufen gewohnt war. Ich wusste, dass mir das 200-Meter-Rennen nicht leichtfallen würde. Aber ich war bereit zu kämpfen und alles zu geben.

Bevor das Rennen begann, musste jeder Athlet an die Startlinie zurücktreten. Ein Kamerateam ging jede einzelne Startbahn ab. Unsere Namen hallten durch das Stadion, und ich winkte in die Kamera. Tief atmete ich ein und aus, um meine Nervosität zu bewältigen. Danach nahm ich meine Position im Startblock ein. Das Adrenalin meldete sich, mein Herzschlag erhöhte sich. Das

„ready"-Kommando kam, und ich schob meinen Körperschwerpunkt nach vorne über meine Schultern und Hände. Meine Beinmuskulatur war unter Spannung, bereit zu explodieren. Tuuuuuuuuut. Wie aus einem Katapult geschossen stürmte ich aus den Startblock, mein rechtes Bein übertrug die ganze Körperkraft auf meine Hüfte. Ich legte los wie die Feuerwehr. Konzentriert auf das Ziel, holte ich noch ein paar Körner mehr aus meinem Tank. Der Beinschlag nach unten war entscheidend, und ich erhöhte die Frequenz meiner Schritte. Fußspitzen stampften in die Tartanbahn, meine Spikes gaben mir einen krassen Speed. Nach 20 Schritten richtete ich meinen Oberkörper auf, rannte um mein Leben. Das Teilnehmerfeld rückte zusammen, niemand gab nach. Ich erreichte den vierten Platz.

Völlig außer Atem reckte ich schnaufend meine Arme in die Luft. Ich fühlte mich wie der Sieger des Rennens. Der unterschwellige Druck war verflogen, und ich war überglücklich. Als über 40-jähriger Athlet hatte ich mein Bestes gegeben. Ich wusste, ich konnte stolz auf mich sein. Wenige Stunden später sollte schon das 100 Meter-Rennen folgen.

Aufgeregt hatte ich mich auch für den 100 Meter-Sprint angemeldet, wissend, dass dieses Rennen von großer Geschwindigkeit geprägt sein würde. Das harte Training und die intensive Vorbereitung sollten sich nun auszahlen. Zudem hob ein Adrenalinschub meine Motivation auf ein zuvor unerreichtes Level. Das Startsignal zerriss die Luft, und ich spürte, wie ich mich aus dem Block katapultierte, meine Beine kraftvoll und schnell in Richtung Ziel bewegend. In diesem Augenblick war ich vollkommen im Hier und Jetzt, vergaß die Welt um mich herum und wurde eins mit meinem eigenen Körper. Die Energie und der Rhythmus trieben mich vorwärts, während laute Rufe und Anfeuerungen des Publikums meine Ohren erreichten. Mir wurde bewusst, dass ich nicht nur für mich

selbst lief, sondern auch für all jene, die wie ich darum kämpften, ihre Träume Wirklichkeit werden zu lassen.
Mit jeder Faser meines Körpers sprintete ich, schneller, als ich es je für möglich gehalten hatte. Als ich die Ziellinie überquerte, durchzuckte mich eine Mischung aus Freude und Erleichterung. Ich hatte es geschafft - den 100-Meter-Sprint bei den Invictus Games zu meistern und mich gegen einige der besten Athleten der Welt zu behaupten.
Dieses unvergessliche Erlebnis lehrte mich, an sich selbst zu glauben und sich niemals von Ängsten und Zweifeln überwältigen zu lassen. Durch harte Arbeit und Selbstvertrauen kann jeder seine Träume verwirklichen.
Ich war erschöpft und meine Beine bebten; dennoch lag ein breites Grinsen auf meinem Gesicht. Ich hatte es geschafft! Die Teilnahme an den Invictus Games war für mich nicht nur ein Wettkampf, sondern eine persönliche Triumphfahrt. Hier stand ich nun, umgeben von Athleten aus den entlegensten Winkeln der Welt, und wir beglückwünschten uns gegenseitig zu unseren außergewöhnlichen Leistungen. Die Atmosphäre vibrierte vor emotionaler Energie, als wir unsere Siege und Überwindungen feierten. Jeder von uns hatte seinen eigenen Kampf gekämpft, sich selbst herausgefordert und war über seine Grenzen hinausgewachsen. Das verband uns alle auf einzigartige Weise miteinander.

Morgenritual

Als Teamcaptain hatte ich das Glück, ein Einzelzimmer im Hotel zu bekommen. Doch auch das Teilen des Zimmers mit einem meiner Teamkameraden hätte mich nicht gestört. Als Frühaufsteher und jemand, der seit Jahren nicht wirklich gut schläft, habe ich mir eine tägliche Routine angewöhnt. Von Montag bis Sonntag stehe ich um 04:45 Uhr auf und versuche, um 22:00 Uhr ins Bett zu kommen. Das frühe Aufstehen stört mich in keiner Weise. Da ich gerne am Wochenende Zeit mit meiner Familie zu Hause verbringe und gleichzeitig jeden Tag meinen Sport benötige, schätze ich diese Routine sehr. Zu Hause im Alltag gehe ich auch samstags und sonntags in mein Fitnessstudio. Das mache ich dann um 05:30 Uhr morgens. Danach geht es pünktlich um 07:00 Uhr zum Bäcker. Anschließend bereite ich das Frühstück für meine Familie vor. Mein Training ist also bereits beendet, wenn ich mich voll und ganz auf meine Familie konzentriere. Mit dieser Routine habe ich zwei Fliegen mit einer Klappe geschlagen.

Nach dem Frühstück fuhr ich mit ein paar anderen Athleten zum Zuiderpark, um unsere Trainingseinheiten zu absolvieren. Als ich mich in den Bus setzte, spürte ich die geballte Anspannung meiner Kameraden. Viele von ihnen hatten Schwierigkeiten im Umgang mit Fremden, und die Vorstellung, eine Woche in Den Haag zu sein, umgeben von internationalen Athleten, war für sie der blanke Horror. Doch am Abend zuvor hatten wir uns in Teams aufgeteilt, um uns gegenseitig zu unterstützen. Erstaunlicherweise erinnere ich mich nicht an einen einzigen schwerwiegenden Zwischenfall. Dennoch lag die Nervosität wie eine dichte Wolke in der Luft. Als wir schließlich ankamen, eilte Julian zum Morgenbriefing, während ich mich mit den anderen Teamcaptains besprach. Danach trafen mich jeden Morgen meine zwei Kumpels, die in einem anderen Hotel in der Stadt untergebracht waren. Gemeinsam saßen wir auf der Terrasse im Zuiderpark und genossen das gigantische Wetter. Unsere Cappuccinos, zubereitet von den geschickten Baristas der Kaffeemaschine, waren wie der morgendliche Nektar des Guten. Wir plauderten über alles Mögliche, und dieses Morgenritual wurde zu einem wichtigen Bestandteil unserer Tage. Schon zu Beginn unseres Aufenthalts teilte ich meinen Kumpels mit, dass sie ihre Zeit einfach nur genießen sollten. Dieser Aufenthalt in Den Haag war ein kleines Dankeschön für ihre Freundschaft, und ich wollte nicht, dass sie ihren Tag nach mir ausrichteten. Als Teamcaptain hatte ich nicht die Möglichkeit, viel Zeit mit ihnen verbringen, aber ich war dankbar, sie an meiner Seite zu haben. Freunde hat man schließlich fürs Leben, und diese Zeit in Den Haag hat uns noch enger zusammengeschweißt.

Natürliche Anmut

Die Erinnerung an diesen unvergesslichen Moment ist mir noch immer präsent, als ich vor meinem dritten Wettkampf bei den Invictus Games im Zuider Park in Den Haag stand. Der Duft von frisch gemähtem Gras durchzog die Luft, während das Summen der Menge um mich herum meine Nervosität auf den Diskuswurf-Wettkampf spürbar steigerte. Der Campus, auf dem ich mich in den vergangenen Tagen eingelebt hatte, fühlte sich beinahe wie ein zweites Zuhause an. Die Invictus Games hautnah zu erleben, war eine schlichtweg atemberaubende Erfahrung. Dennoch vermisste ich meine Frau und Kinder schmerzlich. Zum Glück hatten meine treuen Freunde Michael und Marco stets ein wachsames Auge auf mich. Als Teilnehmer im Bereich Family and Friends genossen sie nahezu grenzenlosen Zugang, und so waren sie stets in meiner Nähe.

In meiner Rolle als Teamcaptain standen täglich zahlreiche Termine und Interviews auf dem Programm. Die Verantwortung, mein Team gebührend zu repräsentieren, empfand ich als große Ehre, aber auch als gewaltige Herausforderung.

Lebhaft erinnere ich mich an das Interview mit der BBC, das ich vor dem Wettkampf gab. Die Sonne streichelte mein Gesicht, während ich halb auf der Tartanbahn stand und die Fragen des Reporters beantwortete. Die Kamera und die Tontechnik befanden sich im Augenwinkel, doch meine Konzentration lag so intensiv auf dem Interview, dass ich sie rasch vergaß. Die Fragen waren simpel, und meine Antworten kamen flüssig und ohne Stottern. Nach knapp sieben Minuten endete das Interview, und ich begab mich zu meinen Teamkameraden, die ebenfalls am Diskuswurf-Wettkampf teilnahmen. Der südliche Wurfring war unser Platz. An der Seitenbegrenzung standen unsere Fans. Die Tribünen waren dicht besetzt, denn neben unserem Wettbewerb fand ein weiteres Sprintrennen mit weiblichen Athletinnen statt. Beim Anblick meiner Konkurrenten wurde mir klar, dass ich einen deutlichen Trainingsrückstand hatte. Doch für diesen Wettkampf hatte ich mir keine konkreten Ziele gesetzt. Ich wollte einfach nur meine mentale Stärke verbessern. Als ich meine Teamkollegen sah, die mich enthusiastisch anfeuerten, fühlte ich, dass ich nicht allein war. Das Publikum spendete fairen Applaus für jeden Athleten. Der erste Wurf des Amerikaners war beeindruckend, über 40 Meter weit flog der Diskus. Auch der Australier und der Brite erzielten beeindruckende Weiten. Dennoch trat ich selbstbewusst in den Ring und konzentrierte mich auf meinen Wurf. Den Diskus fest in meiner rechten Hand haltend, stellte ich mich auf. Auf Signal des Schiedsrichters lief ich mit entschlossenen Schritten in den Ring. In meiner Vorstellung sah ich den Diskus majestätisch aus dem Stadion fliegen. Mit aller Kraft schleuderte ich meinen rechten Arm nach vorne, der Diskus drehte sich mit großer Geschwindigkeit, zentral verließ er den Ring. Michael und Marco jubelten, die Zuschauer applaudierten begeistert. Ein Gefühl, als hätte ich einen neuen Weltrekord aufgestellt. Der Diskus flog über 20 Meter, bevor er im grünen Rasen landete. Freude durchströmte mich, und ich hoffte, dass der Schiedsrichter die grüne Flagge hochhalten würde. Alles war korrekt, und ich hatte eine für mich herausragende Weite erreicht.

Trotz begrenzter Trainingsmöglichkeiten war es mir gelungen, einen gültigen Wurf zu erzielen und meine Leistung zu steigern. Nachdem alle Athleten ihre Diskusscheiben geworfen hatten, war klar, dass die Entscheidung zwischen dem Amerikaner, dem Briten und dem Australier fallen würde. Doch in meinem Inneren spürte ich, dass ich mein Bestes gegeben hatte, und das war alles, was ich mir erhofft hatte. Die genauen Weiten meiner zweiten und dritten Würfe sind mir entfallen, denn zu diesem Zeitpunkt verloren die Zahlen ihre Bedeutung für mich. Nachdem das Komitee die Ergebnisse ausgewertet und die meisten Athleten bereits den Ort verlassen hatten, tauchte plötzlich Neaf, mein Psychologie-Feldwebel, vor mir auf. Er umarmte mich, und der Stolz in seinen Augen sprach Bände. In diesem Augenblick fühlte ich mich unbezwingbar.

Plötzlich durchdrang eine Stimme die Stille: „Hi." Ich wirbelte herum und stand vor Meghan Markle. Ein Moment des Innehaltens durchzog die Luft. Die ehemalige Schauspielerin und Herzogin von Sussex stand direkt vor mir – atemberau-bend schön wie auf dem Bildschirm. Gleichzeitig strahlte sie eine natürliche Anmut aus. Ihre Schönheit ging über das Äußere hinaus, eine Aura von Authentizität und Eleganz umgab sie. Ich war so überrascht, dass ich für einen Moment sprachlos war. Doch noch bevor ich etwas sagen konnte, umarmte sie mich. „Es ist schön, dich kennenzulernen", sagte sie mit einem herzlichen Lächeln. Meghan war unglaublich freundlich, und in ihrer Gegenwart fühlte ich mich sofort geborgen. Eine unbeschreibliche Energie strömte von ihr aus, und ich konnte mich ihrer Ausstrahlung nicht entziehen.

Ihr Ehemann sprach gerade mit meinem Kameraden. Er kam auf mich zu und machte eine amüsante Bemerkung über meine muskulösen Schultern. Wir unterhielten uns angeregt und lachten viel. Freunde und Familienmitglieder kamen hinzu, um das königliche Paar aus der Nähe zu fotografieren. Harry und Meghan schlossen mich in ihre Mitte und umarmten mich. Zahlreiche Fotos wurden geschossen. Neaf überreichte mir einen Coin vom Team Deutschland, den ich dem Prinzen auf traditionell militärische Art überreichte. In diesem Moment wusste ich noch nicht, dass ich ihn nochmals persönlich treffen würde.

Als wir uns aus dem Diskusring entfernten, ahnten wir nicht, dass dies der Beginn eines unvergesslichen Moments sein würde. Der Stadionsprecher verkündete gerade den Start des 400-Meter-Sprint-Rennens der Frauen. Daher blieb ich einfach in der Mitte des Stadions stehen, um das Rennen nicht zu stören. Die Athletinnen legten einen perfekten Start hin und sprinteten in einem hohen Tempo, als sich plötzlich alle Zuschauer auf der Tribüne zu einem frenetischen Applaus erhoben. Auch ich musste mich diesem Sturm der Begeisterung anschließen. Eine unsichtbare Kraft schien das Publikum in Ekstase zu versetzen. Dann erblickte ich sie: Eine britische Athletin mit einer Beinprothese auf der linken Seite und einem leblosen rechten Bein humpelte Zentimeter für Zentimeter Richtung erster Kurve. Deutsche Athleten und ihre Familien jubelten der Britin in der ersten Ecke der Strecke zu. Ich feuerte sie lautstark an, als sie auf meiner Höhe war. Sie lief direkt auf mich zu, klatschte ab, und ihr Lächeln, mitten in all ihrem Schmerz, war atemberaubend. Ein Kloß bildete sich in meinem Hals. In Höhe der deutschen Fans reckte die Athletin die Faust in die Höhe wie Rocky Balboa in seinen Filmen. Das gesamte Stadion brach in Jubel aus und skandierte: „Lisa, Lisa, Lisa!“. Die anderen Athletinnen ihres Rennens kamen zurückgerannt, um sie zu unterstützen. Schritt für Schritt rannten sie mit Lisa Richtung zweite Kurve. In diesem Moment empfand ich nur Anerkennung und Freude für meine Kameradin. Meine Augen füllten sich mit Tränen, und ich ließ ihnen freien Lauf. Lisa und die anderen Athletinnen meisterten Meter für Meter auf der Tartanbahn, um sie ins Ziel zu pushen. Die Linie für Lisas persönliche Challenge kam immer näher, und sie überwand sie. Der letzte Schritt war getan, die ganze Anspannung fiel von ihr ab. Auf die Knie gesunken, weinte sie. Alle um sie herum fassten sie an, beglückwünschten sie und spendeten Trost. Die Platzierungen im Rennen verblassten vor der Wichtigkeit dieses Augenblicks. Jede Athletin war stolz, an diesem einzigartigen Moment teilgenommen zu haben. Sie hoben Lisa auf, stützten sie und begleiteten sie zu ihrer Familie. Ihre beiden Töchter und ihr Ehemann weinten ebenfalls, umarmten ihre Mama, Frau und Heldin. Ein Augenblick, den niemand im Stadion je vergessen würde.

Jeder unserer Athleten hatte bereits im Vorfeld einen einzigartigen Coin für seinen persönlichen Triumph erhalten. Dieses kleine Symbol konnte individuell an jemand anderen verliehen werden, um besondere Leistungen oder emotionale Momente zu würdigen. Nach diesem überwältigenden Augenblick war für mich klar, wem ich meinen persönlichen Coin zuteilwerden lassen wollte. Ich hatte diesen Moment mit Bedacht ausgewählt und darauf gewartet, dass die Zeit dafür gekommen war.

Gerade jetzt, während ich dieses Kapitel verfasse, sitze ich vor meinem heimischen PC. Ein Kaffee steht seitlich neben mir, es ist 11 Uhr an einem ganz gewöhnlichen Mittwoch. Plötzlich übermannen mich meine Emotionen, und Tränen treten aus meinen Augen. Welch ein unvergesslicher Moment!

Besinnungslosigkeit

Wie jeden Morgen durchbrach ich die Stille vor dem Klingeln des Weckers. Ein leichter Muskelkater machte sich in meinen Beinen bemerkbar, eine Erinnerung an die intensiven Sprints der vergangenen Tage. Das hinderte mich jedoch nicht daran, entschlossen aus dem Bett zu steigen. Es erwartete mich eine weitere gewaltige Herausforderung, und ich war bereit, mich ihr mit vollem Einsatz zu stellen. Im Frühstücksraum des Hotels warteten bereits meine Freunde auf mich. Die beiden Kameraden aus Kanada und Dänemark hatten sich ebenfalls an unserem Tisch niedergelassen, und wir genossen gemeinsam unseren dritten Kaffee des Tages. In angeregten Gesprächen über Gott und die Welt breitete sich gute Laune am Tisch aus. Vorfreude durchströmte mich, denn am heutigen Tag standen die Ruderwettbewerbe auf dem Programm, auf die ich mich in den vergangenen Jahren akribisch vorbereitet hatte. Ich fühlte mich fit und selbstsicher und freute mich auf die bevorstehende Herausforderung.

Als wir endlich den Zuider Park erreichten, empfingen mich meine Freunde Michael und Marco mit strahlenden Gesichtern. An unserem Lieblingsstand tranken wir einen köstlichen Kaffee vom Barista und genossen die wärmenden Sonnenstrahlen des Morgens. Dieser Augenblick des Genusses und der Vorfreude war von besonderer Bedeutung für mich, da meine Freunde in der Vergangenheit stets an meiner Seite gestanden und mich unterstützt hatten. Die Ruderwettbewerbe entfalteten sich vor meinen Augen als ein einzigartiges Spektakel. Obwohl ich bereits viel darüber gehört hatte, brannte ich darauf, meine eigenen Erfahrungen zu sammeln.

Ich nahm Platz auf dem Concept 2 Rudergerät, das Summen des Motors dröhnte wie eine Hymne in meinen Ohren. Meine Hände umklammerten den Griff, während ich gebannt auf das Display starrte, das meine Herzfrequenz und den Widerstand zeigte. Eine Mischung aus Nervosität und gespannter Erwartung durchzog meine Adern, denn ich war mir bewusst, dass das bevorstehende 4-Minuten-Rennen eine große Aufgabe sein würde. Die Startglocke durchschnitt die Luft, und ich begann behutsam zu rudern, meine Sinne fokussiert auf die Suche nach meinem persönlichen Rhythmus. Der Duft von Gummi und Schweiß umhüllte mich, als ich meine Augen schloss und mich auf meine Atmung konzentrierte. Ich wollte mich nicht von der Hektik und dem Lärm um mich herum aus der Bahn werfen lassen. Mit der Zeit fand ich meinen Rhythmus und begann, mich nach vorne zu kämpfen. Die brennende Anstrengung meiner Muskeln war spürbar, doch ich gab nicht nach. Das Klatschen der Ruderblätter der Mitstreiter hinter mir drang an meine Ohren, aber ich ließ mich nicht ablenken. Meine Konzentration galt einzig und allein meinen eigenen Bewegungen. In den letzten Minuten des Rennens wurde mir bewusst, dass ich alles aus mir herausholen musste. Ich schloss die Augen und überließ meinen Körper der unbändigen Kraft. Schnelles Herzrasen und schwerer Atem begleiteten meinen Kampf gegen den Widerstand. Dann, plötzlich, war es vorbei. Das Signal für das Ende des Rennens erklang, und ich öffnete meine Augen. Erschöpft und außer Atem stand ich da, meine Muskeln bebten, aber ich hatte es geschafft. Ein Blick auf das Display verriet mir, dass ich den vierten Platz belegte, lediglich 1,5 Meter hinter dem drittplatzierten Athleten. Ein Gefühl der Freude durchströmte mich. Die Erfahrung, meine eigenen Grenzen zu überschreiten und meine Leistung zu steigern, war schlichtweg unbeschreiblich. Als ich schließlich vom Rudergerät stieg, beglückwünschten mich Freunde und Trainer. Das 4-Minuten-Rennen war nicht nur eine physische Herausforderung, sondern eine Gelegenheit zu wachsen und sich selbst zu übertreffen. In diesem Moment war ich dankbar für die Erfahrung und die Gewissheit, dass ich viel erreichen konnte, wenn ich nur hart genug arbeitete.

Das Sprintrennen, angesetzt nur wenige Stunden nach den vier Minuten des Ruderwettbewerbs, sollte sich als die ultimative Herausforderung entpuppen. Für mich persönlich war es das Highlight, auf dieses Rennen hatte ich die letzten Jahre all meine Kraft und Anstrengung fokussiert. In meinem eigenen Keller hatte ich nahezu täglich hart trainiert, 80% meiner Zeit für ausgedehnte Rudereinheiten und 20% für knallharte Intervalle. Während des Ausdauertrainings hatte mein Bildschirm im Keller eine Symbiose mit dem Rudergerät gebildet - von den Sopranos bis hin zu The Walking Dead hatte ich diverse Serien durchlebt. Cardio Kai, mein Trainer, nahm mich sofort nach dem 4-Minuten-Rennen zur Seite, gab mir wertvolle Tipps, wie ich meine Muskulatur lockern und meinem Körper genügend Energie zuführen konnte. Der Leistungstest hatte eine konstante Wattzahl von 850 Watt über eine Minute ergeben.

Marco, Michael und ich schlenderten ein wenig über den Campus und aßen eine Kleinigkeit. Eine Stunde vor dem Wettbewerb traf mich mit dem Trainerteam. Im Vorzimmer ruderte ich gemütlich vor mich hin und plauderte mit den anderen Athleten. Das Rennen rückte näher, das Team der Schiedsrichter kam zu mir, um meine Daten zu überprüfen. Mit der Nummer 1 wurde mir das Rudergerät zugewiesen. Die anderen Athleten, Matt Model, Matt Cable und der australische Hüne, schienen klare Favoriten auf die Podiumsplätze zu sein, alle mit mindestens 30 Kilogramm mehr auf der Waage. Mit meinen 88 Kilogramm war ich einer der Leichtgewichte am Rudergerät für die Sprintdisziplin. Unsere Namen wurden aufgerufen, und wir begaben uns in den Callroom, um uns aufzustellen. Die Bässe der Musik aus der Halle dröhnten noch brutaler und intensiver als beim Ausdauerwettbewerb. Doch bei Olympia ist das ja genauso mit dem 100 Meter Sprint - es bleibt die unbestrittene Königsdisziplin. An jenem schicksalhaften Tag, als der Rhythmus der Halle im Gleichklang mit meinem eigenen Puls zu schlagen schien, fand ich mich vor der größten sportlichen Herausforderung meines Lebens wieder - dem Sprintrennen auf dem gefürchteten Ergometer Rudergerät. Die

Tage zuvor, durchzogen von intensivem Ausdauertraining und akribischer Vorbereitung, kulminierten nun in dieser alles entscheidenden Minute, die dazu bestimmt war, meine persönliche Reise für immer zu prägen. Der Geruch von Schweiß und Metall umhüllte mich, als ich mit der Startnummer 1 in die prall gefüllte Wettkampfhalle trat. Der ohrenbetäubende Jubel der Menge drang wie ein Orkan an meine Ohren, während ich mich ausschließlich auf meine Atmung konzentrierte, den Jogginganzug abstreifte und einen Blick in den Eimer neben meinem Rudergerät warf - für den Notfall, für die unerbittlichen Minuten, die vor mir lagen. Die Blicke meiner Betreuer, Teammitglieder und Freunde sprachen mir Mut zu, während ich mich mit einer fast meditativen Ruhe auf dem schmalen Rudergerät niederließ. Das Display leuchtete auf und kündigte gnadenlos die bevorstehende Herausforderung an. Sechzig Sekunden, die einem einzigen Rausch gleichkommen sollten – das wollte ich mir und allen um mich herum beweisen. Die Musik in der Halle dröhnte, als READY und SET auf dem Display erschienen. START ROW – der Beginn einer unerbittlichen Anstrengung. Der Widerstand des Luftrads wurde zum archaischen Gegner; meine Beine arbeiteten wie ein Maschinenkolben im Takt der Hölle. Mein Atem setzte aus, meine Muskeln brannten vor Anstrengung. Die Zählung in meinem Kopf, die Schläge pro Minute, wurde zum Mantra meiner Hingabe. Jeder Zentimeter auf dem schmalen Sitz fühlte sich an wie eine Ewigkeit, in der ich zwischen Himmel und Hölle wandelte. Die Konkurrenz um mich herum kämpfte mit derselben Intensität, aber ich durfte mich nicht davon ablenken lassen. Ein Tunnel der Entschlossenheit hatte mich verschluckt, in dem nur mein Wille und das Rauschen des Geräts existierten. Die Bässe der Musik verschmolzen mit meinem eigenen Herzschlag, und ich wurde Teil einer atemberaubenden Symphonie des Wettbewerbs. Als die letzten Sekunden näher rückten, spürte ich, wie meine Kraft bis an die Grenzen getrieben worden war. Doch ich gab nicht auf. Marco und Michael, nur vier Meter entfernt im Zuschauerbereich, pushten mich beinahe zur Besinnungslosigkeit. Mit einem letzten, alles entscheidenden Zug erreichte ich die Ziellinie. Das Signal für das Ende des Rennens durchzog die Halle, und ich öffnete meine Augen. Erschöpfung und Triumph rangen miteinander in meinem Körper.

Der fünfte Platz, der auf dem Display aufleuchtete, war nicht nur eine Zahl – er war Ausdruck von Selbstüberwindung, eines starken Willens und großer Hingabe. In diesem Moment verstand ich die wahre Bedeutung des Sports – ein kraftvolles Spiel von Leidenschaft und Durchhaltevermögen, das den Sieg nicht nur auf dem Podium, sondern auch im Herzen manifestiert. Das ist Invictus. Dieses Rennen war mehr als nur ein sportliches Event; meine gesamte Leidenschaft, meine Ängste und traumatischen Erlebnisse aus 1638 Tagen Krieg steckte ich in diese 60 Sekunden. Meine Gefühlswelt war unglaublich und mit Worten kaum zu beschreiben. Ich zog meinen Sportanzug an und ging zu meinen Jungs; sie drückten mich. Athleten, ihre Familien und Freunde kamen von überall her, um mich zu beglückwünschen - das bedeutete mir unendlich viel.

Hinter den Narben

Als ich als Teamcaptain des deutschen Teams bei der Abschlusszeremonie der Invictus Games 2022 in Den Haag die Fahne entgegennahm, konnte ich kaum glauben, dass ich Teil eines so wichtigen Ereignisses war. Die Atmosphäre war einfach unglaublich und die Stimmung im Stadion war elektrisierend. Ich spürte die Energie und Begeisterung, die alle Athleten, Betreuer und Zuschauer erfüllte.

Wir alle wussten, dass dies ein besonderer Moment war, als wir uns auf dem großen Vorplatz versammelten, um die Spiele offiziell zu beenden. Die Fans jubelten vor Freude und die Emotionen stiegen ins Unermessliche. Jede Mannschaft ging durch das große Tor und marschierte in die gigantische Halle hinein. Als Teamcaptain hatte ich jedoch einen besonderen Part an diesem Tag: Ich stand mit meinen zwei Kumpels im Backstagebereich, um dort alle VIPs kennenzulernen. Ich hatte noch gut eine Stunde Zeit bis zu meinem Auftritt und zog mir mein Fahrraddress an. Die Veranstaltung begann mit einer beeindruckenden Show, die die einzigartigen Fähigkeiten und Talente der Athleten hervorhob. Wir sahen unglaubliche sportliche Leistungen und erstaunliche Kunststücke, die uns alle in Staunen versetzten. Die Atmosphäre war voller Respekt und Bewunderung für die Athleten und ihre Leistungen. Nach der Show trat Prince Harry erneut auf die Bühne und begrüßte uns unter grandiosem Jubel. Er hielt seine Ansprache und kämpfte mit seinen Emotionen.
Ich stand ganz gespannt im Backstagebereich und hörte mir alles über TV-Bildschirme an. Dann war der große Moment gekommen. Das Wachbataillon der Holländischen Armee ging mit einer Delegation in Richtung Bühne und überreichte vor den Augen des Schirmherrn der Invictus Games die Flagge an den holländischen Teamcaptain. Das Licht wurde gedimmt; meine beiden Freunde Marco und Michael liefen auf die Bühne und setzten sich auf eine Bank vor der riesigen Leinwand. Das Video der Invictus Games der vergangenen Spiele wurde eingeblendet. Ich bekam das Zeichen, stieg auf mein Fahrrad und ließ mich die Rampe zur Bühne runterrollen. Ich stieg ab, nahm die Flagge vom Captain der Holländer entgegen, gab dem Schirmherrn die Hand, steckte mir die Flagge in die hintere Tasche meines Fahrrad-trikots und fuhr die Bühne hinunter Richtung Seitenausgang. Dabei

klatschte ich mit einigen Athleten der ersten Reihe ab und fuhr aus der Halle. Das Video, das ich am ersten Tag mit der Filmfirma drehte, wurde auf der gigantischen Leinwand eingespielt. Die Menge jubelte und schaute gebannt auf den Film. Ich fuhr zum Seitenausgang und verschwand durch eine Tür.

Mit einem Gefühl von Triumph und Begeisterung stellte ich mein Fahrrad ab. Während ich noch dabei war, strömten bereits die ersten Zuschauer aufgeregt redend aus der riesigen Halle. Ich selbst begab mich in den Athletenbereich, wo ich nach einem köstlichen Imbiss griff und einen eiskalten Monster Energy Drink trank, um meine Energiereserven aufzuladen. Endlich kamen meine Teamkollegen hinzu und wir begrüßten uns mit herzlichen Umarmungen und jubelten voller Freude. Im Hintergrund erklangen die Klänge der Band und es wurde Bier ausgeschenkt, während wir alle ausgelassen feierten. Die Halle war komplett gefüllt, jeder genoss die ausgelassene Stimmung. Plötzlich begann der große Klamotten-Tausch. Ich tauschte mein deutsches T-Shirt gegen ein holländisches Poloshirt. In den Tagen zuvor hatte ich bereits alle Andenken, die ich haben wollte, besorgt. Sie lagen bereits in meinem Hotelzimmer. Doch in meinem Rucksack befanden sich immer noch zahlreiche Kleidungsstücke, die ich aus Deutschland mitgebracht hatte und tauschen wollte. Am späten Abend hatte ich nichts mehr davon übrig; mein Rucksack war stattdessen gefüllt mit wertvollen Andenken. Überall musste ich für Fotos posieren und wir tauschten unsere Telefonnummern aus. Die Abschlusszeremonie genossen wir alle in vollen Zügen. Gegen 1 Uhr nachts machten wir uns schließlich mit einem Taxi auf den Weg zurück ins Hotel. Ich war völlig erschöpft und brauchte eine erfrischende Dusche, bevor ich endlich ins Bett fiel. Doch obwohl ich so müde war, konnte ich einfach nicht einschlafen – die aufregenden

Ereignisse des Tages schwirrten immer noch in meinem Kopf herum.

Die Erschöpfung nagte an meinen Knochen, während die Erinnerungen an die beeindruckende Abschlusszeremonie der Invictus Games 2022 wie flüchtige Geister durch meinen ermatteten Verstand tanzten. Das Bett fühlte sich an wie eine einsame Insel in einem schier endlosen Ozean von Emotionen. Ich, Vocko, der Teamcaptain, der Anführer eines engagierten Ensembles aus Überlebenden, die sich durch die Widrigkeiten des Lebens gekämpft hatten. Die Luft im Stadion hallte noch immer wieder von enthusiastischen Rufen und dem donnernden Beifall, der wie ein triumphaler Soundtrack in meinen Ohren nachklang. Die Farben der Abschlusszeremonie bewegten sich vor meinem inneren Auge wie ein kräftiger Wirbelwind aus leuchtendem Blau, strahlendem Gold und dem intensiven Rot der untergehenden Sonne. Jeder Augenblick, jeder Laut schien in meinem Gedächtnis wie ein meisterhaftes Gemälde festgehalten zu sein. Die kraftvollen Gesten der Athleten, die Hymnen der Nationen und die gemeinsame Freude über den Geist des Wettbewerbs hatten sich tief in meinem Inneren eingebrannt. Doch inmitten dieser emotionalen Höhepunkte fand sich eine leise Melancholie, die mich nun im Dunkeln umschlang. Das Zimmer, das eigentlich als mein Refugium dienen sollte, fühlte sich plötzlich an wie ein Gefängnis für all die ungebändigten Gefühle, die mich überfluteten. Mein Herz pulsierte im Takt der Erinnerungen, während meine Muskeln die Erschöpfung der vergangenen Tage schmerzhaft spürten.

Die Bettdecke, die ich mir schützend über die Schultern gezogen hatte, vermochte die Kälte nicht zu vertreiben, die von den Schatten der Vergangenheit ausging. Die Nähe der positiven Erlebnisse, die ich und meine stolzen Teammitglieder trugen, vermochte nicht die Leere zu füllen, die sich in meinem Inneren ausbreitete. Ich lag da, gefangen zwischen dem Triumph und der Erschöpfung, eingesperrt in einem Zwischenreich aus überwältigenden Emotionen. Die Gedanken an die Geschichten hinter den Narben, die Siege über die inneren Dämonen und die unzähligen Opfer, die wir gemeinsam gebracht hatten, zogen mich in einen Strudel aus widersprüchlichen Empfindungen. Die Bilder der strahlenden Gesichter und die Tränen der Freude vermischten sich mit der Erkenntnis, dass der Weg zum Sieg oft durch ein undurchdringliches Labyrinth aus Schmerz und Überwindung führt. Die Dunkelheit draußen spiegelte meine inneren Kämpfe wider. Als Teamcaptain war ich der Anker für meine Mannschaft, aber jetzt, allein in diesem Zimmer, fühlte ich mich von der Flut meiner Emotionen überwältigt. Jeder Applaus, jedes Lächeln, jede Umarmung schien wie ein Echo, das meine Seele durchdrang und mich daran erinnerte, wie tief diese Reise gegangen war. Die Gedanken an all die Opfer galoppierten wie wilde Pferde durch meine Gedanken und ließen mich nicht zur Ruhe kommen. Die Kissen unter meinem Kopf wurden zu stummen Zeugen meiner inneren Schlachten, während ich mich in den weichen Tiefen des Bettes zu vergraben versuchte, um den Realitäten der Vergangenheit zu entfliehen.

So lag ich da, zwischen dem Gewicht der Erinnerungen und der Unfähigkeit, sie abzuschütteln. Die Invictus Games hatten nicht nur die physische, sondern auch die psychische Belastung schonungslos offenbart. Als Kapitän hatte ich die Last der Verantwortung getragen, doch nun, im Dunkel der Nacht, fühlte ich mich verletzlich und bloßgestellt. Der Klang der Stille war erfüllt von den Echos der Siege und Niederlagen, die mich an diesem Punkt meiner Reise zutiefst geprägt hatten. Und während die Welt draußen im Schlaf versank, kämpfte ich mit den Schatten meiner eigenen Geschichte, auf der Suche nach einem Frieden, der sich nicht so einfach finden ließ.

Schutzschild

Ich öffnete meine Augen und starrte an die Decke. Meine Gedanken kreisten um die vergangenen Tage und Wochen. Ich war der Kapitän des deutschen Invictus Games-Teams und hatte versucht, jeden meiner Kameraden zu unterstützen und Druck von ihnen fernzuhalten. Ich hatte unzählige Interviews gegeben, auf Deutsch und Englisch, und war immer bereit, meinen Kameraden zur Seite zu stehen. Jeden Morgen hatte ich es mir zur Aufgabe gemacht, jedes Teammitglied zu begrüßen, ihnen tief in die Augen zu blicken und allen Mut zu schenken. Doch jetzt, nachdem die Spiele vorbei waren, fühlte ich mich völlig leer und ausgelaugt. Ich hatte die ganze Nacht nicht schlafen können und spürte, wie meine Energiereserven aufgebraucht waren. Ich hatte mir vorgenommen, aufzustehen und spazieren zu gehen, um mich wieder in Schwung zu bringen. Doch als ich das Bett verließ, fühlte ich mich schlapp und müde. In der Nacht war ich schlaflos gewesen, voller Erinnerungen an all das, was wir erreicht hatten. Ich dachte an die Freundschaften, die wir geschlossen, und an die Momente, in denen wir uns gegenseitig unterstützt hatten. Doch jetzt war alles vorbei, und ich fühlte mich verloren.

Der Blick in den Spiegel des Badezimmers zeigte mir, wie müde ich aussah. Ich machte mich auf den Weg zu unserem gemeinsamen Frühstück und sah die glücklichen Gesichter meiner Mannschaftskameraden. Sie hatten ihre Ziele erreicht; ihre Leistungen bei den Invictus Games waren wirklich großartig. Ich war stolz auf sie, stolz auf jeden einzelnen, aber ich konnte meinen eigenen Zustand nicht ignorieren. Ich hatte meine eigenen Bedürfnisse vernachlässigt, um für meine Mannschaftskameraden da zu sein. Ich hatte vergessen, dass auch ich Unterstützung brauchte. Jetzt fühlte ich mich ausgebrannt und leer. Ich war der Teamkapitän und hatte eine Verantwortung gegenüber meinen Kameraden, vergaß aber, dass ich auch nur ein Mensch war. Schlagartig wurde mir bewusst, dass ich die Rolle des Teamcaptains gerne angenommen hatte, um mich zumindest teilweise vor meinen Ängsten zu verstecken. Ich hatte das Amt als Schutzschild benutzt und spielte eine Rolle.

Wir frühstückten, brachten unser Gepäck in die Busse und fuhren zurück nach Warendorf. Die Busfahrt war ruhig, jeder Athlet war erschöpft, die meisten schliefen. Ich hatte meine Kopfhörer im Ohr und lauschte einem Hörbuch. Die Zeit bis in die Kaserne verging relativ schnell.

Im Nachhinein muss ich sagen: Es war ein unglaubliches Gefühl, als Teamcaptain der Invictus Games in Den Haag zu agieren. Diese Spiele waren mehr als nur ein sportliches Ereignis - sie waren ein Kampf gegen alle Widrigkeiten, die uns im Leben begegnet waren.

Ich erinnerte mich an die ersten Tage in Den Haag, als ich die Athleten aller Teams traf. Jeder von ihnen hatte eine einzigartige Geschichte zu erzählen – von Verletzungen, die sie im Dienst erlitten hatten, bis hin zu psychischen Erkrankungen, die ihnen das tägliche Leben erschwerten. Aber trotz allem, was sie durchgemacht hatten, waren sie dort, um zu kämpfen. Ich war von ihren Geschichten inspiriert und von ihrem Durchhaltevermögen beeindruckt. Während der Eröffnungsfeier, als wir in unseren Teamshirts gekleidet die Nationalfahne hochhielten, überkam mich ein Gefühl der Einheit und des Stolzes, das schwer in Worte zu fassen ist.

Die Spiele selbst waren eine Achterbahnfahrt der Emotionen. Es gab Momente des Triumphs und Momente der Enttäuschung, Momente des Lachens und Momente der Tränen.

Einige unserer Athleten kämpften mit Verletzungen oder gesundheitlichen Problemen und mussten während der Spiele aussetzen. Es brach mir das Herz, sie so leiden zu sehen, aber ich war auch unglaublich stolz auf sie. Jeder von ihnen hatte gekämpft und alles gegeben, was er

konnte. In diesem Moment realisierte ich, dass die Invictus Games mehr als nur ein sportliches Ereignis waren. Es war eine Chance für uns alle, unsere Stärke und unseren Mut zu zeigen. Wir hatten gezeigt, dass wir trotz unserer Verletzungen und Schwächen in der Lage waren, uns auf die Herausforderungen des Lebens einzulassen und zu kämpfen.
Ich war stolz auf mein Team und auf alle Athleten, die an den Invictus Games teilgenommen hatten. Wir hatten gezeigt, dass wir uns nicht von unseren Schwächen besiegen lassen würden.

Wir waren Invictus.

Der Abschied aus Warendorf war ein Moment der zwiespältigen Emotionen. Wir waren nicht mehr die gleichen Menschen, die vor einigen Wochen aufgebrochen waren. Der Abschied war geprägt von stummen Umarmungen, einer Mischung aus Stolz und Melancholie. Jeder Athlet begab sich zu nun auf seine eigenen Wege, in seine individuellen Geschichten. Unsere Reise bei den Invictus Games war vorbei, aber die Erinnerungen, die Freundschaften und die Siege würden in unseren Herzen weiterleben.

Eine hässliche Realität

Die Tage vor dem Termin bei meinem behandelnden Psychiater waren ein wahrer Albtraum, von zermürbender Angst durchtränkt und von Ungewissheit umhüllt, was mir förmlich die Luft zum Atmen nahm. Jeder Atemzug fühlte sich an, als lastete die gesamte Welt auf meinen Schultern. In meinem Inneren tobte ein wahrhaftiger Sturm von Emotionen, ein Chaos, das meine Gedanken gefangen hielt. Das einst so feste Vertrauen in meinen Arzt wirkte im Angesicht der bevorstehenden Beurteilung brüchig. Die Vereinbarung, direkt nach meiner Rückkehr aus Den Haag seine Räumlichkeiten aufzusuchen, hing wie ein drohendes Damoklesschwert über mir. Die Invictus Games, als letzte Möglichkeit, meine mentale Belastbarkeit unter Beweis zu stellen, waren verstrichen - eine entscheidende Prüfung, um meine weitere Eignung für die Bundeswehr nachzuweisen. Der Gedanke daran, dass dieser Moment darüber entscheiden könnte, ob ich meinen Traumjob als Soldat fortsetzen konnte, trieb die Ängste auf eine neue Ebene. Die Unsicherheit zerrte an meinen Nerven, wie ein dunkler Nebel, der mein Bewusstsein umschlang. Soldat zu sein war nicht nur ein Beruf, es war meine Identität. Die Invictus Games, einst ein Hoffnungsschimmer, mutierten im Nachhinein zu einem Prüfstein für mein Schicksal. Mein inneres Feuer, einst lodernd und leidenschaftlich, fühlte sich nun an wie ein schwaches Flackern, von Dunkelheit umschlungen. Trotz all meiner Bemühungen, wieder in die Reihen der Streitkräfte aufgenommen zu werden, nagte die Ungewissheit an meinem Selbstwertgefühl. Der Gedanke, meinen Arzt zu treffen und meine Seele vor ihm zu entblößen, erfüllte mich mit einer Mischung aus Hoffnung und Panik. Tränen warteten in meinen Augen, bereit, bei der geringsten Erschütterung hervorzubrechen. Der Weg zu seinem Dienstzimmer glich einem Marsch durch ein Minenfeld, jeder Schritt begleitet von der Furcht, dass sein Urteil mein Innerstes erschüttern könnte. In diesen Stunden vor meinem psychologischen Gespräch spürte ich den unerbittlichen Druck, meine Maske der Stärke aufrechtzuerhalten, obwohl meine Seele nach Erlösung schrie. Und doch, inmitten dieser düsteren Wolken, hegte ich den leisen Funken der Hoffnung, dass dieser Termin ein Wendepunkt sein könnte - dass das Licht am Ende des Tunnels nicht nur eine Illusion war.

Zaghaft klopfte ich an die Tür meines Psychiaters und trat ein. Die vergangenen Jahre hatten eine tiefgehende Vertrauensbasis zwischen mir und meinem Arzt geschaffen. Unmittelbar nach meiner Rückkehr aus Den Haag wollte er in meine Augen blicken und die Wahrheit in meinem Gesicht erkennen. Die Invictus Games sollten nicht nur einen sportlichen Test darstellen, sondern auch Aufschluss darüber geben, wie sehr der Dienst an mir gezehrt hatte und ob das innere Feuer für den Soldatenberuf wieder entfacht werden konnte. Bedauerlicherweise stellte sich heraus, dass dies nicht der Fall war. Trotz aller Anstrengungen der vergangenen Jahre, wieder ein vollwertiges Mitglied der Streitkräfte zu werden, hatten die Bemühungen nicht den gewünschten Erfolg. Gegen die Ratschläge von Ärzten und Psychologen hatte ich beharrlich darauf bestanden, meinen Traumjob als Soldat nicht aufzugeben. Die Invictus Games sollten die letzte Gelegenheit sein, meine Eignung zu beweisen. Nach einem intensiven Gespräch teilte mein behandelnder Psychiater mir seine Entscheidung mit. Mit Tränen in den Augen nickte ich ihm schweigend zu. Er dankte mir für mein tiefes Vertrauen sowie für meine großen Bemühungen und sprach mir Zuversicht zu. In den vergangenen Jahren waren zahlreiche Gutachten zu ähnlichen Schlussfolgerungen gekommen. Dennoch weigerte ich mich, aufzugeben, und versuchte immer wieder, meine Position als vollwertiges Mitglied der Streitkräfte zurückzugewinnen. Nun musste ich mir jedoch eingestehen, dass ich allein nicht im Stande war, diese Krankheit zu überwinden. Fortan sollte ich mich monatlich bei ihm vorstellen.

Am nächsten Morgen verfasste ich nach dem Sport im Fitnessstudio einen ausführlichen Brief an das Bundesamt für Personalmanagement. Darin beantragte ich die Einleitung eines Dienstunfähigkeitsverfahrens. Diese einschneidende Entscheidung wollte ich allein treffen und nicht auf andere abwälzen. Mein Eintritt in die Bundeswehr mit 18 Jahren war von jugendlichem Idealismus geprägt; jetzt, nach 28 Jahren und 1638 Tagen im Wirrwarr des Krieges, sah ich klarer. Die Erfahrung von

Elend und Tod sowie die Todesangst hatten mich verändert. Ich hatte erkannt, wie kostbar das Leben ist und wie schnell es vorbei sein konnte. Ursprünglich wollte ich meinem Land dienen, doch der Krieg offenbarte eine hässliche Realität, die Menschen zerstört und Familien zerbricht. Die schrecklichen Dinge, die ich gesehen hatte, ließen mich manchmal daran zweifeln, jemals wieder normal leben zu können. Unschuldige Zivilisten wurden getötet, Kinder wuchsen ohne Eltern auf, und einstige Kameraden wurden zu Feinden. Die Todesangst auf dem Schlachtfeld brachte mir Gewissheit, dass es weder persönliche Sicherheit noch Trost gab. Man musste einfach weiterkämpfen, bis man entweder starb oder überlebte. Nach 1638 Tagen hatte ich genug davon. Ich konnte nicht länger Teil eines Systems sein, das so viel Schmerz und Leid verursachte. Und so traf ich die schwierige Entscheidung, mich aus der Bundeswehr zu verabschieden, auch wenn sie sich noch nicht richtig anfühlte. Ich hatte genug Zeit damit verbracht, anderen zu helfen. Nun war es an der Zeit, mein eigenes Leben zu führen und nach vorne zu schauen.
Dieses Schreiben übergab ich in der Kaserne in Laupheim, informierte meinen Disziplinarvorgesetzten und begab mich zum Sozialdienst der Bundeswehr. Zu meiner Überraschung hatten viele mit dieser Entscheidung gerechnet. Niemand machte mir Vorwürfe. Im Gegenteil: Jeder Einzelne zeigte vollstes Verständnis für meinen Entschluss. Das Kapitel meines Lebens als Soldat war zu Ende. Ich hatte mich entschieden, im Buch meines Lebens ein neues zu beginnen, in der meine Seele frei sein sollte.

Inmitten der Zerstörung

Nach Wochen des Wartens erreichte mich endlich Post vom Bundesamt für Personalmanagement. Das Schreiben forderte mich auf, bestimmte Unterlagen zu übermitteln. In engem Kontakt mit dem Sozialdienst der Bundeswehr, insbesondere meiner Sozialarbeiterin Katja S., eine wahre Expertin ihres Fachs, begann die bürokratische Maschinerie langsam Fahrt aufzunehmen. Katja stand mir in dieser Zeit als Anker im weiten Feld der Vorschriften und Erlasse bei. Sie ist eine herzensgute Frau, der ich so viel zu verdanken habe.

Während die Mühlen der Bürokratie langsam mahlten, häuften sich die Termine bei meinem behandelnden Truppenarzt in Laupheim. Gleichzeitig liefen die Vorbereitungen für die Invictus Games 2023 in Düsseldorf auf Hochtouren. Die Spiele, die mir so am Herzen lagen, sollten nicht nur ein wichtiges Kapitel in meinem Leben sein, sondern auch eine Brücke zu anderen Kameraden schlagen. Als aktiver Soldat wollte ich meine Erfahrungen teilen, indem ich Vorträge in meiner Stammeinheit hielt und Interviews für verschiedene Medien gab. Währenddessen schwebte das Dienstunfähigkeitsverfahren stets als Schatten im Hintergrund.

Meine Zeit als Kompaniechef in Bruchsal tauchte in meinen Gedanken auf, und ich spürte eine tiefe Verbindung zu den vielen Kameraden, die ich dort kennenlernen durfte. Über die Jahre hatte sich die Verbindung zu ihnen mittels sozialer Medien wie Instagram und Facebook aufrechterhalten. Aber auch mit meinen Kameraden aus dem Invictus Games Team 2022 pflegte ich noch einen regen Austausch. Besonders Michael B., Rücki und Achim G. waren mir ans Herz gewachsen. Unsere wöchentlichen Telefonate waren zu einem festen Ritual geworden. Eine tiefe Freundschaft hatte sich seitdem entwickelt. Mein Leben in der Familienbetreuungsstelle in Laupheim war eine letzte, aber bedeutende Station in meiner Soldatenlaufbahn. Die Menschen dort waren herzlich und freundlich, und meine Vorgesetzten sowie Kollegen unterstützten mich auf meinem Weg. Bei einem Telefonat richtete Rücki mir Grüße von einem alten

Kameraden aus Bruchsal, meinem ehemaligen S4 Hauptfeldwebel, aus. Frederick hatte mittlerweile den Rang eines Hauptmanns erreicht und war als S4 Offizier bei den deutschen Heeresfliegern in Frankreich stationiert.
Da der stellvertretende Generalinspekteur der Bundeswehr politische Bildung über die Invictus Games für alle Einheiten und Verbände angeordnet hatte, wandte sich Frederick an mich. Er bat mich, gemeinsam mit Rücki und Achim einen Vortrag in Frankreich zu halten. Ohne zu zögern sagte ich zu, und wir drei begannen, unsere Ideen für den Vortrag auszutauschen. Achim übernahm die PowerPoint-Präsentation und fügte unsere Folien ein. Ende Mai war es schließlich so weit, und wir machten uns auf den Weg nach Frankreich. Nach Gesprächen u.a. mit dem Kommandeur bezogen wir unsere Hotels und gingen früh schlafen. Am nächsten Morgen wurden wir zum Auditorium gebracht. Pünktlich um 9:00 Uhr füllte sich der Raum mit über 250 Personen.
Es war ein besonderer Moment, als wir, drei Kameraden in tarngrünen Uniformen, vor einer versammelten Gruppe deutscher Soldaten der Heeresfliegertruppe standen und unsere Geschichte über Hoffnung und Widerstandskraft erzählten.
Unsere Mission war klar: Den Kameraden von den Invictus Games berichten und das unsichtbare Band der Verbundenheit zwischen Kriegsgefährten festigen. Die Erwartung und die Neugierde im Auditorium schienen groß zu sein. Zu Beginn stellte sich jeder von uns dreien dem Publikum vor. Uns war es wichtig, dass wir trotz unserer seelischen Verletzungen und traumatisierenden Erlebnisse stolz darauf waren, was wir bisher in unseren Laufbahnen erreicht hatten. Achim, ein Major, startete die PowerPoint Präsentation und erklärte, worauf sich die Zuhörer einstellen mussten. Rücki und ich unterstützen mit kleinen Statements. Wir drei hatten uns darauf geeinigt, dass die Zuhörer uns alles fragen dürfen, was sie

wollten. Dieser Moment im Auditorium war ein Vertrauensvorschuss von uns. Ich persönlich möchte nicht stigmatisiert werden als irgendein bekloppter und traumatisierter Soldat. Im Alltag würde nie jemand auf die Idee kommen und mich fragen, was denn eigentlich meine schlimmen Erlebnisse waren. Hier vor diesen Jungs und Mädels der Heeresfliegertruppe ließen wir verbal die Hosen runter und zeigten maximale Transparenz. Achim führte weiter aus, dass dies kein normaler Vortrag werden würde. Die Gliederung sollte nur als roter Faden für die Zuhörer dienen.
Ich spürte die Blicke der Soldaten auf mir ruhen, als ich von den Invictus Games erzählte, von diesem epischen Wettkampf, der mehr war als nur ein sportliches Kräftemessen. Meine Erzählungen waren sehr lebhaft, getragen von der Intensität meiner Erfahrungen. Mit Adjektiven malte ich davon ein anschauliches Bild. Es war, als würden die Emotionen in der Luft schweben, als würde jeder Atemzug den Raum mit einer Mischung aus Ehrfurcht und Inspiration füllen. Ich ließ die Erlebnisse unserer Kameraden aus der Sicht des Teamcaptain auf der Bühne aufleben, ihre Siege und ihre Niederlagen, ihre Triumphe und ihre Ängste. Das Publikum hing an meinen Lippen, als ich den Zauber der Invictus Games beschrieb - wie diese Spiele nicht nur körperliche Barrieren durchbrechen, sondern auch die Wunden der Seele heilen können. Ich beschrieb die transformative Kraft des Sports und betonte, wie er die Dunkelheit der Kriegserlebnisse durchdringen konnte. Immer wieder teilte ich den Zuhörern persönliche Erlebnisse mit und band meine zwei Mitvortragenden ein. Achim, Rücki und ich spielten uns förmlich die Bälle zu und gaben uns gegenseitig geschickte Vorlagen. Die Soldatinnen und Soldaten lauschten aufmerksam, und ich spürte, wie der Funke übersprang. Wir waren nicht einfach drei Kameraden, die einen Vortrag hielten – wir waren Überbringer von Hoffnung –

Geschichtenerzähler einer Reise aus der Verzweiflung ins Licht. Die Worte waren wie ein Katalysator, der das Bewusstsein für die Bedeutung der Invictus Games entfachte. Die emotionalen Wellen erreichten ihren Höhepunkt, als ich über die Kameradschaft sprach, die durch diese Spiele gestärkt würde. In meinen Augen spiegelte sich die Leidenschaft der Momente, in denen Soldaten, die einst durch den Krieg getrennt waren, durch den olympischen Geist der Invictus Games zusammenfanden. Das Publikum konnte die Spannung in der Luft spüren, als ich von der Einheit sprach, die durch gemeinsames Leid geschmiedet wird.

Als wir nach unserem gemeinsamen Schicksal als Kameraden mit PTBS befragt wurden, lenkte ich die Aufmerksamkeit auf Rücki. Der Kommandeur wollte mit seiner Frage die Wurzeln unserer posttraumatischen Belastungsstörung ergründen: Ein einzelnes einschneidendes Trauma oder möglicherweise die Summe der Auslandseinsätze? Was war der entscheidende Moment? Rücki begann und enthüllte die düstere Geschichte seiner Tochter. Ein genetischer Defekt und eine lebenslange Krankheit prägten ihr Schicksal seit der Geburt. In Bosnien und Herzegowina, während der grausamen und unmenschlichen Konflikte, musste Rücki ein weiteres Mädchen mit der gleichen Erkrankung vom Asphalt auflesen, das Gesicht bis zur Unkenntlichkeit zerstört.

Er erzählte, wie er verzweifelt die Überreste des Mädchens zusammensuchte. Mit unerschütterlicher Entschlossenheit versuchte er, dem toten Kind ein Gesicht zu rekonstruieren, um es den Eltern zu übergeben. Nach den religiösen Gesetzen musste das Kind noch am selben Tag gewaschen und beerdigt werden. Ein gespenstisches Schweigen legte sich über die Zuhörer. Die Emotionen brodelten unter der Oberfläche, Tränen traten aus entsetzten Gesichtern. Rücki hingegen blieb kalt und gefühllos, als er seine Erzählung fortsetzte. Langsam aber sicher verlor er sich in seiner verdrängten Welt, bis Achim und ich ihn behutsam zurück in die Realität holten.

Achim übernahm bestimmend, aber zugleich einfühlsam die Gesprächsführung und leitete das Auditorium zurück auf den roten Faden. Kurze Videos der Invictus Games wurden präsentiert, um die Gemüter zu beruhigen. Wir drei setzten unsere Erzählungen fort, jeder von uns enthüllte seinen persönlichen Invictus Games-Moment. Am Ende beantworteten wir weitere Fragen aus dem Publikum, bevor das letzte Video auf der Leinwand abgespielt wurde. In diesem ergreifenden Clip wurde Achim während der Invictus Games interviewt. Er teilte seine Erlebnisse im Dienst und außerhalb mit, und inmitten von extrem belastenden militärischen Erfahrungen berichtete er über das verheerende Hochwasser im Ahrtal. Tränen rannten über sein Gesicht, als er den Verlust seiner Großmutter in den Fluten beschrieb und wie er sein gesamtes Hab und Gut verlor. Doch inmitten der Zerstörung fand er seinen Ehering und die Medaille der Invictus Games, die jedem Athleten vor den Spielen zugesandt wurde. Für Achim war dies ein Zeichen Gottes.

Mit den Worten „Dies beendet unseren Vortrag" schlossen wir ab. Eine kurze, aber bedrückende Stille herrschte im Auditorium. Ich blickte in die Gesichter meiner Zuhörer. Unsere Geschichten hatten die Herzen berührt. Dieser Abend machte die Invictus Games nicht nur zu einem Thema der politischen Bildung, sondern zu einer besonderen, ans Herz gehenden Erfahrung. Plötzlich erhob sich das gesamte Auditorium von den Sitzen und brachte stehende Ovationen aus. Tränen sammelten sich in meinen Augen. Ich wandte mich kurz von meinen Kameraden ab, um meine eigenen Gefühle zu sortieren. Durch erlernte Atemtechniken gelang es mir, meine Tränen zu kontrollieren. Der Applaus schien eine Ewigkeit zu dauern. Der Kommandeur und seine Offiziere betraten die Bühne und umarmten uns herzlich. Wir wurden

mit Andenken überhäuft. Nach einer bewegenden Ansprache des Kommandeurs folgte ein gemeinsames Grillen.
Während ich an einer herzhaften roten Wurst knabberte, traten Kameraden an uns heran und bekundeten Respekt. Diese wundervolle Erfahrung brannte sich unauslöschlich in mein Gedächtnis. Für mich fühlte sich dieser Auftritt an wie eine Abschiedstournee im Militär. Ich war mir bewusst, dass ich die Bundeswehr in einigen Monaten hinter mir lassen würde, aber die Erinnerung an meine Soldatenzeit würde für immer in meinem Herzen bleiben.

Emotionaler Abschied

Als der Entschluss in mir reifte, Soldat zu werden, durchströmte mich eine Woge von Enthusiasmus und Begeisterung, die meine Kindheitsträume endlich Wirklichkeit werden ließ. Mit festem Entschluss schwor ich, mein Bestes zu geben und alles zu opfern, um meinen Platz in einer Gemeinschaft von Männern und Frauen zu finden, die bereit waren, ihr Leben für unser geliebtes Land zu opfern. Die harten Trainingseinheiten formten meinen Körper und schmiedeten Freundschaften, die tief in mein Herz eindrangen. Als Kameraden waren wir wie eine Familie, die füreinander einstand und gemeinsam Höhen und Tiefen durchschritt. Der Tag meiner ersten Entsendung war geprägt von Stolz und Nervosität. Es war eine der größten Herausforderungen meines Lebens, in die Fußstapfen meiner Helden zu treten und meinen Beitrag zu einer höheren Mission zu leisten. Doch als die Stille des Schlachtfeldes gegen das Rauschen des Alltags eingetauscht wurde, begannen die unsichtbaren Narben meiner Seele zu schmerzen. Die Rückkehr in die vertrauten Gefilde war ein gewaltiger Kampf. Die Erinnerungen an den Einsatz verfolgten mich unaufhörlich, Tag und Nacht, in Albträumen und schmerzhaften Flashbacks.

Der Versuch, meine Gefühle zu verbalisieren, war ein Ringen mit den Schatten meiner Vergangenheit. In einem verzweifelten Griff nach Unterstützung wandte ich mich an meine Vorgesetzten und Kameraden. Trotz größter Fürsorge und bester Absichten konnte selbst die professionelle Behandlung meine posttraumatische Belastungsstörung nicht gänzlich vertreiben. Die Last war zu erdrückend geworden. Die schmerzliche Erkenntnis, dass ich nicht mehr die Pflichten eines Offiziers erfüllen konnte, schnitt tief ins Herz. Der Gedanke, meine Berufung aufgeben zu müssen, quälte mich tagtäglich. Als ich schließlich den düsteren Weg des Dienstunfähigkeitsverfahrens betrat und meine Entlassung aus den Reihen der Armee unausweichlich wurde, mischten sich Trauer und Dankbarkeit zu einer bittersüßen Melodie. Die Trauer um den Verlust meines Traumberufs war schmerzlich, doch die Dankbarkeit für all die Erfahrungen und die große Solidarität in der Armee war ebenso stark. In den tiefen Gefühlen der Traurigkeit fand ich Trost in der Erinnerung an meine tapferen Kameraden und all das, was wir gemeinsam erreicht hatten.

Der Abschied aus der Bundeswehr war nicht nur das Ende eines Kapitels, sondern auch der Beginn eines neuen Weges. Die Freundschaften, die ich im Militär gefunden habe, werden für immer in meinem Herzen bleiben. Doch jetzt ist es an der Zeit, den Blick nach vorn zu richten, die posttraumatischen Schatten zu vertreiben und ein neues Kapitel meines Lebens zu beginnen. Immer stolz darauf, ein Teil der Armee gewesen zu sein, bin ich nun bereit, selbst meine Zukunft zu gestalten.

Epilog

Nach fast 30 Jahren, einer Odyssee durch die Abgründe meiner eigenen Seele, bin ich nun an einem Wendepunkt angelangt: der Ruhestand - ein Begriff, der für mich nicht nur das Ende einer beruflichen Ära markiert, sondern auch den Beginn eines neuen Kapitels in meinem Leben darstellt. Der Kampf gegen meine PTBS, ein endloses Gefecht, das mich an den Rand der Verzweiflung getrieben hatte, formte und stählte mich.

Heute, als Student im Studiengang Gesundheitsmanagement, stehe ich mit einer Unmenge an neugewonnenem Wissen vor einer Zukunft, die mir vor Jahren noch undenkbar schien. Vier wundervolle Kinder, im Alter von 18, elf, neun und fünf Jahren, füllen mein Leben mit Liebe, Lachen und Hoffnung. Die Unterstützung meiner Frau, die nicht nur meine Partnerin, sondern auch meine beste Freundin geworden ist, gibt mir die Kraft, meine Traumata zu überwinden.

Mein treues Hobby, der Kraftsport, ist nicht nur eine körperliche Ertüchtigung, sondern auch eine therapeutische Reise zu meiner inneren Stärke. Die Panikattacken mögen noch gelegentlich an der Tür klopfen, aber die erworbenen Fähigkeiten helfen mir, diese Herausforderungen zu überwinden. Ich akzeptiere, dass ich die Krankheit niemals vollständig bezwingen kann, aber ich arbeite hart daran, mein Leben jeden Tag ein wenig lebenswerter zu gestalten.

Der Blick zurück auf meine Dienstzeit im Militär erfüllt mich mit Stolz. Ich habe für mein Vaterland gedient, Opfer gebracht und die Werte verteidigt, die mir wichtig sind. Auch wenn ich nun nicht mehr im Dienst stehe, werde ich immer ein Soldat im Herzen sein. Jeder Schritt, den ich seitdem gemacht habe, ist ein Beweis dafür, dass die Dunkelheit nicht siegen kann, solange es Menschen gibt, die bereit sind, für das Licht zu kämpfen.

Ich habe alles gegeben.

Das Buch meines Lebens mag mit dem Epilog enden, aber die Geschichte, die ich lebe, geht weiter. Der Mut, die Selbstentdeckung und die Liebe, die ich gefunden habe, sind die Hauptfiguren in diesem fortwährenden Drama. Mit jedem Tag, den ich überlebe, und jeder

Hürde, die ich überwinde, schreibe ich die Seiten meines Lebens weiter und zeige der Welt, dass, egal wie tief man gefallen ist, man immer die Kraft hat, wieder aufzustehen. Und so schließt sich ein Kreis, und ein neues Kapitel beginnt, wo die Worte Hoffnung, Liebe und Widerstandsfähigkeit die Feder führen.

Carola Hartmann Miles-Verlag

Einsatzerfahrungen

Artur Schwitalla, *Afghanistan, jetzt weiß ich erst...,* Berlin 2010.

Sascha Brinkmann, Joachim Hoppe (Hg.), *Generation Einsatz. Fallschirmjäger berichten ihre Erfahrungen aus Afghanistan,* Berlin 2010.

Ingo Werners, *Fahren, Funken, Feuern. Hinweise auf die Einsatzvorbereitung,* Berlin 2010.

Rainer Buske, *KUNDUZ. Ein Erlebnisbericht über einen militärischen Einsatz der Bundeswehr in Afghanistan im Jahre 2008,* Berlin 2015.

Marcel Bohnert, Andy Neumann, *German Mechanized Infantry on Combat Operations in Afghanistan,* Berlin 2016.

Alois Bach, Carola Hartmann (Hrsg.), *Unbekannte Helden des Alltags. Soldaten und Ehefrauen berichten über Verantwortung, Humanität und Belastung im Auslandseinsatz,* Berlin 2020.

Kurt Helmut Schiebold, *99 Tage in Afghanistan. Wie der deutsche Einsatz 2003 im Nordosten Afghanistans begann. Aus meinem Tagebuch,* Berlin 2022.

Christian Gerstner, *Unter dem Schwert. 15 Jahre im Kommando Spezialkräfte,* Berlin 2023.

Die Anaram-Reihe

Stefan Brux, *Anaram – Endloses Licht,* Berlin 2022.

Stefan Brux, *Anaram – Golden Hour,* Berlin 2023.

Stefan Brux, *Anaram – Boundless Light,* Berlin 2023.

Stefan Brux, *Anaram – Verschleierung,* Berlin 2024.

Militärgeschichte

Eberhard Kliem, Kathrin Orth, *"Wir wurden wie blödsinnig vom Feind beschossen". Menschen und Schiffe in der Skagerrakschlacht 1916,* Berlin 2016.

Hans Frank, Norbert Rath, *Kommodore Rudolf Petersen. Führer der Schnellboote 1942–1945. Ein Leben in Licht und Schatten unteilbarer Verantwortung,* Berlin 2016.

Eckhard Lisec, *Der Völkermord an den Armeniern im 1. Weltkrieg – Deutsche Offiziere beteiligt?,* Berlin 2017.

Ingo Pfeiffer, *Heinz Neukirchen. Marinekarriere an wechselnden Fronten,* Berlin 2017.

Joachim Welz, *Erfolgsstory oder Trauma – die Übernahme von Armeen. Lehren aus der Übernahme des österreichischen Bundesheeres in die Wehrmacht 1938 und der Reste der NVA in die Bundeswehr 1990,* Berlin 2018.

Joachim Hoppe, Manfred Wilde (Hrsg.), *Die Unteroffizierschule des Heeres, Die militärische Meisterschule,* Berlin 2016.

Georg Neuhaus, *Am Anfang war ein Speer. Eine Chronographie der Kriegs- und Militärtechnologien,* Berlin 2018.

Hans-Werner Ahrens, *Die Transportflieger der Luftwaffe 1956 bis 1971. Konzeption – Aufbau – Einsatz, (Reihe Schriften zur Geschichte der Deutschen Luftwaffe, Band 8),* Berlin 2019.

Jobst Reller, *Die Anfänge der evangelischen Militärseelsorge,* Berlin [2]2020.

Eberhard Frhr. v. Senden, Friedrich Frhr. v. Senden, *Der Erste Weltkrieg 1914–1918. Erlebnisse eines jungen Leutnants,* Berlin 2020.

Hans-Günter Behrendt, *Flugabwehr in Deutschland. Stationierungsorte und Systeme 1956-2012,* Berlin 2021.

Harald Fritz Potempa, *Balkan 1914-1945. Raum und Kleiner Krieg als militärhistorische Kategorien in der Wahrnehmung deutscher Streitkräfte,* Berlin 2021.

Stephan Horn, *Französische und wallonische Freiwilligenverbände im Zweiten Weltkrieg. Politische Implikationen militärischer Kollaboration,* Berlin 2021.

Jörg Beining, *Streng geheim! Elektronische Kampfführung im Kalten Krieg. Die EloKa der Bundeswehr und NATO aus östlicher Perspektive,* Berlin 2021.

Gerd Bolik, *NATO-Planungen für die Verteidigung der Bundesrepublik Deutschland im Kalten Krieg,* Berlin 2021.

Martin Kutz, *Die Schlacht als Männerballett oder Mythos und Militär,* Berlin 2022.

Olaf Rönnau, *Eine totale Institution als Zwischenspiel. Die Kadettenschule der NVA von ihrer Gründung 1956 bis zu ihrer Auflösung 1961,* Berlin 2022.

Stephan Maninger, *Für einige Morgen aus Eis und Schnee – Großbritanniens Kampf um Nordamerika 1754-1763,* Berlin 2022.

Friederike C. Hartung & Servatius Maeßen (Hrsg.), *AT BATTLE STATIONS. Beiträge zur Geschichte der bodengebundenen Luftverteidigung der Luftwaffe 1990 bis 2022,* Berlin 2023.

Olaf Rönnau, *Oberst Franz Weller (1901-1994) vom Kadettenkorps zur Bundeswehr. Soldat in drei Armeen. Erinnerungen an den ersten Kommandeur Infanterieschule Hammelburg (1956-1957),* Berlin 2023.

Alexander Querengässer, *Große Schlachten und Belagerungen der Weltgeschichte,* Berlin 2024.

Erinnerungen

Blue Braun, *Erinnerungen an die Marine 1956–1996,* Berlin 2012.

Rainer Buske, *Eine Reise ins Innere der Bundeswehr. Wundersame Geschichten aus einer anderen Welt,* Berlin 2016.

Heinz Laube, *Duell am Himmel,* Berlin 2016.

Viktor Toyka, *Dienst in Zeiten des Wandels. Erinnerungen aus 40 Jahren Dienst als Marineoffizier 1966-2000,* Berlin 2017.

Hans-Eckhard Tribess (Hrsg.), *Im Leben unterwegs – für den Frieden. Festschrift für Wolfgang Altenburg zum 90. Geburtstag am 22. Juni 2018,* Berlin 2019.

Kurt Graf v. Schweinitz, *Notizen im Transit von Krieg und Frieden,* Berlin 2020.

Karl-Otto Behrendt, *Der kurze Bericht über eine lange Zeit. Kriegsgefangenschaft 1945–1953, herausgegeben und kommentiert von Hans-Günter Behrendt,* Berlin 2021.

Hans Peter von Kirchbach, *Herz an der Angel,* Berlin 2021.

Dieter Wolf, *Erlebnisse eines MAD-Offiziers und Leistungssportlers,* Berlin 2022.

Klaus Beckmann, *Dienstweg –kein Durchgang? Als Pfarrer und Staatsbürger in der Bundeswehr,* Berlin 2022.

Bernhard R. Kroener, *Lebensscherben –Hoffnungsspuren. Eine Familie aus Schlesien in den Stürmen des 20. Jahrhundert. In zwei Bänden. Eine dokumentarische Erzählung. Mit einer Familienstammfolge von Peter Bahl,* Berlin 2023.

Schriften zur Tradition

Eberhard Birk, Winfried Heinemann, Sven Lange (Hrsg.), *Tradition für die Bundeswehr. Neue Aspekte einer alten Debatte,* Berlin 2012.

Donald Abenheim, Uwe Hartmann (Hrsg.), *Tradition in der Bundeswehr. Zum Erbe des deutschen Soldaten und zur Umsetzung des neuen Traditionserlasses,* Berlin 2018.

Joachim Welz, *Vom Kontingentsheer zum Reichsheer: Militärkonventionen als Motor der Wehrverfassung,* Berlin 2018.

Donald Abenheim, Uwe Hartmann, *Einführung in die Tradition der Bundeswehr. Das soldatische Erbe in dem besten Deutschland, das es je gab,* Berlin 2019.

Eberhard Birk, Heiner Möllers (Hrsg.), *Die Luftwaffe und ihre Traditionen (aus der Reihe Schriften zur Geschichte der Deutschen Luftwaffe, Band 10),* Berlin 2019.

Hans-Günter Behrendt (Hrsg.): *Erinnerungsorte der Bundeswehr – Personen, Ereignisse und Institutionen der soldatischen Traditionspflege*, Berlin 2020.

Dirk Drews, Stefan Gruhl (Hrsg.): *Oberst Reinhard Hauschild 1921–2005. Traditionsstifter für die Bundeswehr? Gedenkschrift zum 100. Geburtstag*, Berlin 2021.

Dieter Krüger, *Verständigung mit Frankreich. Das vergebliche Plädoyer des Oberst Dr. Hans Speidel. Paris 1940–1942,* Berlin 2021.

Martin Kutz, *Besuch im Soldatenhimmel. Ein wissenschaftlicher Reisebericht aus einer anderen Welt,* Berlin 2022.

Sicherheitspolitik

Wolf Graf v. Baudissin, *Grundwert: Frieden in Politik – Strategie – Führung von Streitkräften, herausgegeben von Claus von Rosen,* Berlin 2014.

Dirk Freudenberg, *Theorie des Irregulären – Erscheinungen und Abgrenzungen von Partisanen, Guerillas und Terroristen im Modernen Kleinkrieg sowie Entwicklungstendenzen der Reaktion, (3 Bände),* Berlin 2017.

Markus Reisner, *Robotic Wars – Legitimatorische Grundlagen und Grenzen des Einsatzes von Military Unmanned Systems in modernen Konfliktszenarien,* Berlin 2018.

Helmut Fiedler, *Military Assistance – eine moderne Einsatzart zwischen Anspruch und Wirklichkeit,* Berlin 2019.

Joachim Weber (Hrsg.), *Konfliktraum Arktis. Die Großmächte und der Hohe Norden,* Berlin 2021.

Thomas Jäger, Ralph Thiele (Hrsg.), *Der Politische Islamismus als hybrider Akteur globaler Reichweite. Die liberale demokratische Ordnung muss ihre Resilienz stärken,* Berlin 2021.

Uwe Hartmann, *Die Nato. Mächte und Menschen in der transatlantischen Allianz,* Berlin 2021.

Carsten Rechtien, *Trumps Amerika – Eine geopolitische Revolution? Tradition und Neuausrichtung der US-Außenpolitik in der beginnenden Ära Trump, Berlin 2022.*

Hans-Peter Weinheimer, *Bevölkerungsschutz 2030 – Anleitung zur Überwindung eines "bewährten" Systems,* Berlin 2022.

Militär und Gesellschaft

Marcel Bohnert, Lukas J. Reitstetter (Hrsg.), *Armee im Aufbruch. Zur Gedankenwelt junger Offiziere in den Kampftruppen der Bundeswehr,* Berlin 2014.

Phil C. Langer, Gerhard Kümmel (Hrsg.), *„Wir sind Bundeswehr." Wie viel Vielfalt benötigen/vertragen die Streitkräfte?,* Berlin 2015.

Eberhard Birk, Peter Andreas Popp (Hrsg.), *Luftwaffenoffizier 21. Das Selbstverständnis des Luftwaffenoffiziers zu Beginn des 21. Jahrhunderts, (aus der Reihe Schriften zur Geschichte der Deutschen Luftwaffe, Band 5),* Berlin 2016.

Alois Bach, Walter Sauer (Hrsg.), *Schützen.Retten.Kämpfen. Dienen für Deutschland,* Berlin 2016.

Marcel Bohnert, Björn Schreiber (Hrsg.), *Die unsichtbaren Veteranen. Kriegsheimkehrer in der deutschen Gesellschaft,* Berlin 2016.

Angelika Dörfler-Dierken (Hrsg.), *Hinschauen! Geschlecht, Rechtspopulismus, Rituale: Systemische Probleme oder individuelles Fehlverhalten?,* Berlin 2019.

Standpunkte und Orientierungen

Uwe Hartmann (Hrsg.), *Lernen von Afghanistan. Innovative Mittel und Wege für Auslandseinsätze,* Berlin 2015.

Uwe Hartmann, *Hybrider Krieg als neue Bedrohung von Freiheit und Frieden. Zur Relevanz der Inneren Führung in Politik, Gesellschaft und Streitkräften,* Berlin 2015.

Hartwig von Schubert, *Integrative Militärethik. Ethische Urteilsbildung in der militärischen Führung,* Berlin 2015.

Martin Sebaldt, *Nicht abwehrbereit. Die Kardinalprobleme der deutschen Streitkräfte, der Offenbarungseid des Weißbuchs und die Wege aus der Gefahr,* Berlin 2017.

Uwe Hartmann, *Der gute Soldat. Politische Kultur und soldatisches Selbstverständnis heute,* Berlin 2018.

Helmut Jermer, *Innere Führung kompakt. Eine Zusammenschau als Lehr- und Lernhilfe,* Berlin 2019.

Martin Sebaldt, *Das Elend der Strategen. Warum die deutsche Militärpolitik versagt,* Berlin 2020.

Hannes Wendroth, *Gute Führung – (k)ein Selbstgänger. Kleine Führungshilfe mit praktischen Hinweisen und persönlichen Anmerkungen,* Berlin 2022.

Hans-Christian Witthauer, Thomas Saller, *Führung und das 3 Alpha Prinzip. Militärisches Handwerkszeug für den zivilen Führungsalltag,* Berlin 2023.

Jahrbuch Innere Führung (seit 2009)

Uwe Hartmann, Claus von Rosen (Hrsg.), *Jahrbuch Innere Führung 2017. Die Wiederkehr der Verteidigung in Europa und die Zukunft der Bundeswehr,* Berlin 2017.

Uwe Hartmann, Claus von Rosen (Hrsg.), *Jahrbuch Innere Führung 2018. Innere Führung zwischen Aufbruch, Abbau und Abschaffung: Neues denken, Mitgestaltung fördern, Alternativen wagen,* Berlin 2018.

Uwe Hartmann, Claus von Rosen (Hrsg.), *Jahrbuch Innere Führung 2019. Bundeswehr im Aufbruch. Hindernisse von den verteidigungspolitischen Vorstellungen der AFD bis zu den sicherheitspolitischen Meinungen in der Zivilgesellschaft,* Berlin 2019.

Uwe Hartmann, Reinhold Janke, Claus von Rosen (Hrsg.), *Jahrbuch Innere Führung 2020. Zur Weiterentwicklung der Inneren Führung: Themen und Inhalte,* Berlin 2020.

Uwe Hartmann, Reinhold Janke, Claus von Rosen (Hrsg.), *Jahrbuch Innere Führung 2021/22. Ein neues Mindset Landes- und Bündnisverteidigung?,* Berlin 2022.

Uwe Hartmann, Reinhold Janke, Claus von Rosen (Hrsg.), *Jahrbuch Innere Führung 2022/23. Kriegsbilder und Innere Führung,* Berlin 2023.

Uwe Hartmann, Reinhold Janke, Claus von Rosen (Hrsg.), *Jahrbuch Innere Führung 2023/24: Der Krieg in der Ukraine – Folgerungen für die Sicherheits- und Militärpolitik Deutschlands sowie der Bundeswehr,* Berlin 2024.

Geschichte und Bilanz

Miles-Verlag

„Mit ‚Der vergebliche Krieg' liegt eine gut lesbare Chronik des Bundeswehreinsatzes vor. Uzulis benennt klar, was viele bis heute nur andeuten." (Lorenz Hemicker in der Frankfurter Allgemeinen Zeitung vom 23. April 2024, S. 6).

André Uzulis; Der vergebliche Krieg – 20 Jahre Bundeswehr in Afghanistan. Geschichte und Bilanz, Berlin 2024, Paperback, 180 Seiten, zahlreiche Farbbilder,
ISBN: 978-3-96776-038-5, 24,80 Euro.

Knapp 20 Jahre lang – von 2002 bis 2021 – war die Bundeswehr in Afghanistan. Es war nicht nur einer ihrer längsten Auslandseinsätze, sondern auch der verlustreichste. Insgesamt kamen 59 deutsche Soldaten am Hindukusch ums Leben. 35 von ihnen fielen in Gefechten oder bei Anschlägen. Erstmals seit dem Zweiten Weltkrieg waren deutsche Soldaten wieder in kriegerische Handlungen verwickelt. Doch lange durften in der Heimat die Zustände in Afghanistan nicht das genannt werden, was sie waren: Krieg.

Am Ende war der Einsatz vergeblich. Die Taliban sind wieder an der Macht. Afghanistan ist in die archaische Umnachtung zurückgefallen, aus der es gekommen ist. Angesichts neuer Krisen, Kriege und Bedrohungen ist der Afghanistan-Einsatz inzwischen fast vergessen. Dabei kann seine Bedeutung gar nicht hoch genug eingeschätzt werden: In Afghanistan hat die Bundeswehr gelernt zu kämpfen.

Der Journalist und Historiker André Uzulis zeichnet in diesem Buch die Geschehnisse nach, die zwei Jahrzehnte lang die Truppe in Atem gehalten und die deutsche Sicherheitspolitik geprägt haben. Es geht um guten Willen und Naivität, um eine unverstanden gebliebene fremdartige Gesellschaft, um ein fernes Land mit anderen Maßstäben, um militärische Operationen, Tapferkeit und Kameradschaft. Aber auch um Korruption und politisches Versagen. Dies ist die erste Darstellung ihrer Art über den Bundeswehreinsatz in Afghanistan. Sie wird ergänzt durch eine ausführliche Chronologie der Ereignisse.

Christian Gerstner

UNTER DEM SCHWERT

15 Jahre im Kommando Spezialkräfte